浦东那事那人

潘建龙 ● 著

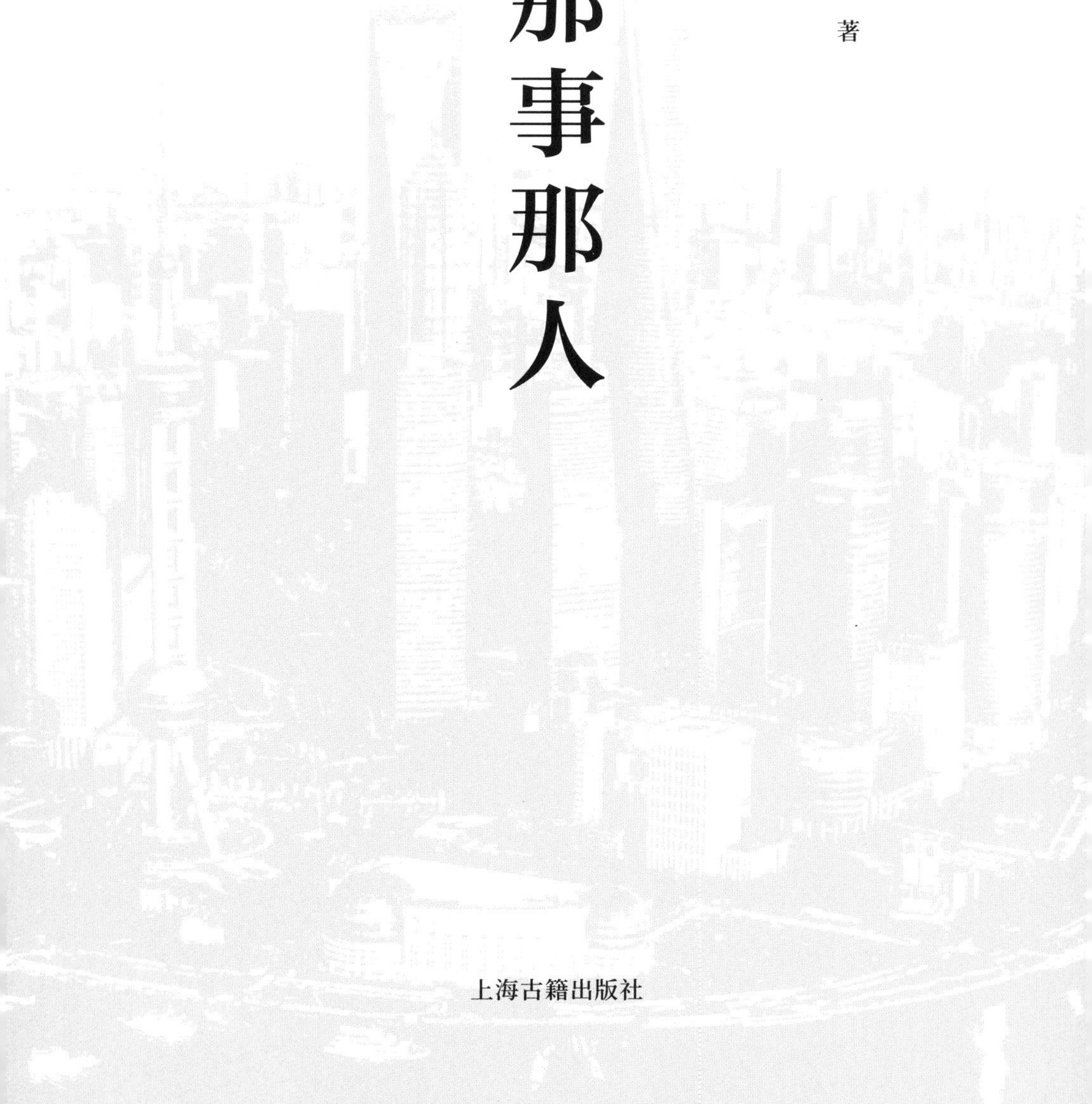

上海古籍出版社

图书在版编目(CIP)数据

浦东那事那人 / 潘建龙著. —上海：上海古籍出版社，2023.5

ISBN 978-7-5732-0689-3

Ⅰ.①浦… Ⅱ.①潘… Ⅲ.①浦东新区—地方史—史料 Ⅳ.①K295.13

中国国家版本馆 CIP 数据核字(2023)第 082837 号

浦东那事那人

潘建龙 著

上海古籍出版社出版发行

(上海市闵行区号景路 159 弄 1-5 号 A 座 5F 邮政编码 201101)

(1) 网址：www.guji.com.cn

(2) E-mail：guji1@guji.com.cn

(3) 易文网网址：www.ewen.co

常熟文化印刷有限公司印刷

开本 635×965 1/16 印张 25 插页 3 字数 324,000

2023 年 5 月第 1 版 2023 年 5 月第 1 次印刷

ISBN 978-7-5732-0689-3

K·3368 定价：98.00 元

谨以此书纪念浦东开发开放三十三周年

自　序

日月交替，时光留痕。

在我退休续聘编辑撰写《上海市志·浦东开发开放分志》的过程中，为了收集资料、考察地形而游走浦东，拜访知者，不虞有所感悟，断断续续撰写出与浦东人事有关文稿50余篇，加之原来已有旧作10多篇，合计70篇，辑成《浦东那事那人》。

《浦东那事那人》只是从我的阅历和视野，写下我之所见所知所闻，以讲故事的形式，诉说我熟悉的浦东，心中的浦东。

如果说我之前的散文集《遥望钟楼》在记叙浦东史实的基础上，注重散文的美学特性，那么《浦东那事那人》更加侧重史料翔实、细节再现，力求真实可信。在客观条件允许情况下，做到实地考察，纠正谬误。为此，我曾经骑自行车从川沙镇出发至江心沙、三岔港；盛夏时节徒步前往三甲港，探寻护塘街、六灶镇；足迹踏遍外高桥、金桥、陆家嘴和张江。

翻阅历代志书，查看当今报刊，在波澜壮阔的浦东开发开放宏大背景下，追寻历史的点点滴滴，试图向读者呈现：1990年的浦东、十大基础设施建设始末、沿江码头和江心沙的变迁、四大国家级园区的开发进程、要素市场东迁的前前后后……

亲爱的读者！当你今天再次游览世博园区，或者抬首仰望陆家嘴摩天大楼、低头俯视中心绿地的一地芳草、一湖碧水，抑或站在浦江大桥面对滔滔江水，你是否会渴望雄伟绚丽背后的故事？那么《浦东那事那人》会告诉你，当年为滨江大道建设搬迁的立新船厂、为上海世博会园区腾地的上钢三厂今在何处；还会告诉你，陆家嘴最先开发的金融大楼、外高桥和金桥开发区率先竣工投产的工厂、上海石油化工产业从哪里起步。

当我再次站在吴淞口东岸的三岔港畔，当我在外滩遥望日新月异的浦东，当我徘徊浦东大地寻访先人足迹，心底油然升起的总是对这片土地的深深热爱、崇高敬意！

2014 年 4 月 11 日，我默默滞留在江心沙路 25 号前，上海立新船厂门可罗雀，工厂名牌斑驳模糊。1996 年 8 月 7 日，有着 70 多年历史、2 000 多名员工的立新船厂，告别陆家嘴迁往浦东东北部江心沙路 25 号。今日滨江大道矗立着一尊纪念立新船厂的铁锚，诚然是浦东开发之路上千千万万个足迹中的一个。就在同年同月 27 日，在距离立新船厂东南约 31 公里——杰出的无产阶级革命家、理论家、中国共产党的重要领导人之一张闻天的故乡，施湾镇滨四村 10 队的 67 户村民，为了浦东机场银鹰展翅蓝天而搬离世代生息繁衍的家园，成为此项工程的首批动迁户。

岁月之叶飘零身后，多少往事付诸东流。希望在《浦东那事那人》的书页间，找到我们曾经的家园、泥土的芬芳、市井的喧哗，抑或拨动埋藏心底的一弦乡思。

在拙作付梓之际，特别要感谢浦东新区地方志办公室的领导和同事，感谢为《浦东那事那人》的写作出版提供帮助和指导的老师和朋友。

由于作者水平的局限，书中一定会有不足与缺陷，甚至错误，谨请广大读者批评指正和谅解！

2022 年岁末，于川沙镇西华夏社区

目　录

蓦然回首，那事那
人就在黄浦江东岸

浦东，一九九〇年

这是风起云涌的一年
这是激情奔腾的一年
这是浦东速度开启的一年

浦东开发开放是老浦东的结尾，新浦东的开始。

如果要将浦东的历史进程划出一条分割线，那么毋庸置疑，这条线一定划在1990年！

邓小平鼎力支持　浦东开发揭开序幕

1990年元月，中国改革开放的总设计师邓小平在上海过春节。大年初一（1月27日）上午，朱镕基、陈国栋等上海市主要领导来到虹桥路上的西郊宾馆。拜年之余，当话题转到浦东开发准备情况时，邓小平表示出极大的关注。邓小平说："浦东开发晚了，但还来得及，上海市委、市政府应该赶快给中央报。"朱镕基说："开发建设的报告不理想，不敢报。"小平接着说："不用怕，报嘛。"

回到北京后，小平心里仍然牵挂着浦东的开发。他对政治局的领导说："我已经退下来了，但还有一件事，我还要说一下，那就是上海的浦东开发，你们要多关心。"2月17日，邓小平接见香港基本法起草委员会全体委员。其间,拉住国务院总理李鹏说:“你是国务院总理,你要关心上海的开发开放。”2 月 26 日,中共上海市委和上海市政府向中共中央、国务院提交《关于开发浦东的报告》。3 月 3 日,邓小平又找江泽民、李鹏等几位中央负责同志谈话。他说,“目前国际上有些国家发生问题,从根本上说,都是因为经济上不去,长期过紧日子。……假设我们 5 年不发展,或者是低速发展,这不只是经济问题,实际上是个政治问题。……机会要抓住,决定要及时,要研究一下哪些地方条件更好,可以更广大地开源”。小平强调说:“比如抓上海,就算一个大措施。上海是我们的王牌,把上海搞起来是一条捷径!”从此,研讨认证了近 10 年的浦东开发进程开始加速。

接到上海关于开发浦东的报告没多久,3 月 28 日,国务院副总理姚依林受党中央、国务院委托,率领国务院有关部门负责人来到上海,就浦东开发进行专题研究论证。期间考察了外高桥长江口岸线和正在建设中的南浦大桥浦东工地,完成了上报中共中央、国务院的《关于上海浦东开发几个问题的汇报提纲》。4 月 10 日,国务院总理李鹏主持国务院常务会议,听取姚依林关于开发浦东的专题报告,并对开发开放中的若干问题逐个研究。4 月 12 日,中共中央总书记江泽民主持政治局会议,原则通过了国务院提交的浦东开发方案。

事不宜迟,一气呵成。4 月 14 日,国务院总理李鹏莅临上海,实地考察了浦东外高桥地区和正在建造中的南浦大桥工地。18 日,在上海大众汽车有限公司五周年庆典活动上,李鹏向国内外郑重宣布,党中央、国务院同意上海加快开发浦东、开放浦东。他要求上海的同志充分利用上海优势,群策群力,艰苦奋斗,把开发浦东的事情办好。

浦江两岸闻风而动　浦东开发办宣告成立

党中央、国务院宣布开发开放浦东的消息一经发出,浦江两岸无论是领导还是群众心潮澎湃,热切期待。当时许多人因为处在浦东开发范围内兴奋相告,又有许多人被划在开发区域外而有所失落。正如沙麟在后来的回忆文章中说:“我接受任务(浦东开发办公室负责人)时确实是热血沸腾、心潮澎湃,下决心把浦东开发开放的事情办好。”

4 月 18 日,可以说是老浦东的结尾、新浦东的开始。随着李鹏总理话音落下,紧跟着便是一个接着一个的积极回响,气势如虹般地推进。

4 月 30 日,宣布浦东开发开放后第一个被批准在浦东投资的大型合资企业——中美上海杜邦农化有限公司在浦东成立。上海杜邦农化公司的迅速成立,用实实在在的行动在全世界面前,为浦东开发举旗、张目、造势,影响极大。

同日下午,在茂名南路 59 号锦江饭店小礼堂内,上海市政府举行新闻发布会。副市长黄菊代表市政府向国内外介绍浦东开发规划、实施步骤和 10 条政策措施。在介绍浦东开发实施步骤时,黄菊说:第一步,“八五”期间为开发起步阶段,主要是编制规划、整治环境和着重解决交通问题,积极为吸引外资创造条件;建设越江工程、主要干道、外高桥港口和电厂等基础设施;分步、分片建设总面积 5 至 6 平方公里的出口加工区,首先要建立 1 至 2 平方公里的转口贸易保税区。第二步,“九五”期间为重点开发阶段。继续建设区内骨干道路和市政公用设施,初步形成基础设施比较配套的浦东新区大格局。第三步,2000 年后的二三十年或更长一些时间,为全面建设阶段。上海将成为以外向型经济为主的重要的现代化工业基地和金融、贸易、科技、文化、信息中心。发布会上,市长朱镕基就浦东开发资金来源、投资环境和在沪设立外国银行等问题回答了中外记者的提问。

新闻发布会召开 2 天后,5 月 3 日下午 3 时,上海市人民政府浦东开发办公室在浦东大道 141 号的小木楼挂牌成立。成立现场,朱镕基号召大家要创造浦东速度、树立浦东风格、培育浦东精神,扎扎实实地苦干、实干、拼命干,披荆斩棘,奋力开拓,把开发浦东的工作做好。从此,小木楼前车水马龙,人流不息,成为开发开放浦东的前沿指挥部。从此,小木楼连接大江南北,通向五洲四海。中华儿女和高鼻梁、蓝眼睛共同在这里探寻发展的机遇。从此,一个伟大的事业从这里起步。

浦东开发办公室条件十分简陋。后来有人回忆说,“为了‘遮丑’,我们把下层过道用一块门板挡住。朱镕基同志来到办公室,看到这块门板,便问里面是什么。我说里面是杂物,霉味太重,所以用门板挡一挡。朱镕基推开门板向里看了一眼,指着黑洞洞的过道对我们说,要让来开发办的人看一看,我们浦东开发是在什么样的基础上开始的”。艰难和困苦往往像石头,可以成为前进道路上的绊脚石,可以成为摸着石头过河的支点,更可以成为“浦东开发开放大厦”的万世基石。

开发区范围扩大　朱镕基香港答记者问

5 月 4 日,中共上海市委、市政府向中共中央、国务院上报《关于开发浦东、开放浦东的请示》。请示中将浦东开发的范围扩大至黄浦江、长江口,至川杨河所包含的地区,面积由原来 170 多平方公里拓展至 350 平方公里;实行总体规划,分步实施,把浦东建设成为高起点、高层次新区。6 月 2 日,中共中央、国务院批准《关于开发浦东、开放浦东的请示》,并指出:“开发和开放浦东是一件关系全局的大事,一定要切实办好,使之与 90 年代经济发展和建设外向型、多功能、现代化国际城市的要求相适应,成为 21 世纪上海现代化的象征,成为适应国际性城市及外向型经济发展需要的世界一流水平的新区。”

6 月中旬,朱镕基率团出访中国香港。13 日下午,在香港富丽华酒店举行记者招待会。会上有记者提问:跟厦门、深圳特区相比,浦东有没有更优惠的条件能够吸引外商投资?朱镕基回答说:关于上海实行开放、开发浦东,其特殊的政策与厦门、深圳相比,基本上差不多,但我认为特点有四个：一、我们要在浦东建立自由贸易工业区，以自由港为目标，实行商品、人员、物资、豁免关税和进出自由，同时允许外国商人在自由贸易工业区内进行转口贸易，我想这个政策在目前中国已经存在的特区里还未有过；二、我们要引进外资银行，开放证券交易所，把金融搞活；三、对吸引外国企业家直接投资方面，我们也有一些改进的办法，那就是在老企业里面可以出让一部分的股份，同时也可以吸收以股票的形式来进行投资；四、在土地的有偿转让和开放房地产市场方面，我们也有一些灵活的政策……

当记者问：浦东将发展为自由港，浦东的发展范围是否伸展至浦西？朱镕基回答：我并不是说整个浦东都是自由港，我们将在浦东划出一块地区，靠近外高桥港口的附近划出一块自由贸易工业区，在这个区里实行这种政策，取得效果以后，再看如何向前发展。

“打中华牌” 安徽裕安成第一

8 月 5 日，上海安徽裕安实业总公司签订位于陆家嘴竹园商贸区的土地批租合同，用于建造裕安大厦，从而成为国家部委办、外省市支持浦东开发的第一座省部级楼宇，成为浦东开发“打中华牌”的第一个项目。此后，国家各部委办、各省市纷纷响应，积极跟进。中国电力大厦（中电大酒店）、[①]中国石油大厦（中油阳光酒店）、中国煤炭大厦（浦东假日酒店）、江苏大厦（紫金山大酒店）、云南大厦（瑞吉红塔大酒店）、齐鲁大厦（齐鲁万怡大酒店）、钱江大厦、宝安大厦（宝安大酒店）等项目在陆家嘴竹园商贸区签约落户。

中国农业银行不甘落后，8 月 24 日，其浦东分行在浦建路与浦东南

① 中国电力大厦位于新上海商业城南、南泉北路 1029 号。

路口的由由饭店挂牌开业，上海市副市长庄晓天出席挂牌仪式并讲话。农行浦东分行成为浦东开发“金融先行”的开路先锋，成为浦东金融史上第一家分行、分公司级金融机构。开业仪式上，农行浦东分行与上海空调机厂、上海福海（木业）企业有限公司等 4 家企业，签订了总金额为 7 300 万元人民币、1 100 万美元的贷款协议书。紧跟农行脚步，至年末，中国建设银行、中国工商银行、交通银行在陆家嘴地区先后成立浦东分行。

9 月 10 日，上海市政府再次举行新闻发布会。国务院有关部门与上海市政府就浦东开发开放发布 9 个法规性文件。其中有中国人民银行颁布的《上海外资金融机构、中外合资金融机构管理办法》、财政部颁布的《关于上海浦东新区鼓励外商投资减征、免征企业所得税和工商统一税的规定》、海关总署颁布的《中华人民共和国海关对进出上海外高桥保税区货物、运输工具和个人携带物品的管理办法》；上海市政府颁布的《上海市鼓励外商投资浦东新区的若干规定》《上海市外高桥保税区管理办法》《上海市浦东新区土地管理若干规定》。

三大开发公司成立　金融领头羊意在东进

紧接着 11 日，还是在浦东南路与浦建路口的那家由由饭店内，分别负责外高桥保税区、陆家嘴金融贸易区、金桥出口加工区开发建设的外高桥保税区开发公司、陆家嘴金融贸易区开发公司、金桥出口加工区开发公司同时成立。从此外高桥、陆家嘴、金桥之名越过黄浦江，传向全国、全世界。

在此，不得不说说由由饭店。1987 年，由严桥乡工业公司投资 600 多万元兴建由由饭店。饭店总建筑面积 7 530 平方米，共 10 层，内设 119 间标准房。1990 年 7 月落成之际，正好赶上浦东开发开放大潮，此时浦东地区办公楼宇奇缺，而刚开张营业的由由饭店是当时浦东设施条件最好的商务楼宇，所以一开业便一房难求，许多开发机构纷纷入驻办公。严桥乡借此赚到了浦东开发的第一桶金。

1990 年的 11 月 1 日，更是一个不能忽视的日子。中国人民银行上海市分行与陆家嘴金融贸易区开发公司签署了建造分行大楼（银都大厦）的合作意向书，从而成为第一份在陆家嘴建造金融大楼的协议文件。协议背后是陆家嘴公司的深谋远虑。当时资金奇缺的陆家嘴公司开办费只有 3 000 万元人民币。时任总经理的王安德就将这点本钱砸下去，买了 3 万平方米动迁房，用于动迁建造银都大厦这块土地上的居民，并补贴一半地价给人民银行，从而将对方“请”进陆家嘴。对此，公司员工颇有意见：一共 3 000 万注册资本，买了动迁房，又补贴给人家，下一步怎么弄呀？王总就对员工说：“我们搞金融贸易区，银行不过来，这个金融贸易区不是空的吗？银行看谁呀，看央行。央行上海分行是银行业领头羊，领头羊不过来你再吆喝别人也不相信你。人民银行上海分行过来了，金融机构才算启动了。国内海外都在看，看你开发是真的假的，你补贴下去收到的效益肯定会超过你的补贴价值。”今日陆家嘴高楼林立，中外金融机构云集，难道与当年的这一大胆决策没有关系吗？

“老八股”上市交易　浦东速度开启

正当大家以为 1990 年即将逝去之际，浦东开发开放的浪潮终于掀开了新中国要素市场的大门！

12 月 19 日上午 11 时，关闭了整整四十年的中国证券市场第一锣终于在黄浦江畔敲响（由于受当时浦东城市基础设施限制，新成立的上海证券交易所只能选择与浦东一江之隔的黄浦路 15 号的浦江饭店，

1997 年迁至陆家嘴的浦东南路 520 号上海证券大厦内)。“电真空”成为上海证券交易所第一笔交易,开盘价为 365.7 元。位于浦东川沙镇、土生土长的申华电工联合公司(简称申华电工,股票代码 600653)[①]开盘价为 327.9 元、延中实业开盘价为 176.5 元、飞乐音响开盘价为 305 元。第一天上市交易的八支股票日后成为中国证券市场上赫赫有名的“老八股”。申华电工联合公司董事长、浦东孙桥乡农民瞿建国由此声名鹊起,成为中国农民步入资本市场的标志性人物。

申华股票

1990 年过去已经 30 年,留给后人最值得记住的除了 4 月 18 日之外,恐怕便是当今新闻媒体运用最多的数据 60.24 亿元,[②]人们常常将

---

① 后经几次兼并重组,其简称先后改为申华实业、华晨集团、申华控股。

② 1990 年浦东 60.24 亿元的国内生产总值,为当时浦东新区区域内的生产总值,并未包含 1990 年南汇县的生产总值,所以如果要将 1990 年浦东生产总值与今日浦东的生产总值比较,应加入 1990 年南汇县(后改区)的生产总值,因为 2009 年南汇区划入了浦东新区,这样才能得出科学的数据。经查《南汇区统计志》,1990 年南汇县国内生产总值为 17.85 亿元。

其与今日浦东的经济数据作对比。60.24 亿元，1990 年浦东的国内生产总值矣！

啊，1990 年！

这是风起云涌的一年，

这是激情奔腾的一年，

这是浦东速度开启的一年！

2019 年 7 月 24 日初稿，修改于 2019 年末

主要参考资料：

沙麟文《难忘从事浦东开发开放的激情澎湃岁月》、王安德《浦东开发开放初期九个法规的出台过程及陆家嘴格局的形成》、上海教育出版社《浦东开发开放（上）》，第 14、139 页。

中共上海市浦东新区工作委员会、上海市浦东新区管理委员会编《浦东开发开放十年》，上海远东出版社，2000 年。

《上海证券交易所举行开业典礼　黄菊、邓莲如、刘鸿儒揭牌　朱镕基发表讲话》，《解放日报》1990 年 12 月 20 日第一版。

《朱镕基在港谈开发浦东　浦东有些政策其他特区还未有过》，《新民晚报》1990 年 6 月 14 日第一版。

上海浦东开发开放十五周年展筹委会工作组编《新起点 · 新发展——上海浦东开发开放十五周年展》，上海画报出版社，2006 年。

《上海市志 · 浦东开发开放分志》。

浦东之名的由来

遥想当年，浦东面积曾经
占有上海市总面积的32%。

浦东的土地来自长江，来自大海，那么浦东之名又从何来？

最早的浦东之名，来自南宋乾道、淳熙年间（1165—1189年）华亭县内所设的5处盐场。5处盐场分别名之青村、下沙、袁浦、南跄和浦东。不过此时的浦东，只是一个经济单位名称，与今日之浦东无论从内涵或外延上比较，相去甚远。300多年后，在明万历年间编纂的《上海县志·河渠志》诸水条中载有“由闸港而下，若盐铁塘、沈庄塘，若周浦，若三林塘，若杨淄港、黄淄溇，此为浦东之水也”。其实真正的浦东，要在黄浦江形成以后，①以黄浦江为界而分出的浦东与浦西，以及两岸人员与经济往来的日益频繁才具有今日之意义。

那么黄浦江又是怎样形成的？

明洪武年间，上海第一大河吴淞江“菱芦丛生，河道淤塞”，许多河段已淤塞为平地。永乐元年（1403年）苏松水患。吏部尚书夏元吉奉命赴上海地区治水。夏尚书采纳上海人叶宗行（今上海闵行区浦江镇叶家行人）建议：开通范家浜，上接大黄浦，中汇吴淞江，下连南跄浦口

---

① 黄浦之名，始见于南宋绍兴二十八年（1158年）高子凤为西林（今浦东三林镇西）南积教寺所作的《碑记》中。南宋时期的黄浦，乃指今闸港迤北向一段，为吴淞江的支流。元末明初，闸港以北统称“大黄浦”，清代始名黄浦江。

（今吴淞口）；引导淀山湖一带众水改由范家浜东流，至吴淞口注入大海。

开挖范家浜工程于永乐元年开始，翌年九月结束。征用民工20多万人，开挖河道一万二千丈，河面阔三十丈。此后众水汇流，水势湍急，不浚自深自阔，河面不断扩大为“横阔二里余”的黄浦江。范家浜浚治之后，“水势遂不复东注淞江，而尽纵浦水以入浦，浦势自是数倍于淞江矣”，从而形成“黄浦夺淞”的地理形态。至明嘉靖元年（1522年），黄浦江水系全面形成。从此上海地理格局为之一变，以黄浦为界有了浦东、浦西之分野。清末，三林人秦荣光《竹枝词》记述着黄浦江的变迁：

陆家嘴北范家浜，明夏尚书浚阔长。今日试寻浜旧迹，中央一片浦汪洋。

江浦通流自范浜，浦潮湍急力弥强。陈家参政坟何在，两岸田坍莫计方。

乌泥泾镇亘东西，十里长街旧迹迷。中被潮冲坍入浦，但留一庙浦东堤。

从上引竹枝词中可以看到原来的范家浜已经成为大江大河之黄浦江。由于河道的拓宽，陈参政的墓已在河中；原先横亘于黄浦两岸的乌泥泾镇由于黄浦水流的冲刷拓宽，在东岸只存留一座庙宇（法华学问寺）了。

而现代意义上的浦东，以笔者愚见，更应推至1927年7月上海从江苏省析出成为特别市之后。新成立的上海特别市由上海县、宝山县分出的17乡市及公共租界、法租界组成，总面积494平方公里，其中浦东部分6个乡市，面积158平方公里，占全市总面积的32%。按照当时民国政府为上海特别市设定的行政区划范围，原本还应划入上海县位于浦东的三林区、周浦区、陈行区，然而在接收过程中因种种纠葛而未

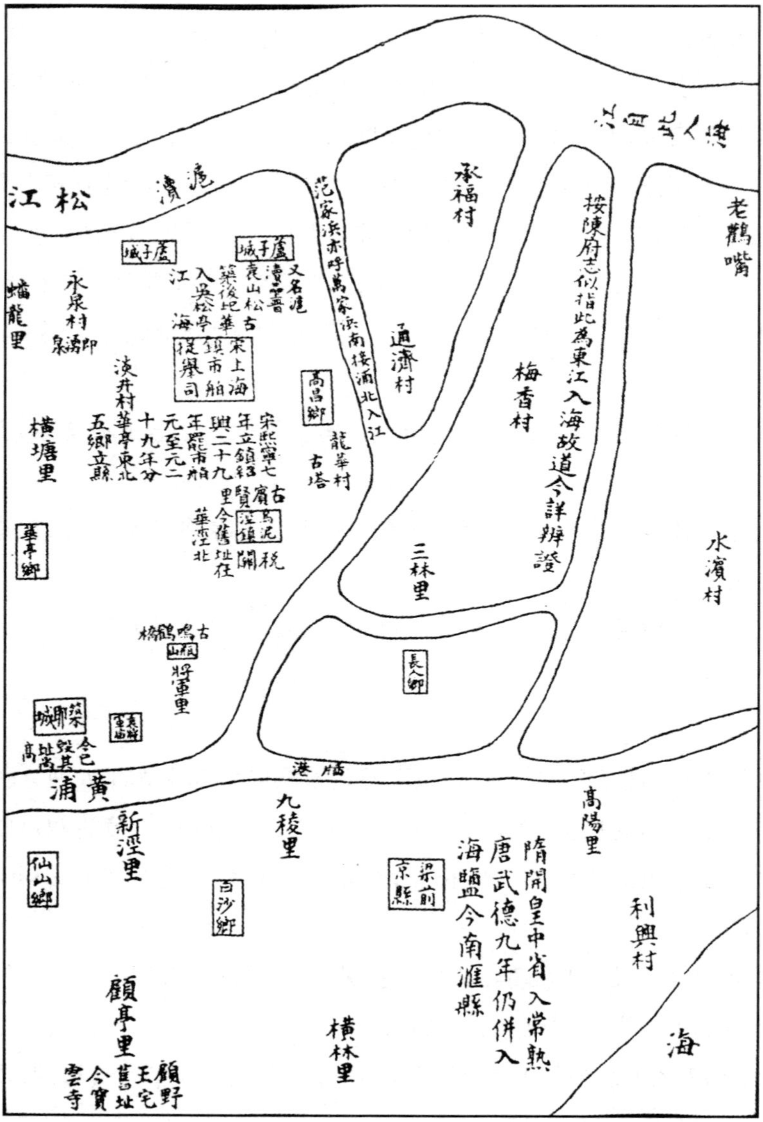

黄浦江还未形成时的上海县

能实施。由此可见浦东地域之重要。80 多年后的 2009 年南汇区划入，浦东新区的面积虽然达到 1 210.41 平方公里，但是在上海市总面积的比重中也就只占到 20%。当时的上海市无论在地理上，还是在人们的日常意识中：无疑以黄浦江为界分成浦东、浦西两大部分，并且“浦东”一词在上海特别市之内高频率使用也就不奇怪了。仔细审视一下 1928 年的上海特别市行政区划图，自会一目了然。那时还隶属于江苏省的川沙、南汇两县完全处在“浦东”之外，与黄浦江没有地理上的直接牵连。直到 30 年后，川、南两县由江苏析出隶属上海市，其中的川沙县才与上海、与浦东有了地域上连接，行政上的分合。

再说当时位于浦东的洋泾区、杨思区、塘桥区、高行区、陆行区和高桥区是完全和浦西的其他 11 个区处于同等的地位，而不是如后来忽而为东郊区，忽而降为浦东县（农村化了），直至浦东由一个行政区划名再次沦为一个片区名，导致沿江地区分别成为上海城区三个区的延伸部分。

对于浦东之名，其实处于不同的社会角色与阶层自有其不同的认知。笔者曾经与原在上海市黄浦区和南市区政府部门内工作过的人员聊起浦东、浦西往事。他们大多会说，“当时阿拉区在浦东的面积远远超过在浦西的面积”。黄浦区在浦西面积只有 4.16 平方公里、4 个街道；在浦东却有 15.15 平方公里，6 个街道和 1 个镇，其中浦东每平方公里人口密度 2.29 万人。南市区在浦西有 10 个街道、在浦东有 4 个街道 1 个镇，其中浦西面积 6.87 平方公里，浦东 18.11 平方公里，浦东每平方公里人口密度 1.61 万人。那时如果工作需要过黄浦江那边的街道办事，挂在口头上的一句话，就是“吾到浦东去”。1990 年代先后出版的《黄浦区志》《南市区志》，亦十分具体地将其区域以黄浦江为界，分为浦西与浦东。《黄浦区志 · 地理建置》记：黄浦区地处市中心。以黄浦江为界，全区分为浦西、浦东两部分。志首专刊《黄浦区浦东地区部分企事业单位图》，志中专述浦东道路等内容。《南市区志 · 总述》记：黄浦江横贯区间，分成浦西、浦东两部分。自然以上两区所表述的浦东，各有其不同的外延和内涵了。

1990 年代第一个春天，在党中央、国务院开发开放浦东的决策实施后，浦东一跃成为一个“热词”。1993 年 1 月 1 日浦东新区成立，浦东作为一个行政区划名第二次出现在中国的版图上。今日，浦东很大一部区域已经成为上海中心城区。

2019 年 5 月

频繁变化的区划

历史上，浦东分辖上海市与江苏省。
1958 年，浦东第一次作为一个行政区划名，
标注在中国版图上。

2009 年 5 月 6 日下午，在上海市政府召开的新闻发布会上，新闻发言人陈启伟介绍：近日国务院已批复了上海关于浦东扩区的申请，同意撤除南汇区，将南汇行政区域并入浦东新区。从而证实了那一段时间人们对于浦东行政区划即将发生重大变化的猜测。从此浦东新区的面积由 500 多平方公里扩大到 1 210.41 平方公里，[①]占到上海市总面积的五分之一。

浦东是一块从大海中生长起来年轻的土地，由中国第一大河长江夹带的泥沙流入长江口后，经长年累月的潮汐冲击逐步堆积而成。谁能想象浦东国际机场所在地在 1960 年代还是常常被海水淹没的滩地。谁能想象 151 年前原属原川沙县的横沙岛还是刚刚露出海面的沙洲（1958 年从川沙划出隶属宝山县）。谁又能想象 20 世纪末、21 世纪初的浦东能成为实施国家战略的热土，成为中国改革开放的标志？

面对今日浦东大地，眺望浩瀚无垠的大海，众多浦东人，许多外来

---

① 根据《浦东新区统计年鉴 2009》（第 40 页）记载：浦东新区面积为 569.57 平方公里和《南汇年鉴 2008》卷首的《南汇区政区图》中南汇区面积为 860.1 平方公里，可见南汇区划入浦东新区后的面积应该为 1 429.67 平方公里。

者,自然而然会生发出丰富的联想,美好的展望,抑或些许的怀念、留恋,甚至失落,然而浦东依然按照它固有的规律与脚步向前迈进!

不是吗? 1990 年的浦东开发开放催生了 1993 年浦东新区的建立,今日国际金融、国际航运两个中心的建设促成了南汇区的撤销,浦东新区地域的拓展。短短 19 年,浦东行政区划的沧桑巨变,印证了生产力这个经济基础发展的要求,必然会打破行政区划这个上层建筑的束缚。再往深处想,浦东历史上的行政区划及其管理机构亦脱胎于经济生产组织。在十分漫长的岁月里,盐业是浦东的经济支柱,是封建朝廷主要的财政收入来源。由产盐所建立的生产组织,"灶""团""场"成为当时浦东经、政合一的基层管理机构。浦东《竹枝词》云:下沙自宋设盐司,添二三场正统时。南汇一分场一并,邑无盐政课征谁?又云:洪武三年运盐使,下沙场统九团乡。直从正统三场析,每辖三团为一场。

翻开散乱的历史资料,追寻浦东行政区划变化足迹,或许会给我们一些有益的启示。

唐天宝十载(751 年),苏州太守赵居贞奏朝廷割昆山南境、嘉兴东境、海盐北境设置华亭县。今浦东区域的中、南部地区为华亭县长人乡、高昌乡,北部高桥地区属昆山县临江乡。南宋嘉定十年(1217 年),析昆山县东境建立嘉定县,临江乡归入嘉定县管辖。元代至元二十九年(1292 年),析出华亭县长人、高昌等五乡置上海县。浦东地区除临江乡外,全部隶属上海县。查阅明正德《金山卫志》所刊地图,可见下砂场盐课司、三林庄巡检司等地名。清雍正三年(1724 年),巡抚张楷启奏朝廷,获准从嘉定划出四乡部分区域建立宝山县,由此原嘉定县管辖的浦东之地改隶宝山县,属宝山县依仁乡东西八都。同年,清政府决定划出上海县长人乡建立南汇县,设治南汇嘴所城,即今惠南镇。南汇县第一位知县钦琏在任上因修筑海塘而美名流传,其领民修筑的海塘,就是后人以他姓氏命名的钦公塘。清乾隆二十四年(1759 年)宝山县设分县机构于黄浦江东,县丞署设置高桥镇。

1805 年，两江总督面奏清廷，请求划出上海县高昌乡十五个图、南汇县长人乡十个图以及八、九两个团设立川沙抚民厅。五年后抚民厅正式在川沙镇(时为川沙堡、八团镇)成立。其时，浦东范围有上海、南汇、宝山三县和川沙一厅。1911 年辛亥革命爆发，川沙改厅为县，位居泱泱中华末等小县之列(1951 年 4 月，川沙县才由丙等县升格为乙等县)。

步入近代，伴随着上海开埠，伴随着黄浦江东岸建造码头、修造轮船的热潮，以农业经济为主的浦东，开始跨进工业经济社会。1927 年 7 月 4 日，民国南京政府中央政治会议通过《上海特别市暂行条例》。上海由江苏省划出成立特别市(1930 年改为直辖市)，直接隶属中央政府。一年后的 7 月 1 日，上海县在浦东的洋泾市和杨思、塘桥、高行、陆行 4 乡，以及宝山县在浦东的高桥乡划入上海特别市，并由乡、市改区，成为上海特别市的重要组成部分。此时的浦东并存着上海特别市的浦东区域和江苏省的川沙县、南汇县和上海县黄浦江东的三林地区。

中华人民共和国成立后，浦东行政区划演变进入一个新的历史阶段。

1950 年 6 月，南汇县北蔡区全部 14 个乡、祝桥区 9 个乡、横沔区 6 个乡划入川沙县。

1952 年，析出洋泾、杨思区沿江地区部分建立东昌区。1956 年上海市区划大调整，在上海市中心周边形成西郊、北郊、东郊三大行政区。浦东的高桥、洋泾、杨思合并建立东郊区。[①]

1958 年 1 月，位于浦东的上海县三林乡由江苏省划入上海市管辖。8 月，东郊区与东昌区合并建立浦东县。浦东第一次作为一个行政区划名，标注在中国的行政版图上。11 月，川沙、南汇两县由江苏省划入上

① 东郊区撤销，办公旧址移作洋泾人民医院(今公利医院)和川沙县党校用房。那里还遗存着当年的二层木结构楼房。

海市。从此，浦东地区结束了由一市一省分治的历史。1961 年 2 月，浦东县撤销，农村地区并入川沙县，沿黄浦江城市化地区分别成为杨浦、黄浦、南市三区在浦东的延伸部分，随即浦东作为一个区划行政名也从地图上消失了。

东郊区区委、区政府办公旧址(巨野路 219 号，摄于 2006 年)

后来笔者在一篇文章中感叹："浦东县的撤销是基于它没有一个根，大凡一个县，从中国历史上考察，它大多有城墙，总有广宽的地理空间和较深的文化传承，而浦东县没有，它实在太小！它的建立与撤销都是在匆匆忙忙中进行，所以建之容易撤之也快矣。"

1990 年 4 月 18 日，党中央、国务院宣布开发开放浦东，浦东进入一个新时期。1993 年 1 月 1 日，浦东新区成立。浦东第二次作为一个行政区划名，标注于中国版图。其时的浦东新区由川沙县全部，杨浦区、黄浦区、南市区的浦东部分和闵行区[①]的三林乡组成。其下行政区划有

① 其时上海县已撤销，与闵行区合并建立新的闵行区。

张家浜、陆家嘴路、崂山西路、潍坊新村、梅园新村、罗山新村、周家渡、塘桥、南码头路、上钢新村、歇浦路 11 个街道，川沙、洋泾、高桥、杨思、北蔡 5 个镇，施湾、六团、江镇、城镇、黄楼、龚路、合庆、孙桥、王港、蔡路、顾路、杨园、张桥、金桥、东沟、高桥、高南、高东、凌桥、张江、唐镇、花木、洋泾、严桥、六里、杨思、三林 27 个乡，以及外高桥、陆家嘴、金桥、张江 4 个国家级开发区。区域总面积 522.75 平方公里（2003 年增至 569.57 平方公里），总人口 143.73 万人。其中街道总面积和人口分别为 32.99 平方公里和 68.17 万人，乡镇总面积和总人口分别为 489.76 平方公里和 75.56 万人。

从浦东行政区划的演变中，可以窥见浦东地位的变化和浦东开发开放的某种必然。1927 年上海特别市成立，1928 年浦东沿江地区就划入上海市。再看看当时划入的地方，就是 1990 年浦东最早成立的三个国家级开发区——陆家嘴金融贸易区、金桥出口加工区、外高桥保税区的地域。浦东独特的地理位置，决定了它必然的发展趋势，不管人们的认识如何，或受当时政治、经济、社会的局限，但总有一天会认识它、发现它，因为浦东拥有黄浦江，拥有大海。浦东的开发开放不但使浦东第二次标注在中国的版图上，而且出现在世界地图上，为人所瞩目。诚然对于浦东有一个认识再认识的过程。从孙中山的建国方略，到上海特别市的建立，再到将江苏省的上海县和宝山县的浦东部分区域归入上海，都是浦东地位的提升，是上海发展空间的拓展。当然这其中也有曲折。1958 年浦东县的建立与 1961 年浦东县的撤销，就是这种曲折的体现。

一条黄浦江把上海分为浦西、浦东。遥想当年，是黄浦江阻碍了浦东发展的进程。因此在决策浦东开发前，才有了南进、西进、北进、东进之说，才有了一时的彷徨与犹豫！小平同志说得好：“浦东开发比深圳晚，但起点可以更高。”“我看上海一年会有一个变化，三年会有大变化。我相信浦东开发可以后来居上。”“抓紧浦东开发不动摇，一直到建成。”

今日，如果你登上陆家嘴制高点，俯视脚下百舸争流的黄浦江，抬头极目云蒸霞蔚的芦潮港，你会为浦东的博大精深、浦东的依江拥海而震撼而骄傲吗？你是否会感觉到眼前的大浦东犹如跳出海平面的朝日，顷刻间就会放射出夺目灿烂的光亮！

让我们等待夺目灿烂！

2009 年 5 月初稿，2019 年 5 月修改

主要参考资料：

顾炳权主编《上海市浦东新区地名志》，上海华东理工大学出版社，1994 年。
黄炎培主编民国《川沙县志》。
上海市川沙县县志编纂委员会编《川沙县志》，上海人民出版社，1990 年。
上海市南汇县县志编纂委员会编《南汇县志》，上海人民出版社，1992 年。

浦东曾有吴淞区

相信你会知道农村人民公社，
但你不一定会知道，
浦东曾经有过城市人民公社。

熟知浦东近代建置沿革的人大多知道，浦东沿江地区近百年中，行政区划变化频繁，隶属关系时有更替。以20世纪60年代为例，并以今日浦东新区范围而论，在浦东地区就有川沙县、南汇县、上海县（三林人民公社）、东郊区、东昌区、浦东县以及黄浦区、南市区、杨浦区浦东部分等行政区划的先后存在或撤销。上述区划变迁，就目前来说，已经基本形成共识，在许多研究浦东学者撰写的涉及浦东发展进程的著述中有着诸多记述。

然而历史就像过滤器，往往会滤去一些我们以为无足轻重的事物。自然在这样的过滤中，有时也会事与愿违，将重大的事物掩埋在厚厚的岁月尘埃之下。

1994年，在编纂首部《浦东年鉴》时，笔者发现周家渡街道办事处报送的材料中，行政隶属关系出现“吴淞区”的文字。当时颇感迷惑：周家渡与吴淞相距甚远，中间隔着黄浦、杨浦区和川沙县，怎么可能呢？加上那时年鉴编辑部刚刚建立，首部年鉴的编辑任务十分繁重，出版时间又十分紧迫而未予查究。后来虽然也翻阅了一些资料，但是没有找到结果。

一晃十五年过去。2009 年，南汇区行政区划划入浦东新区。根据当年浦东的年度特点，两区合并无疑是件大事。因此我考虑设计绘制《浦东新区行政区划演变图》，在 2010 年浦东年鉴卷首上刊载。在查找有关地图资料时，发现老浦东地图中东沟港以北、沿黄浦江东的狭长区域的色块与川沙县色块有所不同，因此又生出一丝疑问。然而还是因为忙于日常编辑事务，依然未予寻找答案，以解疑问。

近年退休后，在专职编纂、撰写上海市市志系列志书——《浦东开发开放分志》过程中，有时间进一步较为系统地梳理浦东地区行政区划的演变，特别借此对高桥和周家渡地区行政区划由来已久的疑虑寻找答案。今年年初，在连续翻阅了黄浦、南市、杨浦、吴淞区志和宝山县志，以及有关众多资料后，发现 1996 年由上海社会科学院出版社出版的《吴淞区志》比较详细地记录了浦东与吴淞区的关系。

吴淞区有着三次建区、三次撤区的历史记录。第三次撤区后，与宝山县合并建立了宝山区。

1959 年 12 月 3 日，中共上海市委决定以上海市钢铁工业党委的组织机构为基础，建立中共上海市吴淞区委员会，撤销上海市钢铁工业党委。同月上海市人民委员会决定调整行政区划，建立吴淞区，是为吴淞第二次建区。1960 年 1 月，经国务院批准同意将吴淞建成以钢铁工业为重点的上海卫星城市，辖区包括吴淞镇、张庙路、蕰藻浜、军工路一带和浦东的高桥、周家渡和塘桥地区。

《吴淞区志》在建置章节中对此有着比较详细的记录：

> 在浦东的有：高桥中兴镇地区。1960 年 4 月筹建城市人民公社期间，高桥分社范围为：农药厂后的中兴镇及石油采购站以南，向西至天灯口为一块，高桥镇及两个农业生产队为一块，高桥港向西沿东塘路到高桥化工厂为一块。1960 年 10 月，城市人民公社停办。11 月浦东县撤销，正式划入吴淞区的范围为上海炼油厂、上海

石油采购供应站、上炼新村等地区。其属地东与川沙县为邻，南至上海炼油厂，西沿黄浦江，北至草镇。

周家渡地区。1960年4月筹建城市人民公社时，周家渡分社范围为：从张家浜以东至浦东南路沿陆家桥边的王家浜至杨高路、上南路，南至杨思港，北至黄浦江。同年10月城市人民公社停办，11月该地区归入南市区。

关于人民公社，我们知道是1958年农村大跃进中建立的政经合一的组织形式，直至1984年恢复乡建制才逐步取消，而有关城市人民公社恐怕知道的人不会太多。

1960年3月31日，中共中央发出《关于城市人民公社问题的批示》，要求各地采取积极态度建立城市人民公社。上海市要求吴淞区和闵行区先行试点，取得经验后推广。吴淞区闻风而动，当年4月10日，区委部署建立城市人民公社的工作，向全区党员干部作动员，建立以工厂为中心的工农商学兵相结合的城市人民公社。吴淞区作为城市人民公社，下设张庙、蕰藻浜、殷行路、高桥、周家渡5个分社。蕰藻浜分社以上钢五厂为中心，包括上棉八厂、大中华造纸厂、淞兴路办事处等单位和地区。高桥分社以上海炼油厂为中心，包括高桥化工厂、上炼新村、中兴镇等单位和地区。周家渡分社以上钢三厂为中心，包括周家渡和塘桥地区。这就是高桥分社和周家渡分社的来历。同年10月，城市人民公社因在实践中无法推行而停止试点。然而它在浦东历史上，已经实实在在地发生了。

11月，吴淞区恢复街道组织体制，并以地区为主，对浦东的管辖范围作出较大的调整。高桥分社所辖的上炼新村和中兴镇划归殷行路街道，其他地区划归川沙县。周家渡分社所属区域划归南市区（部分市属工厂除外）。1964年5月，吴淞区撤区。《吴淞区志》记：吴淞区的浦西部分划入杨浦区，浦东的上炼新村和中兴镇划归川沙县。

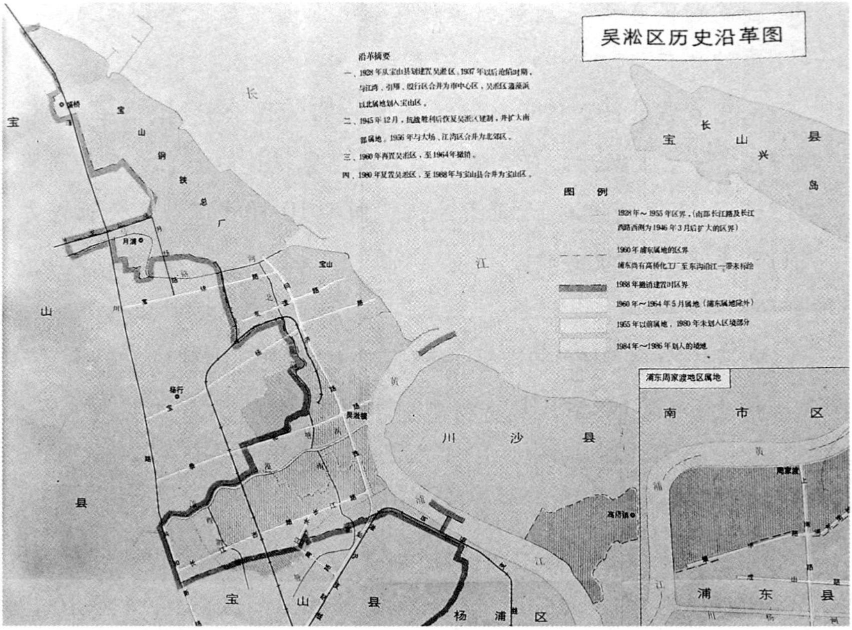

《吴淞区历史沿革图》明确标注浦东高桥和周家渡地区隶属吴淞区

综上所述，浦东地区在20世纪60年代，部分地区曾经隶属吴淞区已是不争的事实，同时也回答了周家渡与吴淞区在地域上没有接壤的原因。吴淞区第二次建区是建立在上海市主要钢铁工业企业分布基础之上，以原上海市钢铁工业党委管辖系统为基础的。要知道，20世纪60年代，上海第一钢铁厂、第三钢铁厂和第五钢铁厂是上海钢铁工业的三大支柱企业。以钢铁工业为基础建区成为吴淞区第二次建区的最为显著的特征。

略感遗憾的是，一不小心我们几乎要将此段历史遗忘（新编《川沙县志》和《高桥乡志》中都未记载）。现在予以补上，为时还不算太晚。

由此浦东的历史之册，将增添“城市人民公社”“周家渡分社”“高桥分社”等独具那个时代符号的名词。

结束本文之时，再次核对史料，发现川沙县撤县之前的行政区划图中，从东沟港至草镇码头南有一块白色带状区域，显然不在川沙县行政区划内，那么这块白色带状区域又隶属何处呢？

留一个问号吧，以冀请教于读者诸君！

2017 年 7 月 14 日

沧海桑田江心沙

它，是农业合作化运动的典型；

它，是上海石化工业的起点；

它，见证浦东开发开放后第一个中外合资项目的诞生；

它，曾经仅是黄浦江中一沙洲。

面对黄浦江发问

2014年4月11日，我骑着自行车从川沙镇出发，沿华东路，过金桥经济技术开发区（南区）、张江高科技园区金融信息产业园，经金海路、东陆路，至沪东中华造船集团后，又折入杨高北路，前往外高桥。

阳光下，微风里，一路前行一路摄影。我在中国（上海）自由贸易试验区3号门对面夏碧路超市稍事歇息后，进入张杨北路，沿高桥港，向着黄浦江前行。下午1时许，终于站在江心沙路1号——中国石油股份有限公司上海高桥分公司（原上海炼油厂，以下简称高桥石化）大门前。

背靠高桥石化，面对滔滔黄浦江水，此时此刻，我在心底发问，有多少浦东人知道我脚下这条位于浦东最北端的江心沙路？然而又有多少人不晓得高桥石化、上海炼油厂、世界著名跨国公司巴斯夫（巴斯夫中国有限公司）？恰恰是这些耳熟能详的著名企业坐落在这条罕有人知的江心沙路上。

汽笛划过长空,巨轮起锚远航。

又有谁能想象:我脚下的这块土地、这条江心沙路,源于黄浦江心一沙洲。波翻浪涌三百年,江心沙见证着浦东的地理特征、时代风云、社会经济的沧桑轨迹。

由沙至洲终成陆

肯定有人会问江心沙形成于何时,遗憾的是今天我们只能大致揣摩出它的形成时间。查清乾隆十年(1746 年)成书的《宝山县志 · 县海塘营汛合图》,此图在黄浦江中首次标注上了江心沙。因其沙洲形状如鼠,又名老鼠沙。又因位于高桥镇西边,故又称高桥沙。[①] 今天,假如按江心沙露出黄浦江水面计算其形成时间,那么按常理应该在乾隆《宝山县志》成书的 1746 年往前再推 50 年左右。可惜在以后的乾隆《宝山县志》和光绪《宝山县志》里都没有关于江心沙的半点文字记录,只有在卷首地理图中有所标记,其形态有所拓展变化而已。

在 170 多年后的 1921 年出版的民国《宝山县续志》里,终于见到了关于江心沙(老鼠沙)的记录:

> 老鼠沙。是沙在浦江之中心,厥形如鼠,故名。又以接近高桥西岸,别称高桥沙,亦称宝丰沙。清光绪三十年间,迭经地方团体及附近业户向官厅缴价领垦,已达一千九百亩有奇。沙之中段及填高处久成熟田,堪种稻麦。曩时孤悬若岛屿。自浚浦局于沙之南端建筑石坝,阻绝江流,淤沙日夜淀积。乃复施以人力,移他处淤涨之泥沙填筑于两岸距离处,是沙遂与陆地毗连。其北段亦渐

---

① 在《江东志》中又称江心沙为芦洲。

已涨高，潮退时褰裳可涉矣。

众所周知，浦东大地由长江上游冲刷入海的泥沙在长江入海口堆积形成。江心沙亦由黄浦江中泥沙，在潮汐的作用下，经日积月累的沉淀、淤积，渐渐推高露出水面所成。江心沙可谓是浦东地理演变的又一个不可多得的标志。如果将乾隆《宝山县志 · 县海塘营汛合图》中的江心沙（此时江心沙属宝山县）与民国《宝山县续志》中所刊的《全县区域图》和《高桥乡图》中的江心沙加以比较，不难证明这一形成过程。在《全县区域图》和《高桥乡》图中可以清晰地看到江心沙南端已经与陆地接壤。至1920年代末，江心沙基本上已与陆地完全融合连片。

在江心沙与陆地的融合过程中，除了自然的力量，与上海开埠、《辛丑条约》签订、黄浦江航道的改造密不可分。

光绪二十七年（1901年），奕劻、李鸿章代表清廷在北京与英、美、法、德、俄、日、意、奥、西、荷、比11国公使在《最后议定书》，即《辛丑条约》上签字，共十二款，十九个附件。其中第十一款第二条规定设立黄浦河道局，经营、整理、改善黄浦河道，并且在附件（十七）中对机构设置、人员、经费等作出具体说明。

四年后，光绪三十一年九月初六（1905年10月5日），光绪皇帝在南洋大臣改订修浚黄浦江航道条款的奏折上朱批“知道了”。同年12月26日，上海浚治黄浦河道总局（即为后来的开浚黄浦河道局，简称浚浦局）正式设立。[①]

浚浦局一经成立，按轻重缓急，先后筑吴淞导堤，开建（疏浚）高桥新航道。新航道建设与江心沙的成陆密切相关。由于江心沙的崛起，

① 2019年4月12日，入选由中国科协调宣部主办，中国科协创新战略研究院、中国城市规划学会共同承办的“中国工业遗产保护名录（第二批）”。入选理由：由《辛丑条约》规定设立的近代上海港主持航道管理和整治的机构，为上海港成为世界大港提供了重要保障；定海路桥是上海市区内第一座黄浦江上的桥梁。

在黄浦江下游形成东西两条水道进出吴淞口。据《上海港口志》记，光绪三十二年前，高桥沙是黄浦江中小岛，出水部分长 2.5 公里，最宽处 700 米，将河道分为东北和西南两支。东北支原为深水航道，水深 6.7 米，槽宽 210 米，最深处 14 米，两岸之间平均宽 400 米，最宽处 480 米，为当时进出上海港的轮船通道，但在出口处有拦门沙、吴淞内沙，滩顶水深仅 3 米至 4 米。西南支(即现在的航道)宽而浅，最宽处 1 700 米，平均也有 900 米。

正如清末《江东志》所记：

> 黄浦江纳海口潮汐。旧传春申君黄歇所凿，故名黄浦，亦名申江。南接上海吴淞江口，东北行胡巷桥、张家浜渡口与海合流，抱八都境仅数里耳。中隔芦洲即江心沙也。沙东西俱通巨舰，然东狭而西阔也。

浚浦局采取挖深西侧水道，堵塞东侧水道的方法浚深黄浦江航道。首先在江心沙南端天灯口东侧筑坝阻流，使其与陆地相连。同时拓深西侧水道，并将挖出的泥沙填塞东侧水道。历时四年，宣统元年三月十六日(1909 年 5 月 5 日)，吃水 6.7 米的英国巡洋舰“阿司脱雷”号，首先通过新航道。那时曾命名新航道为“公平女神”航道。老航道(即原轮船道)于同年 12 月起被拦坝堵塞。至宣统二年二月，新航道已增深至 5.18 米，最狭处近 91 米，高桥沙的整治和新航道的开辟即告完成。随之江心沙大部区域与陆地相连融合，由此“江心沙”作为江中之洲从上海行政区划地图上消失了，只留下一条“老黄浦江”告诉后人：“江心沙来自黄浦江中！”

翻阅 1959 年编写的《浦东县志》，在《浦东县全图》中仍然可以找到“老黄浦江”。图中“老黄浦江”呈弧形，南端连着黄浦江，北头也连通黄浦江，从而十分明确地提示了江心沙的范围：弧形内为江心沙，并标注着“草镇”“中兴”“大圩”地名。

随着岁月的流逝，一条以“江心沙”命名的道路在成陆后的江心沙上逐步形成，串连起工厂、码头、仓库。江心沙终于完成了由沙为洲，由洲成陆，再由路名存留为记忆的转变。

早期开发起风波

试问未垦殖时的江心沙为何等模样？《江东志》在收录的《芦洲议》[①]中描绘了早期江心沙概貌：

> 李家浜之未决也，江流纡曲，滩涯划削，江心虽有沙如带，蒭芦不繁。不若今日之江，汪洋震汤；今日之涂，灌莽垠旷也。……自江海之故道日徙，两岸之消长无常，于是涂荡之乘除亦辄变。沙汀绵亘，葭菼盛长，每春夏之交，浮青蔚绿，点染江干，亦沂流之胜概也。

随着江心沙面积日益拓展，踏上江心沙的拓荒者不断增加，定居生息，形成村宅。仅百余年间，江心沙已与高桥其他地区几无二致。

1994年出版的《浦东新区地名志》，[②]志中保存着位于江心沙的东新、中新、西新、新益（部分）四个自然村和中兴镇、草镇在1990年前后的基本状况。

草镇　在新西村东南部，形成于民国初期，随黄浦江滩涂（江心沙）开垦逐渐成村，一些小商贩在此搭建茅草棚，形成原始街市，后将此处

---

① 《江东志》第九卷收录沈徵佺著《芦洲议》。芦洲即为江心沙。

② 志中所收录的自然村资料通过当时每个村的地名调查员实地调查后提供。

定名为草镇。呈矩形,占地3.3万平方米,建筑面积2.40万平方米,324户,1 023人,南临黄浦江,有渡口。

大圩 在新西村中部,清光绪年间开垦黄浦江滩涂,因此处堤圩长而得名。呈方形,占地4.5万平方米,建筑面积4 536平方米,163户,547人,南临黄浦江。

尖角圩 在西新村北端,因位于黄浦江与仓房港交汇处呈尖角形而得名。形成于清光绪年间,散列形,占地1.8万平方米,建筑面积6 682平方米,67户,241人。

高沙滩 在西新村中部,形成于民国初期,在黄浦江疏浚中,此地经1917年和1956年两次吹泥填洼后,地势高出周边3米多,故名。呈方形,占地1.9万平方米,建筑面积8 136平方米,87户,238人。南临江心沙路,西濒黄浦江。

中新村 在北新村南部,清光绪年间在开垦黄浦滩涂时形成,在新中国建立初期土地改革时命名。呈矩形,东有中高路通过。占地3.7万平方米,建筑面积1.59万平方米,218户,723人。

东新村 在东新村南部,清光绪年间在开垦黄浦滩涂时形成,因位于江心沙东部,在新中国建立初期土地改革时命此名。呈散列形,占地1.5万平方米,建筑面积6 000平方米,228户,575人。中高路横贯村中。

北新村 在北新村北部,清光绪年间在开垦黄浦滩涂时形成,因位于江心沙北部,在新中国建立初期土地改革时命此名。呈散列形,占地5.5万平方米,建筑面积2.11万平方米,302户,1 015人。北依高三港,西通江心沙路。

中心镇 又称中兴镇。形成于民国初期,因镇中早期居民大多来自鲁、皖、鄂等地的拓荒者,故称“江北大世界”。新中国建立后,因位于东新、北新、西新的中部而得名为中心镇。呈正方形,占地4.7万平方米,建筑面积2.65万平方米,477户,1 256人。有和平、解放、人民三条街,周边有华东石油销售公司、染化十五厂、上海农药厂等企业。

“清浦散人”先生在其新浪博客上对江心沙的初期开垦有着较为具体的记述：

> 早期向县衙交纳地价的有吴淞镇的顾耀庆、朱海鹤，高桥镇的胡填生、凌祁福、张百宽等。未经几年纷纷急着招募民工围圩造田、开荒耕种。其间不乏因开垦土地，而发生着种种利益纠纷，在地方志亦有记载。第一批前来垦殖的有北新村的徐再福、黄才郎，西新村的樊洪江等人的先辈。他们大多是从长兴岛、绵羊沙等长江口小沙岛上逃荒而至的难民。尔后又从崇明，以及苏北、嵊泗等地涌来众多垦殖者。开始都聚集在两岸沙滩的中部，形成了全沙第一个集市草镇。此后又不断向东、西、北三面延伸，围筑了小圩、大圩、黄家圩、尖角圩、乌龟圩、东塘圩等大大小小圩田，在此定居生息，最终形成东新、北新、西新等村宅。

依托优越的黄金水道，加之相对低廉的地价，其独特的地理位置一下被外国资本盯上。从 1919 年起，英国的亚细亚火油公司，美国的美孚公司、得克萨斯公司（后改名德士古公司），中俄合资的光华等石油公司在江心沙上建造油库，销售火油、汽油、柴油。这些外资企业占地 1 500 余亩，几乎占据了江心沙南半部地区。

伴随着外国资本投资建设，势必引发与早期在此开垦定居农户的利益冲突。1919 年，地贩奚某向宝山县政府申领地契，欲将江心沙 500 亩土地售与洋商，消息传开即遭反对。此后围绕着洋商在江心沙购地建设，民众与外商对峙争执不断。1924 年春，高桥乡民闻讯洋商要在江心沙建造油池后，上千人聚集至乡公所。众人认为高桥在吴淞口之南，为进出船只所必经，况且附近已有火药局，再建油池，危险特甚，故联名电请禁止建设。同年 5 月 8 日，浚浦局在江心沙刚铺设输泥管道，10 日就有百余乡民殴打官员，毁坏其设施。1925 年 9 月 2 日，洋商企图强制执行，乡民以武力对抗。1926 年 7 月，江心沙业主致电外交部、财政部，要求制止江海关税务司所作的同意油业各洋商赴关承租，在江心沙建造储油池的决定。其时《申报》多次刊载有关江心沙纷争新闻。1929 年 11 月 25 日，申报载《高桥沙(江心沙)四十六家，请求禁止建筑油池》。同年 12 月 29 日，继续报道："高桥沙民众反对洋商建筑油池，市委转批市府撤销。"翌日又刊载《高桥沙农民反对建筑油池》。在一系列的纷争中，亚细亚、美孚、德士古、光华等公司的石油化工设施(油池)最终还是在江心沙上拔地而起。不经意间，江心沙成为上海石油化工工业的起点。

凌桥茭白"一点红"

在江心沙的初期开发中，种植业的开发要大大早于工商业开发。正如民国《宝山县志》所言，社会各界向当时政府交纳一定的资金，以获得开垦江心沙的所有权。成陆不久的江心沙地势低洼，常年易涝。土壤为沙质土，虽然可以种植水稻、麦子等粮食作物，但是产量极低。后来，有些农户试着将部分土地改种茭白，收到了意想不到的效果。茭白收获时节，种植茭白农户走街串巷叫卖，倒是十分畅销。

江心沙农民陈以荣、居宝祥以种植茭白为生，不久过上了较为富裕的生活，引得附近农户十分羡慕，把种植茭白视为一条财路。上海解放后当地人民政府大力发展茭白生产。1953 年，从江苏无锡引进良种"花壳茭"，在江心沙的北新、东新、西新、新益等村推广种植。"花壳茭"剥去外壳后，茭白头端呈现一点红色，故又名"一点红"。"一点红"茭白肉质细嫩，入口甜糯，高产早熟。经过多年改良种植，凌桥茭白"一点红"[①]声名

---

① 1928 年上海特别市成立，江心沙从宝山县划入上海市高桥区。1949 年其地成为高桥区江心沙乡。1956 年 1 月，江心沙乡撤销划入凌桥乡，故有凌桥茭白"一点红"之说，而凌桥茭白"一点红"的主要生产地在江心沙。

鹊起，在上海地区竟然超过了无锡茭白的声誉，被上海梅林食品厂专门加工成罐头制品“油焖茭白”，远销香港。20 世纪五六十年代是江心沙茭白种植的黄金年代，种植面积逐年扩大，最高年份达到 2 000 多亩，平均亩产超过 3 000 斤。

凭借着凌桥“一点红”的名声和江心沙人民的实干巧干，在收获茭白种植成果的同时，也收获着建设社会主义新中国的荣耀。1958 年，江心沙上的北新农业生产合作社茭白大面积丰收，其中最高亩产达到 5 105 斤。同年 12 月 25 日，当地农民干部施耀文代表北新生产合作社赴京参加全国农业社会主义建设先进单位代表会议，获得由国务院总理周恩来颁发的“农业社会主义建设先进单位”奖状。从那时起北新一直是浦东农业生产领域里的先进单位。

1982 年 5 月 18 日，北新生产大队三队队长、上海市劳动模范包岳顺与上海市郊 30 名优秀队长亮相上海电视台，交流当好生产队长，加快农业发展，支援城市建设，保障市民蔬菜供应的经验。

上海石化从此兴

1937 年，抗日战争爆发。日本丸善石油株式会社凭借日本侵略者在中国的势力强占江心沙土地 19.8 公顷，建成储油所和制油所。抗战胜利后，民国政府经济部资源委员会将敌产日本丸善石油株式会社在江心沙的石油设施收归国有，并将储油所和制油所分成东厂、西厂。1949 年 5 月 26 日，中国人民解放军解放高桥地区，并于当日上午 8 时进驻东、西两厂。5 月 27 日，上海解放，高桥东、西两厂门口及围墙等处张挂着“欢迎人民解放军”“和平生活建设”“发展石油工业”“劳工神圣”等标语。

1950 年 6 月 1 日，在东厂、西厂基础上成立上海炼油厂，成为华东地区的第一家炼油企业。由此新中国上海石化工业在江心沙上起步。1954 年 11 月,玉门油田石油运至上海炼油厂加工,解决了上海炼油厂无油可炼的窘境。

随着上海炼油厂的发展,炼油过程中产生的大量石油气体如何综合利用,成为国家和上海有关部门思考决策的大事。1950 年代中期,上海市政府就以上海炼油厂为基础制订出建设高桥石油化工基地的规划。1957 年高桥化工厂开始建设,成为国内第一个综合利用炼油废气为主要原料的石油化工企业。1958 年 3 月,上海农业药械厂制药车间迁址江心沙,在原光华火油公司旧址上新建上海农药厂。上海农药厂投资 240 万元,主体工程——年产 1 000 吨敌百虫设施于 1959 年 9 月竣工投产。当时主要生产"滴滴涕乳剂""六六六粉剂""敌百虫"。

老黄浦水闸——江心沙成陆的见证

1960 年 10 月,高桥化工厂 500 吨聚苯乙烯中型试验车间建成投产。至 1971 年,在江心沙及周边相继建成上海染化十五厂(在上海农药厂旁)、上海第二化学纤维厂、上海合成洗涤剂二厂、上海合成橡胶厂以及与化工基地配套的高桥热电厂、上海石油化学研究所。上海高桥石油化工基地粗具规模,积累起一定的技术力量。因此,当1970年代初上海市在金山杭州湾畔建设上海石油化工总厂之时,上海炼油厂、上海高桥化工厂、上海第二化学纤维厂共抽调500名技术人员前往支援建设。

1990年4月18日,党中央、国务院宣布浦东开发开放。凭借独特的地理优势,江心沙又成为浦东开发的前沿,吸引国外投资的热土。在宣布浦东开发开放11天后,4月30日,浦东开发开放后第一个被批准设立的大型外资企业——由江心沙上的上海农药厂、上海农药研究所与美国杜邦中国集团有限公司联合投资2 500万美元的上海杜邦农化有限公司成立,[①]公司主要生产水田除草剂“农得时”。

1994年4月,德国巴斯夫公司与位于江心沙的上海染料化化工有限公司合作,成立上海巴斯夫染料化工有限公司,总投资2亿美元,征用土地25公顷,主要生产阳离子染料、有机颜料和纺织、皮革助剂产品,成为当时投资浦东的最大外资项目之一。2000年,巴斯夫在江心沙建设在德国之外最大的综合性基地,拥有员工约3 000人。2012年,巴斯夫大中华区总部和巴斯夫亚太创新园落户江心沙。2015年11月,巴期夫特性材料业务部三大重点扩建项目、Cellasto®(微孔聚氨酯弹性体)技术中心、亚太创新园二期工程竣工。

今日再访江心沙

因为独特,所以难忘。

---

① 《解放日报》1990年5月1日第二版《上海杜邦有限公司成立》。

2019 年 5 月 8 日上午，我再次踏上江心沙。事前经多方打听，终于走进北新村四队施耀文的庭院。施老先生身体硬朗，站在屋檐下迎接我，完全看不出已是 86 岁高龄。在我给他看了由浦东收藏家冯建忠先生收藏的有关他的照片后，与他聊开了江心沙的陈年往事，追忆那逝去的田园时光。

根据切身经历和感受，他说：来江心沙拓荒的人大多数来自崇明，我家也不例外。那时大家生活贫穷，村民徐再福的一双袜子穿了四十年（平时不穿，遇重要场合才穿）。刚解放时，徐是翻身农民的代表，忆苦思甜的主角。经常有人来造访，他也常常外出作忆苦思甜、控诉旧社会的报告。1958 年 12 月，我代表北新社到北京出席全国农业社会主义建设先进单位代表会议。在那次会上，我见到毛主席、朱德、刘少奇、周恩来。记得毛主席与大家见面时，招手致意，但没有在大会上讲话。

在与施老先生的谈话中渐渐了解到：江心沙上不但"一点红"茭白名气响，奶牛饲养成绩也不俗。1953 年，北新合作社开始饲养奶牛，虽然比浦东其他地区起步晚了许多，但是不出数年，饲养规模迅速扩大，不久在中兴镇上特别设立起牛奶收购站。无论在浦东县时期，还是并入川沙县后，北新一直是农业生产的典型和先进。施耀文出生至今没有离开过江心沙。在家乡的土地上，经历了农业互助组、初级合作社、高级合作社、人民公社、改革开放后的联产承包责任制（分田到户），当过生产队长、大队长支部书记、公社（乡）党委委员，看着江心沙一年又一年的变化，亲眼见证了一座座工厂建立，一片片农田消失。他特别对我说，现在的巴斯夫厂区大部分建设在草镇和中兴镇的土地上。

临近中午时分，与施老先生握手告别。走出施家院门，在村宅民居间的小巷里穿梭。这里的村宅几乎一个连着另一个，全然没有了成片的田野庄稼，只有镶嵌其间的一小块一小块菜田和树林。小巷中，门户上或路牌上保留着一块块有关江心沙记忆的门牌："西新村草镇 335 号""西新村高沙滩 62 号""北新村中新村 177 号""尖角圩路""双江沙路”“鸭棚沟路”“西高路”等，会让你情不自禁地追忆江心沙过去的岁月。

中午 12 时，我又一次站在高桥石化前，像四年前那样走上江心沙路，一路往北。

路两侧，左边是黄浦江畔高桥石化运输码头和凌空输油管道，右边是高桥石化炼油生产部和中国石化上海石油储运配送分公司高桥石油站。这里的汽柴油每天源源不断地运往上海乃至华东地区的各个中石化加油站。从江心沙路 1 号至江心沙路、中高路交会处长约 2 公里段，两头设有岗亭、栏杆，外来车辆不能轻易驶入，似乎已经成为高桥石化厂区的一部分。

过了中高路便是位于江心沙路 9 号的上海农药厂，再往前 300 号为巴斯夫中国有限公司。巴斯夫对面 2 号的草镇过江轮渡码头和 21 号上海航道局草镇船厂紧连在一起。购买了一张二元船票，跨上草临线轮渡。渡船上空空荡荡，乘客稀少。凭栏远眺，可以一览江心沙临江岸线的面貌。停泊的轮船、高高的吊塔，高桥石化的工业装置，巴斯夫现代化的厂房，可以高度概括为一条运输和生产带。

一个来回后，继续沿着江心沙路往北向前，不由在江心沙路 25 号徘徊片刻，恍然如有隔世之感。2014 年路过时，25 号挂着立新船厂名牌。今天已经变换成“上海东之鸣仓储有限公司立新码头”。23 年前，立新船厂在陆家嘴滨江大道建设中，搬迁到此。今天，滨江大道上矗立着它的迁址纪念碑——一尊铁锚雕塑（名抚今思昔），上面写着：

> 此处原为立新船厂的码头，浦东开发的创业者用这只漂游过五洲大洋历经沧桑的巨锚，纪念创业的艰辛和所有为今天的美好环境作出贡献的人们。

离立新船厂不远，长江轮船公司吴淞船厂的巨型龙门吊矗立横空，锈色斑驳而不倒。继续向前，路两侧不是各家企业的码头，就是一座连着一座的仓库或堆场，间或开设着一二家由外来者经营的餐饮店、杂货店。

下午三时许，迈上纵架于江心沙路上的高浦港桥。蓦然发现桥侧水闸高耸。抬头向上，“老黄浦水闸”五字赫然在目。

今日，“老黄浦水闸”无疑成为江心沙发育成陆的一个不可多得的地理标志。

位于水闸，登高远望，吴淞口巨轮航行，陆家嘴高楼林立。眼前，黄浦江流水依旧；脚下，江心沙日月变幻。再也听不见，夏风中茭白田绿叶的沙沙，奶牛棚传来的“哞哞”叫唤；唯有巴斯夫蓝白相间的厂房、高桥石化的输送管道和长长窄窄的江心沙路联系着世界！

再次告别江心沙，返回川沙已是掌灯时分。跨入家门，突然想到：有车的朋友当你进入中石化加油站时，不也与江心沙离得很近了吗？

2019年5月20日

主要参考资料：

《上海港志》编纂委员会编《上海港志》，上海社会科学院出版社，2001年。

《高桥镇志》编纂委员会编《高桥镇志》上海辞书出版社，2009年。

上海府县旧志丛书乾隆《宝山县志》、光绪《宝山县志》、民国《宝山县续志》。

《上海高桥石化志》编纂委员会编《上海高桥石化志》，上海社会科学院出版社，1997年。

《上海炼油厂志》编纂委员会编《上海炼油厂志》，上海社会科学院出版社，1998年。

顾炳权主编《上海市浦东新区地名志》，华东理工大学出版社，1994年。

《浦东开发开放分志稿》《浦东县志》《江东志》《解放日报》。

浦江码头摆渡船

澌澌孤帆送，篷窗夜气澄。
潮痕侵雁迹，荻影隐鱼灯。
渐觉浦云涌，遥看海月升。
——张熙纯《夜渡黄浦》节选

明初，随着黄浦江的形成，上海的地理形态发生了重大变化，以黄浦江为界分出了浦东与浦西两大地域，同时衍生出专业经营往来于两岸交通的渡船。相传，最初有一批来自山东、苏北、宁波等地的农民、渔民，在黄浦江上以撑划子、摇舢板，专营渡江的过往客人为生。

从民渡到官渡

随着上海社会经济发展，往来两岸过客越来越多，从事黄浦江摆渡为生的船户与日俱增，在黄浦江边渐渐形成了固定渡船码头。清代，苏松太道台在南市设义渡局，专门管理渡口事务。经营客渡者必须按时缴税，遵守义渡局各项规定与传呼。

随着时间的推移，在黄浦江上形成了著名的“八长渡”，即老白渡、烂泥渡、陆家渡、高昌渡、南仓渡、永济渡、杨家渡和周家渡。坐着小木船，或晴天，或风雨，从浦东或浦西颠簸着过江，成为上海开埠前黄浦江中最为熟悉的风景。清乾隆年间，浦东张江栅华海堂诗人张熙纯有《夜渡黄浦》诗曰："淅淅孤帆送，篷窗夜气澄。潮痕侵雁迹，荻影隐渔灯。渐觉浦云涌，遥看海月升。无眠闻水调，愁共薄寒增。"在《夜泊吴淞》中张诗人更写尽黄浦吴淞口的冷寂惆怅："沧江渺无极，枉渚系扁舟。淅淅凉飔发，萧萧丛荻秋。人家藏远树，渔火入寒流。乡梦愁中断，浮沉愧白鸥。"

八长渡中摆渡业务最繁忙的要数永济渡（即后来的塘董线，塘桥至董家渡）。永济渡是由张、朱、孙、曹四人捐田置船创办于康熙年间的义渡。西岸渡口建造候渡房舍，江岸砌之石块。后来往来者增多，开始酌收渡费。民国二年（1913 年），浦东塘工善后局在浦东塘桥渡口修建木质码头，方便渡客上下。这时渡口计有摇橹木船 12 艘，船工 59 人，一时成为上海、南汇、川沙三县百姓出入上海城区的主要通道。1920 年代，每日渡江乘客上至万人，成为黄浦江上最热闹、最孚盛名的大渡口。

众所周知，黄浦江渡运起始于民间，那么从何时起由民营转向官

民营摆渡小舢板

陆家嘴渡轮码头人流涌动

办？查阅史料得知，清宣统二年十二月五日，浦东塘工善后局首次开办官办轮渡。此后逐步向官办为主发展。1949 年，上海市轮渡公司经营庆定线、其秦线、东东线、塘董线 4 条航线。1950 年代初，并入私营轮渡航线 10 条，有渡口 9 个，不久撤并 4 条轮渡航线与部分渡口。1956 年，黄浦江轮渡业实行全行业社会主义改造，由上海市轮渡公司统一经营管理。1978 年，黄浦江渡轮航线有 20 条。1990 年，浦东开发开放时达到 21 条，其中位于浦东新区境内有 17 条，分别为船华线（杨思垃圾滩至龙吴路）、后鲁线（后滩至鲁班路）、周江线（周家渡至江边码头）、周南线（周家渡至南江路）、南南线（浦东南码头至浦西南码头）、塘董线（塘桥至董家渡）、杨复线（杨家渡至复兴东路）、东东线（东昌路至东门路）、陆延线（陆家嘴至延安东路）、泰公线（泰同栈至公平路）、其秦线（其昌栈至秦皇岛路）、民丹线（民生路至丹东路）、西宁线（歇浦路至宁国路）、上定线（庆宁寺至定海桥）、东嫩线（东塘路至嫩江路）、草临线（草镇至临江路）、淞三线（三岔港至吴淞）。除了这 17 条客运线，另外还有位于南码头、民生路和东塘路的三条车辆渡线。

通往浦西的必由之渡

浦东开发前，17 条航线中除塘董线，居住川沙、惠南、周浦地区的百姓尤其对东东线和上定线、上南线印象尤为深刻。从川沙出发乘坐上川线公交车（以前是火车）便到了庆宁寺，从庆宁寺下车后，百步之遥就是轮渡码头。到了对岸，过了定海桥即为杨树浦路。在杨树浦路坐 8 路有轨电车即可到达市中心。

住在惠南地区的父老乡亲，搭上沪南线公交车可以直达东昌路码头。过江上岸，沿着东门路往前，便是一路繁华，上海第五百货、协大祥绸布店，不远就是熙熙攘攘的城隍庙。

当然浦东高桥地区的居民大多通过陆延线进入上海城区。20 世纪下半叶，陆延线是黄浦江对江渡中最繁忙、人流量最大的一条线。陆延线原为民渡。1933 年，上海市轮渡管理处设市轮渡航线春北线，浦西轮渡站设在北京东路，浦东为春江码头。次年 2 月 6 日开航，民渡就此停航。1937 年中日淞沪会战后春北线停航。1950 年 4 月 16 日复航，时浦东轮渡口移至隆茂栈，改称陆北线。1956 年 3 月 1 日，北京东路渡口迁移至延安东路，3 月隆茂栈渡口移至陆家嘴路，由此命名陆延线。1968 年下半年，延安东路码头扩建，投入当时最新型的渡船营运，每船载客额定 510 人。1976 年，日均客流 8 万人次。1976 年扩建，码头增到 4 个，双线对航，成为全市第一条双线渡轮站。1990 年，有渡轮 5 艘，日渡 18.3 万人次。笔者常常坐陆延线渡轮过江，能够感觉到陆延线的渡轮型号最新、最干净整洁。

然而陆延线给浦江两岸人民留下了难以磨灭的记忆，恐怕不是它的新型与干净整洁，而是那次惨痛的踩踏事件。

陆家嘴路轮渡站事件

1987 年 12 月 10 日凌晨，满天大雾锁江。4 时半起，黄浦江上能见度只有四五十米。从延安东路码头驶往陆家嘴路轮渡站的头班船到达后，立即停止渡运，陆家嘴渡口过江人群开始积聚。天亮后，未见大雾散去，反而越来越浓。这时候人群挤满码头引桥和候船室，拥挤不堪，连呼吸都有点困难。码头外，连着渡口的陆家嘴路上，同样是黑压压的人群，一路拥挤到 81 路、82 路公共汽车站。接近上午 9 时，江面迷雾开始散去。9 时 10 分，放行乘客上船。第一渡、第二渡船人群顺利登船过江。当第三渡船刚一停靠码头，拥在码头和候船室之间引桥上的乘客，在铁栅门还未开启时，就拼命往前挤。正值落潮时分，原本倾斜的引桥，上下落差更大，加上潮水般的人群往前涌动，一下子把铁栅门前 5 米范围内的人和自行车挤压倒地，后面的人身不由己地踏过倒地者身体朝前冲去。公安干警和轮渡工作人员见势不妙，一边竭力劝阻，一边奋力抢救倒地小孩和妇女。一个女青年跌倒压在另一个女青年身上，但她又被后面跌倒的人压住，亏得民警帮助，她才爬了起来。这时，人群继续拥来，她和几十个乘客一起跳入引桥下的污泥中，才得以脱险。见此情景，轮渡站负责人下令关闭渡口，把挤倒在地上的伤员用专轮送往对岸仁济医院、上海市第一医院、黄浦区中心医院抢救。航运公安局收审站站长曹宝根，上班路过渡口，见此情景主动向群众宣传，要大家遵守秩序，还不顾个人安危，保护疏散群众，结果自己不幸被挤倒踩踏遇难。事后统计，1987 年 12 月的陆家嘴轮渡踩踏事件造成 16 人死亡，60 多人受伤。

1999 年 8 月 15 日，由于滨江大道建设需要，营运了 65 年的陆家嘴轮渡站关闭了，然而有关陆家嘴轮渡的往事将会永远留存在人们的记忆里、历史的长河中。

至于浦江两岸的机动车辆过江,给人印象最深的就是那条前不见头、后不见尾的车流长龙。进入 1980 年代,每日过江的车辆越来越多,往往要等上二三小时,甚至半天。遇上迷雾封江,更是急死人。虽然那时已经建成通车的打浦路隧道,但是双向 2 条车道无疑杯水车薪,根本无法缓解日益增长的过江车辆。浦东大道、民生路口,常常能看到车辆从渡口,排队至浦东大道口,又折西延伸到十八间(现在桃林路与源深路之间)。浦东开发后,随着南浦、杨浦、徐浦和一条条隧道的建成,车辆过江的长龙才渐渐消失。

解放前的运输码头

在黄浦江畔,除了分布着客运对江渡口,更多的便是一座座通江达海的航运码头。凭借众多的航运码头上海成为世界级大港口。浦东一岸的近代港口码头建设,最早的文字记载可以追溯至 1865 年。这一年,在陆家嘴由英国人投资建造了第一座现代意义上的码头——立德成仓栈。仅仅 5 年后,1870 年,在浦东除了立德成外,已有广隆码头、李百里栈、端祥栈、林赛码头、利南查码头、穆哈德码头、英国海军码头等共计 11 座。1936 年抗日战争爆发前,浦东的普通货物码头全长 23 065 英尺,特别货物码头全长 21 545 英尺,两项合计 44 610 英尺。在浦西,普通货物码头长 17 115 英尺,特别货物码头 5 640 英尺,合计 22 755 英尺,只有浦东的一半稍多。浦东英商码头企业有亚细亚火油东栈和西栈、蓝烟囱码头、开滦煤码头、其昌东栈和西栈、隆茂栈码头、太古浦东码头、怡和烂泥渡码头、华通码头等十来个,位居第一。日商有三井煤栈上码头和下码头、新汇山码头、老白渡码头、张家浜码头、董家渡码头、益昌栈、宝隆栈等码头,位列第二。美商则有美孚火油码头和大来码头。中国人自己经营的码头，主要有招商局的华栈码头和杨家渡码头、刘鸿生的中华码头，其余只是一些小码头，无法与外商码头企业竞争。

在浦东众多码头中，规模和现代化程度领先的要数英商蓝烟囱码头（后称民生路码头），被称作远东首屈一指的新型码头。蓝烟囱码头由著名的蓝烟囱驳船公司投资兴建。由于该公司的轮船烟囱统一漆成蓝色，蓝烟囱也就作为公司和码头的名称了。蓝烟囱码头从 1908 年开始建造，至 1924 年建成 4 个泊位。当时从青岛雇来一批木工、瓦工和铁工，又从宁波雇来一批小工，从英国运来钢筋、水泥、洋松等建筑材料。码头长 2 500 英尺，采用钢筋混凝土固定结构。码头上铺设轨道，配备 3 台移动吊车，可同时停靠万吨级远洋轮 4 艘，后方建有使用升降机的仓库和专用发电设施。

新中国运输码头的变迁

1951 年 8 月至 1952 年 1 月，浦东沿江码头基本上划归上海港务局统一管理，建立起 3 个装卸作业区。一年后又调整为 6 个装卸作业区，其中浦东有第一、第二和第六装卸作业区，第一装卸作区管辖杨家渡、张家浜、老白渡 3 座码头，并管理北自泰同栈、南迄张家浜的装卸业务。第二装卸作业区管辖华栈、新汇山、复兴镇、十八间、洋泾港 5 座码头，并管理东自美孚火油码头、西迄复兴镇煤栈的装卸业务。第六装卸作业区管辖董家渡煤栈，并管理北自中华北栈、南迄杨思南上钢码头之间的装卸业务。

1958 年，浦东港区改组建立四个区一个站，即第一、第二、第七、第八装卸作业区（简称上港一区、二区、七区和八区）和白莲泾装卸作业站。1990 年浦东开发开放之前，上述港区又分别成立装卸公司经营管理。

民生装卸公司经营原上港二区港口，由民生路、洋泾港和朱家门3座码头组成，共计7个万吨级泊位，各类装卸机械500余台，职工3 000多人。主要以装卸散粮、散糖、煤炭及出口大米为主。民生路港区有28个筒体组成的高达31米、总容积5.1万立方米的亚洲最大的码头散粮仓库。

位于民生公司上游的是新华装卸公司，经营原上港八区港口。由原英商开滦码头、其昌栈码头、招商局华栈码头和日商新汇山码头组成，共计9个万吨级泊位和1个千吨级泊位，各类装卸机械380余台，职工3 600余人，是上海港最主要的进口金属矿石装卸作业企业。位于十六铺对岸的是东昌装卸公司，经营原上港一区港口，由原游龙、鸿生、东昌（原华通）、杨家渡、安记5个码头组成，共计4个万吨级泊位和2个千吨级泊位，各类装卸机械96台，职工近2 400人，主要装卸化肥、盐、矿石、建材、糖、橡胶等大宗货物。

煤炭装卸公司位于东昌公司上游，有张家浜、老白渡、北栈、中栈（即董家渡码头）、南栈、北票6个码头组成、14个泊位，其中3个泊位位于浦西。公司配备各类装卸机械555台，职工3 800余人，是上海港最大的煤炭装卸专业化公司。

除上述3个公司外，还有一个位于白莲泾的专业木材装卸公司。公司由原大来码头和中兴码头组成，共计4个万吨级泊位和3个驳泊位，各类装卸机械111台，职工2 000人，是华东地区木材集散中心、全国沿海港口中木材接卸量最大的港区之一。

昔日港区华丽转身

浦东开发开放后，动工建设外高桥港区，浦东的运输码头开始有计划逐步搬离。进入 21 世纪,黄浦江全面综合开发正式提到上海市政府工作的议事日程上。2002 年 1 月 10 日,上海市黄浦江两岸开发建设领导小组成立,同时成立的还有上海市黄浦江两岸开发建设投资(集团)有限公司。

根据规划,结合 2010 年上海世博园区建设将黄浦江生产岸线开发建设成生活休闲岸线。开发范围涉及浦东、卢湾、黄浦、虹口和杨浦 5 个区,规划面积 22.60 平方公里,其中浦东涉及 13.9 平方公里,占 61.5%。杨浦大桥地区、十六铺至东昌地区、上海船厂至北外滩地区和南浦大桥地区成为 4 个重点开发区域。同年 2 月 1 日下午 1 时正,东昌港区杨家渡码头高层仓库起爆拆除,标志着历时 100 多年的黄浦江市区段老港区开始整体迁出。至 2012 年,浦东黄浦江岸从杨浦大桥至徐浦大桥一线生产性码头(工厂)全部迁出,其港口运输功能由外高桥港区和洋山港区承接。

经济发展,社会进步,百年黄浦江港区货物运输功能在浦东开发开放中完成历史使命! 2017 年,在浦东黄浦江岸从杨浦大桥至徐浦大桥修成休闲型步道 22 公里。昔日港区华丽转身,从生产运输岸线演变为居民的生活休闲长廊,成为“魔都”上海的休闲、文化、时尚之地。

阳光下,微雨中,当你漫步黄浦江畔,或滞留望江驿站,面对滔滔江水,是否还会想到当年民生码头的一排圆筒粮仓、南浦大桥下的一座又一座黑色的煤山、白莲泾口浮水连接的木排,以及那鸣笛启航的巨轮。

浦江码头摆渡船,百年上海之缩影!

2019 年 8 月

主要参考资料:

《上海港志》编纂委员会编《上海港志》,上海社会科学院出版社,2001 年。

上海市地方志编纂委员会编《上海市 · 交通运输分志 · 港口卷 1978—2010》,

上海交通大学出版社,2017 年。

上海市《黄浦区志》编纂委员会编《黄浦区志》,上海社会科学院出版社,1996 年。

《浦东今古大观》,科技文献出版社,1992 年。

《近三万因雾被阻浦东乘客争先过江　陆家嘴渡口昨发生罕见事故　造成十一人死亡,六十六人住院治疗,其中十二人在抢救　江泽民等赶赴医院慰问伤员　市府召开善后紧急会议》,《解放日报》1987 年 12 月 11 日第 1 版。

《浦东开发开放分志稿》。

浦东不穷也不白

浦东穷不穷，白不白？

事实会给你最好的回答。

2018 年 8 月，国内著名主流媒体在报道浦东新区制度创新成就跨越式发展时这样写道："30 年前，浦东一穷二白，眼巴巴盯着要政策。"总记得，自从走进小学堂，老师常说旧中国"一穷二白""劳动人民饥寒交迫"之类。由此打上深深的烙印："一穷二白"总是与旧中国联系在一起。不知怎么，30 年前的浦东也像旧中国一样与"一穷二白"挂上钩了。

我出生于浦东，在浦东开发之前从来没有听到过、看到过有关浦东穷、穷至"一穷二白"的报道。令人费解的是浦东开发开放之后，在有关浦东的新闻报道中，常常听到或者看到浦东在未开发前是何等的落后与不堪，贴上"荒滩、荒地、阡陌荒凉、寂寥冷僻，没有一幢高楼"等标签，极尽渲染浦东过去的落后与荒僻，以凸显今日浦东开发的伟大成就。

开发前的浦东果真如此吗？事实上自从上海开埠之后，浦东与浦西同样走上工业化之路，在黄浦江的浦东一侧建设运输码头和制造现代船舶。1865 年，在浦东陆家嘴建造起第一座码头——立德成仓栈。占地 50 亩，岸线长 1 200 余英尺，主要承接茶、米、糖等货物，并且建有储存货物的仓库。1866 年 1 月 9 日的《字林西报》报道立德成仓栈："轮船可沿埠头停靠，五小时内可上煤一百吨。"到了 1870 年，在浦东除了立德成仓栈外，在黄浦江东岸已经分布有广隆、李百里栈、端祥栈、林赛、利南查、穆哈德、英国海军等 11 座码头。1926 年，浦东黄浦江边码头增加至 37 个，码头岸线长度超过黄浦江西岸。由民族资本创办的中华码头在激烈的竞争中独树一帜。刘鸿生在给当时的上海市公用局长的信中自傲地说："环顾全市洋商所办之码头公司比比皆是，而能与洋行剧烈竞争者，唯鸿生所办之中华码头而已。"

1937 年抗日战争爆发前，浦东的码头全长 44 610 英尺，而浦西码头长 22 755 英尺，只有浦东的一半稍多。

至于船舶制造业，浦东也丝毫不落于浦西之后。1853 年，英商浦东船坞公司开业，为成浦东第一家现代意义上的造船厂。从 1860 年至 1864 年的 5 年间，上海有 9 家外资船厂诞生，其中 5 家创办在浦东。1862 年，英商在陆家嘴创办祥生船厂（上海船厂前身之一）。1928 年，英商在庆宁寺北创办马勒船厂（沪东造船厂前身）。

除了建设码头、创办船厂，19 世纪末始，造纸、钢铁、纺织、电力等工业行业第次兴起。1899 年，章华造纸股份有限公司在陆家嘴北护塘路创办。1913 年，在周家渡黄浦江边创办上海第一家民族钢铁企业——和兴化铁厂（上海第三钢铁厂前身）。1919 年，在张家浜黄浦江口创办浦东第一家发电厂——浦东电气公司。之后章华毛纺织厂、安达纱厂、浦东自来水厂、耀华玻璃厂等相继创立。与此同时，位于浦东腹地的川沙成为中国毛巾工业的发源地，川沙建筑业也越过黄浦江在上海滩建造起一座座标志上海进入现代的大楼。1921 年，由浦东川沙人投资设立的股份制企业——上川交通股份有限公司成立。1926 年，庆宁寺至川沙镇的上川铁路建成运营。

新中国建立后，周家渡一带以上钢三厂和耀华玻璃厂为基础规划了以建材业为主的工业区，在高桥、东沟地区兴建上海第一个石化工业基地。

1978 年，中国对外开放大门打开，浦东亦不落人后。1981 年 7 月

27 日，上海第一家沪港合资企业——上海联合毛纺织有限公司在陆家嘴烟台路诞生。1985 年，川沙县名列全国 10 大财政县第二名，并连年成为全国 10 大财政县之一。1987 年，上海江镇丝绸时装联营厂出口创汇额位居全国乡镇企业第一名。同年，经上海市政府批准，上海市郊首家股份制企业——位于川沙镇上的上海申华电工联合公司成立，向社会公开发行股票募集资金。

1990 年，浦东新区（按 1993 年 1 月浦东新区成立时面积计算）国内生产总值 60.24 亿元，占上海全市 756 亿元总值的 7.94%。其时浦东川沙县国内生产总值 21.29 亿元，在上海 10 个郊县中名列前茅。

如果按照浦东开发开放前是一穷二白的逻辑，那么位于黄浦江两岸的黄浦区、南市区将有三分之二以上的面积（浦东部分）处于“一穷二白”之下，而其三分之一面积（浦西部分）是中国最繁华的区域（黄浦区拥有中国第一街南京路、南市区拥有豫园和城隍庙商圈），那岂不是咄咄怪事吗。

再摘 2018 年纸媒上的又一信息：“新浦东，堪称‘高大上’。说‘高’，上世纪 80 年代，站在 20 多米高的东昌路消防塔，就能把浦东尽收眼底。”请问那时的浦东，东昌路消防塔真的是浦东的最高点吗，真的能把浦东尽收眼底吗？消防塔真实的高度为 27 米，而 1990 年 4 月浦东开发前，位于东昌路的消防塔周遭已经竖立起 20 多幢高楼建筑。对此《浦东新区统计年鉴 1994》有着最权威的记录。浦东开发前的 1989 年，浦东新区范围内累计建成 8 层以上高楼 58 幢，其中 17 至 19 层 4 幢，20 至 22 层 1 幢，23 至 25 层 12 幢。如果按每层 2.8 米和最高层数 23 层计算，其时浦东的最高点应该是 64.4 米，比消防塔整整高了 1.4 倍，并且这样的高点有 12 个。因此何苦要上消防塔去作尽收眼底状，何况并不能收尽眼底！不知可爱的记者是怎样写出如此“可爱可笑”之文章，其依据来自何处？

一句话：实事求是，是新闻的生命。不然若干年后，必然会引发一批“考古者”的兴趣，考证一番 1990 年前的浦东究竟如何？岂不令人贻笑大方！

少一点忆苦思甜式的报道吧！浦东开发的伟大永远不需要用贬前扬后的手法后来证明。弄巧成拙有损浦东的风格，也是对浦东开发的不尊重和对原浦东人艰苦奋斗、聪明才智成果的亵渎！

1990 年前的浦东，真的不穷也不白！

2018 年 10 月 5 日

主要参考资料：

上海市人民政府统计局、上海市人民政府浦东开发办公室编《1991 年上海市浦东新区统计年报》，上海科学技术出版社，1991 年。

上海市川沙县县志编修委员会编《川沙县志》，上海人民出版社，1990 年。

谁能说清陆家嘴

陆家嘴、小陆家嘴、陆家嘴金融贸易区，
你能道得明，说得清吗？

站在中国第一滩——外滩，越过黄浦江面，眺望陆家嘴，你的视野里除了高楼大厦，还是高楼大厦。陆家嘴给人的印象是现代高楼大厦的聚集地。然而笔者曾经问路人，问身边人："陆家嘴有多大，陆家嘴是什么？"回答各异，千差万别，或是茫然不知所以然。

陆家嘴随着时代的变迁，无论是内涵还是外延都发生着变化。浦东开发开放前，陆家嘴作为一个自然片区名而存在。

明代永乐年间，在黄浦江水系形成过程中，浦江之水由南向北在此与吴淞江水汇合后，折东流入东海。长年累月，在水道转折处，逐渐形成向外突出的嘴形滩地。时明代著名文人陆深（号俨山）家族居此，故逐渐被人称之陆家嘴。所以可知陆家嘴得名源于地理特征加居住姓氏。史书载，陆氏曾于此地建后乐园，园内置"后乐堂""澄怀阁""小沧浪""俨山精舍"等景点。

民间相传"陆家嘴上看潮头"。此"潮头"即为"沪上八景"[①]之一的"黄浦秋涛"。每年秋汛，浦江波浪滚滚，气势宏大。八月十八这一日，

---

① 沪上八景为黄浦秋涛、龙华晚钟、海天旭日、吴淞烟雨、江皋霁雪、石梁夜月、野渡蒹葭、凤楼远眺。

众人前往陆家嘴观看黄浦潮头成为沪上一景。上海竹枝词云:“十八潮头最壮观,观潮第一浦江滩。银涛万叠如山涌,两岸花飞卷雪湍。”清初张吴曼从浩如烟海的唐诗中搜集佳句,吟咏八景,其中《黄浦秋涛》为“江色分明练绕台(陆龟蒙),水天东望一徘徊(罗隐)。风翻白浪花千片(白居易),涛似连山喷雪来(李白)。”之后,由于黄浦江下游海滨沙涨地扩,陆地向东北延伸,海潮倒灌入江之势趋缓,此景逐渐消失。

陆家嘴两面环水,与上海著名的外滩隔江相望,地理位置十分优越。上海开埠不久,就为外商青睐。纷纷抢占地盘,兴建码头,开设工厂、搭建栈房仓库。1862 年,英商在陆家嘴创办祥生船厂(上海船厂前身)。1865 年,在陆家嘴建造第一座码头立德成仓栈。自清同治元年(1862 年)至 20 世纪初,在陆家嘴先后建设铁厂、船厂、烟厂、纱厂和太古浦东栈、江海关栈、太古华通栈、怡和栈、永兴栈、隆兴栈等码头栈房储运设施。陆家嘴成为浦东最早由农业社会进入工业化时代的区域。1937 年 6 月,浦东第一座水厂——浦东自来水厂在陆家嘴龙游路 1 号建成供水。1981 年 7 月,浦东第一家三资企业——沪港合资的上海联合毛织有限公司在陆家嘴设立。

民国时期,上海特别市成立,陆家嘴属于洋泾区。1949 年后,先后隶属于东昌区、浦东县。1961 年,隶属黄浦区陆家嘴路街道。

那么作为自然片区名的陆家嘴大致范围在哪里?综合《黄浦区志》《浦东新区地名志》《黄浦区地名志》所述后,陆家嘴大致范围在黄浦江以东以南,烂泥渡路、北护塘路以西,东昌路以北(不包括东昌路,东昌路在浦东也是一个十分著名的片区名,因东昌路商业街和东昌路轮渡而闻名),其形状似一等腰三角形,即突出于黄浦江的部分。

于 1990 代初发端的浦东开发开放中,中国唯一的金融贸易区在此诞生,并以陆家嘴名之。陆家嘴由此名闻遐迩。

作为金融贸易区的陆家嘴面积又是多少,范围又在哪里? 1990 年

6 月,国务院批准设立陆家嘴金融贸易区,区域面积 31.78 平方公里,四至范围为:黄浦江以东以南,与上海内环线合围的区域。时陆家嘴金融贸易区内行政区划有川沙县的严桥、花木和洋泾乡的部分,黄浦区的陆家嘴路、张家浜、潍坊新村、崂山西路街道和洋泾镇,南市区的塘桥街道,杨浦区的歇浦路街道部分。陆家嘴金融贸易区成立后,在总体开发中,制订了金融中心区(又称小陆家嘴,面积又比片区名的陆家嘴有所扩大,按规划其范围为浦东南路以西,东昌路以北的黄浦江合围区域)、竹园商贸区、新上海商业城(张杨路商业中心)、花木行政文化区、上海新国际展览中心、龙阳路住宅区等开发建设规划。

至 2010 年,上述区域的开发建设基本完成。在金融中心区 1.7 平方公里内建成各类商务楼宇项目 45 个,其中 200 米以上高楼 12 幢。新上海商业城建成商务楼宇项目 18 个,成为上海商务楼宇最集中的区域(金融中心区和新上海商业城在此略,另有后文分别介绍)。

竹园商贸区(以下简称商贸区)

初期规划范围东至源深路,西至崂山路(时名崂山东路),北至张杨路,南至浦电路、潍坊路(由崂山路起沿潍坊路向东至东方路[原名文登路],再由东方路向南至浦电路,由浦电路至源深路),面积 0.91 平方公里。功能定位商业贸易与办公,由陆家嘴集团公司负责统一开发建设。投资建设方来自国家部属大企业、外省市企业和市内企业,成为浦东开发初期打"中华牌"的标志,"省、部楼宇"建设的聚集地。

商贸区早期重点开发地块(2－2 地块)北至张杨路,东至东方路,西至崂山路,南至潍坊路,面积约 10.3 公顷,动迁企事业单位 10 余家,居民 550 多户。规划建设 8 幢大楼。1991 年 6 月 24 日,裕安大厦奠基,年底正式开工建设。1992 年 5 月 8 日,众城大厦动工建设,同日,建造华都大厦的土地转让合同签署。至年末,华都大厦、齐鲁大厦、宝安大厦先后动工建造。

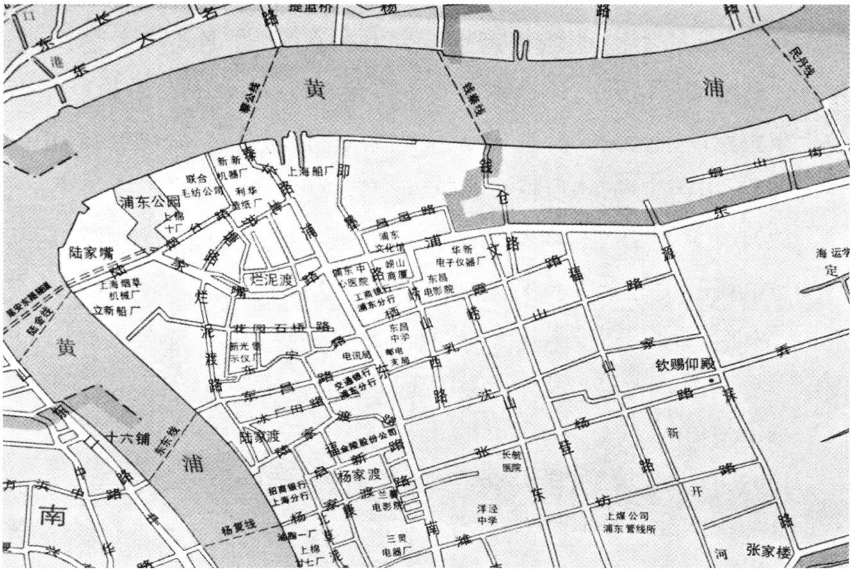

陆家嘴地区主要道路和企事业单位图(1991 年)

花木行政文化区鸟瞰(摄于 2009 年 6 月)

1993 年上半年，位于商贸区 2－2 地块的最后 3 幢大楼——汤臣金融大厦、明城大酒店（明城花苑）、紫金山大酒店（原名江苏大厦）动工建设。其时商贸区开发建设重点向东方路东部区域拓展。1993 年末，位于东方路以东区域的爵士大厦、嘉兴大厦、锦城公寓、众城公寓、中国煤炭大厦、中达广场、一百杉杉大厦、宝钢大厦等开工建造。

1994 年 9 月 28 日，商贸区众城大厦竣工，成为浦东开发开放后从征地、动拆迁、设计至竣工的第一幢高楼。年内，商贸区内中国石油大厦、上海期货大厦、新天国际大厦、双鸽大厦、东方大厦、通茂大酒店、上海电力公司调度大楼（银舟大厦）、远东国际大厦、香榭丽花园（住宅区）等相继动工建设。

1995 年 6 月 26 日，由安徽省企业投资兴建的外省市在浦东建造的第一幢大楼——裕安大厦在商贸区竣工开业。同年底，华都大厦、汤臣金融大厦、爵士大厦、锦城公寓、众城公寓建成。1997 年，商贸区 2－2 地块规划建设的齐鲁大厦、紫金山大酒店、明城大酒店先后竣工。唯有宝安大厦延时至 2001 年 1 月竣工。

2000 年，商贸区建成各类大楼 27 幢。随着各类功能大楼在商贸区先后建成，上海期货交易所、紫金山大酒店、齐鲁大酒店、上海浦东假日酒店、中油阳光大酒店、通贸大酒店等先后在上海期货大厦、江苏大厦、齐鲁大厦、中国煤炭大厦、中国石油大厦、通贸大厦等楼宇内开业。同年 4 月，世纪大道由北至南建成通车，由此将商贸区分为东西两大部分。

2001 年至 2010 年，商贸区又先后建成宝安大厦、兴业嘉园、钱江大厦、双鸽大厦、同盛大厦、城建国际中心、中建大厦、宏嘉大厦、陆家嘴钻石大厦、长泰国际金融大厦、葛洲坝大厦、东方希望大厦以及香榭丽花园（居住区）、九六广场（商业设施）。2010 年末，竹园商贸区建成金融、商务、办公、居住楼宇项目增加至 42 个。

商贸区交通生活配套设施逐步完备。上海轨道交通 4 线换乘枢纽站世纪大道站位于区内,轨道交通2号线、4号线、6号线、9号线在此换乘。景观大道世纪大道由西北至东南穿越园区。上海期货交易所、上海钻石交易所、上海金融期货交易所在此集聚。一批期货公司、证券公司、基金公司在此设立总部或营业部。商贸区成为中国要素市场的聚集重地。

2010年至2015年,商贸区建成陆家嘴投资大厦、东方金融广场(原先不在商贸区规划范围,后纳入)、慧聚大厦(上海纽约大学综合楼)、世纪大都会等重大项目。

花木行政文化区(简称政文区)

东至民生路,西濒张家浜,南邻锦绣路,北靠杨高中路,面积1.07平方公里,开发前为洋泾乡西漕村11队、西华村7队地域。政文区规划建设以行政办公、科技文化艺术为主的现代化综合功能小区。开发建设起步于1995年,主要由上海浦东土地控股公司负责开发建设。第一幢建筑为区武装部大楼(位于今东方艺术中心处,后因建造东方艺术中心被拆除)。1995年12月,浦东新区行政办公中心奠基建设。1998年12月18日,政文区标志性项目上海科技馆动工建造,总投资15亿元。1999年10月,商检局大楼建成。年底,上海出入境检验检疫局从中山东一路海关大楼迁入办公。2000年,浦东新区行政办公中心、世纪广场(世纪大道南道)、轨道交通2号线科技馆站(时名杨高南路站)竣工。同年末,中共浦东新区委员会、浦东新区人民代表大会常务委员会、浦东新区人民政府、政协浦东新区委员会以及所属行政机构迁入浦东新区行政办公中心。

进入21世纪,政文区步入快速建设发展期。2001年,上海科技馆、浦东图书馆、浦东青少年活动中心(浦东少年宫)竣工。2002年3月26日和11月30日,东方艺术中心、浦东展览馆(时名浦东文献中心)2个大型文化项目先后动工。2002年至2010年,先后建设竣工的重大行政、文化、商务办公建筑设施项目有东方艺术中心、上海市公安局出入境管理局大楼、上海海事法院大楼、上海市公安局浦东分局大楼、上海市浦东新区检察院大楼、上海市浦东新区人民法院大楼、中国银联大厦、汇商大厦、同润商务园、银华大楼、浦东市民中心、金鹰大厦（A、B楼）、东怡大酒店，以及5号绿地等，共计18个项目。辟建了迎春路、丁香路、合欢路、含笑路、银带路等区域性道路。轨道交通2号线与9号线分别设上海科技馆站和杨高中路站。入驻机构有（上文已述机构除外）上海市公安局出入境管理局、上海海事法院、中国银行业监督委员会上海局、中国保险监督委员会上海局、中国证券监督委员会上海局、浦东新区人民法院、浦东新区人民检察院、上海市公安局浦东分局、三菱商事株式会社等。

上海新国际博览中心

1999年11月4日，上海新国际博览中心（简称博览中心）奠基。德国总理施罗德和上海市副市长周禹鹏出席奠基开工仪式。博览中心由浦东土地控股公司和德国汉诺威展览公司、德国杜塞尔多夫展览公司、德国慕尼黑国际展览有限公司共同出资兴建。博览中心东至罗山路，南靠龙阳路，西依芳甸路，北到花木路，占地面积约1平方公里。2001年11月2日，一期工程竣工。一期工程占地面积17万平方米，总建筑面积7.3万平方米，建成5个无柱展馆，其中室内展馆面积4.5万平方米，室外展览场地面积约2万平方米。11月22日至27日，第三届上海国际工业博览会在此举行，成为博览中心的首个展览、浦东的第一个全国性大型展览。全国27个省、直辖市、自治区以及美国、德国、日本、法国、加拿大等10多个国家和地区的1 192家企业参展。2002年，是博览中心开展后的第一个完整展览年。全年举办华东进出口商品交易会、国际工业博览会、体育博览会、汽车展、模具展和家具展等44场展览和大师杯网球总决赛等3项非展览活动；合计展览面积89.62万平方米，参展商1.77万家，参观者200余万人次，从而成为上海乃至华东地区的重要展览场所。

一期工程后，博览中心经过几轮续建，于2011年9月全面建成，前后累计投资40亿元建成17个展馆，3个出入口，3个立体车库，展览面积33万平方米，其中室内展览面积20万平方米，室外展览面积13万平方米。周边配套服务设施有嘉里城商场、嘉里城大酒店、上海卓美亚喜玛拉雅酒店和永达国际大厦、紫竹国际大厦。

龙阳、杨东居住区

位于陆家嘴区域南部，为浦东南路与浦建路、龙阳路合围之内，面积约2.8平方公里。开发前，原行政区划分属塘桥街道塘严居委会和严桥乡幸福村、同心村及花木乡龙王庙村。企业有公交塘桥汽车站、上海联合化工厂、淮海制药厂等。按陆家嘴开发建设规划，此地分属龙阳居住区和杨东小区。1990年代中期，乔顿花园开工建设，成为区域内第一个中高档楼盘。2010年，先后建成锦绣系列（锦绣苑、锦绣天第、锦绣满堂、锦绣华庭、锦绣一方名苑）和贵龙园、东方汇景苑、上海绿城、东方城市花园（二期建于龙阳路南）、怡东花园、欣晟家园、澳丽花园、东南华庭、涵合园、爱家亚洲花园、东方龙园等中高档楼盘（内有动迁安置房东城新村）。生活休闲、医疗、教育等设施有巴黎春天百货、卜蜂莲花和沃尔玛超市、上海儿童医学中心、仁济医院、东辉职业技术学校、陆家嘴金融城人才公寓、南浦广场公园、由由大酒店等。

陆家嘴世纪金融广场

规划时项目名之塘东总部区，占地面积5.34万平方米，东至锦康路、南至新锦江大酒店、西至杨高南路、北至花木路；总建筑面积44万平方米，由5幢办公楼和1幢配套的商业中心楼。

2008年11月17日，世纪金融广场举行开工仪式。2014年，陆家嘴世纪金融广场全面建成。

2015年10月

主要参考资料：

《浦东年鉴》编辑部编《浦东年鉴》。

上海市黄浦区志编纂委员会编《黄浦区志》，上海社会科学院出版社，1996 年。

小陆家嘴金融城

小陆家嘴几多原住民？

最早开发地块在哪里？

陆家嘴金融贸易区内的金融中心区俗称小陆家嘴(之后又称金融城)，面积1.7平方公里，西和北为黄浦江，南至东昌路，东至浦东南路(为黄浦江与浦东南路和东昌路的合围之中)。1990年，金融中心区地域内有企事业单位近100家，工业企业总用地44.34公顷，建筑面积42.51万平方米。其中市属工业企业26家、区属企业14家。大型企事业单位有浦东公园、黄浦区工人体育场、黄浦区传染病医院、上海立新船厂、上海新新机器厂、上海联合毛纺织有限公司、利华造纸厂、上海肠衣厂、上海乳品三厂、上海市第十棉纺织厂、上海烟草工业机械厂以及码头仓库。除企事业单位外，居民16 945户、49 234人。按中心区建设规划，需动迁各类设施面积223公顷，其中工业企业面积89公顷，居住面积60公顷。①

金融中心区规划是上海市政府与法国政府公共工程部合作项目。1991年4月，上海市市长朱镕基与法方签订该项目合作纪要。1992年4月，中法双方向4家国际著名设计事务所——意大利“福克萨斯”、英国“罗杰斯”、日本“伊藤”、法国“贝罗”以及由上海市规划院、华东建筑

① 数据来自上海陆家嘴集公司档案资料。

设计院、上海市民用设计院、同济大学组成的联合设计小组发出咨询任务书和邀请书。同年 11 月 20 日至 22 日，陆家嘴中心地区规划和城市设计国际咨询会议在上海召开。上海市市长黄菊任规划咨询委员会名誉主任，副市长夏克强任主任。5 个咨询单位向大会递交了各具特色的设计方案和模型。会议技术委员会经过评议，形成了技术分析报告。高级顾问委员会据此讨论并形成了《陆家嘴中心地区规划及城市设计的建议书》，就分期实施可行性、城市活力、尊重城市历史、创造美好未来、与城市其他地区关系等 10 个方面提出了建议。根据黄菊关于陆家嘴中心地区规划要体现“中国与外国、浦东与浦西、历史与未来三者有机结合”的指示，1993 年 1 月，成立了由赵启正任组长的深化规划领导小组以及相应的专家小组和工作小组。2 月，工作小组交出了 3 个比较方案。深化规划领导小组根据专家意见，确定以 3 号方案为基础进一步深化。3 月，法国、中国香港等地的专家再赴上海，研讨规划新方案。5 月，工作小组携带最新的深化方案分赴英国、法国、新加坡、中国香港等地交流。8 月，优化方案最终形成。10 月，向上海市人大常委会、政协常委会汇报。12 月，陆家嘴中心地区规划获上海市政府批准。这个具有 21 世纪水平的城市规划，建筑容量 400 万平方米，绿地面积占 30%。气势宏大，构思新颖，突破了以往见缝插针、不讲布局的规划模式。在城市形态布局上，结合黄浦江河湾特点与城市轴线，沿江建设 1 条高度 200 米左右的弧形高层建筑群带，与外滩遥相呼应。核心部位建造 3 幢高度 400 米左右的超高层大楼。交通有 2 条越江隧道、3 条人行隧道、1 条地铁、1 条轻轨和双层单向环路。

陆家嘴金融中心区由陆家嘴开发公司全面负责开发建设。1990 年 11 月 1 日，中国人民银行上海市分行、中国人民建设银行上海市浦东分行分别与陆家嘴金融贸易区开发公司签署建造银行综合大楼的合作意向书，从而成为第一份在陆家嘴建造金融大楼的协议书。同年 12 月，位于丰和路 1 号的港务大厦开工建设，成为浦东开发开放后，金融中心区建造的第一幢办公楼。1991 年 7 月,东方明珠广播电视塔动工。同年 9 月,陆家嘴路污水干线工程开工建设。

区域内第一个成片开发地块位于陆家嘴路北、浦东南路西、北护塘路南、海兴北路东的范围内。地属浦东南路和杨家宅居委会区域,需动迁单位 3 家,居民 225 户。1991 年 11 月动迁完毕。规划在这一地块上布局 4 个金融大楼项目(即日后建成的银都大厦、上海招商局大厦、新上海国际大厦和世界金融大厦)。同年 12 月,银都大厦开工建设。1992 年末,上海招商局大厦、新上海国际大厦动工。翌年末,世界金融大厦(建设银行大楼)启动建设。1993 年底,已有 16 个项目、总计 170 万平方米建筑面积在金融中心区落户。1994 年 5 月,高达 420 米的金茂大厦开工。1995 年 6 月,银都大厦建成启用。中国人民银行上海市分行迁入办公,标志着上海金融重心由黄浦江西岸开始向黄浦江东岸转移。同年 9 月,日本富士银行上海分行在陆家嘴成立,为在浦东成立并经营的第一家外资银行。

随着陆家嘴金融基础设施逐步完善,1996 年 12 月 12 日,经国务院批准,中国人民银行发布《上海浦东外资金融机构经营人民币业务试点暂行管理办法》,允许外资银行在浦东试点经营人民币业务,从政策上加快了外资银行在陆家嘴聚集的步伐。

随着金融中心区建设的推进和以银行、保险为代表的各类中外金融机构入驻,原先以 1.7 平方公里为金融中心区范围的概念发生变化。金融中心区区域范围向浦东南路东侧周边拓展。中国船舶大厦、金穗大厦、世纪金融大厦、浦东双辉大厦、保利广场、永华大厦、房地产大厦等纳入金融中心区东扩范畴。

在建造商办(金融)楼宇的同时,以旅游、会展、环境为代表的配套设施同步兴建。先后建成东方明珠广播电视塔、滨江大道、陆家嘴中心绿地、上海海洋水族馆、国际会议中心、陆家嘴二层步行连廊,穿越黄浦江的交通设施进一步完善,建成延安东路隧道南道和人民路、新建路隧道，以及黄浦江人行观光隧道。金融中心区成为世界上越江交通隧道分布最为密集的区域。

2010 年末，金融中心区 1.7 平方公里内累计建成以金融、办公为主要功能的商务楼宇项目 45 个（不包括住宅项目和 1.7 平方公里外拓展区域项目），建筑总面积 522.21 万平方米，成为中国乃至世界上高楼最为密集的地区之一。200 米以上高度建筑有金茂大厦、黄金置地大厦、交银金融大厦、中国平安金融大厦、上海信息大厦、上海银行大厦、中融碧玉蓝天大厦、中银大厦、上海环球金融中心、时代金融中心、恒生银行大厦（原森茂大厦）、上海国际金融中心，其中金茂大厦、上海环球金融中心和东方明珠广播电视塔高度超过 400 米。2016 年 4 月，高 632 米的上海中心大厦竣工运营。

优越的地理环境，良好的软硬件设施，使金融中心区成为中外金融机构高度聚集之地，成为浦东开发开放和上海现代国际大都市的标志之一。

2016 年 5 月

浦东开发第一声

它是浦东开发开放的前奏曲；

它是上海传统商业设施迈向现代化的第一步；

它是中国第一家中外合资零售企业的诞生地。

一

1982年8月9日，《新民晚报》头版刊载《张杨路将建成“南京路” 陆家嘴将建成“新外滩”》消息，成为张杨路商业设施开发建设的第一声，也如同浦东开发开放的前奏曲。

1984年，张杨路商业设施建设列入上海市总体规划。1989年3月，上海市副市长倪天增、庄晓天主持召开专题会议，研究张杨路商业、金融、文化中心整体详细规划方案。浦东开发开放后，随着陆家嘴金融贸易区的设立，浦东开发办公室在给上海市计划委员会《关于张杨路基地开发计划的意见》中提出：“基地名称不宜称‘张杨路商业、金融、文化中心’，以免与已经设立的陆家嘴金融贸易区相冲突。”

1990年9月11日，在上海市副市长倪天增、庄晓天召集的有关部门参加的协调会上，明确其“为地区性居民生活服务的商业购物中心”，对外名之“张杨路商业购物服务中心”。在规划功能上侧重发展商业，以免与整个陆家嘴地区为金融贸易区的整体功能相混淆。

二

新上海商业城是上海市商业系统支持浦东开发，实施商业“东进”的重大举措。在上海市政府商业主管部门牵头下，联合成立了浦东商业建设联合发展公司，全面负责新上海商业城的开发建设。

1991 年 8 月 23 日，成片出让浦东南路以东、沈家弄路（商城路）以南、张杨路以北、崂山东路以西土地，面积 12.70 万平方米，出让金 6 524 万元，受让人为浦东商业建设联合发展有限公司，用于建设“张杨路商业购物服务中心”。1994 年，“张杨路商业购物服务中心”定名为“新上海商业城”。

新上海商业城总规划面积 14 公顷。总体建设规划从最初设想，到 1992 年部分项目开工，经历三次调整。其地时属黄浦区崂山西路街道，共计动迁居民 1 154 户，企事业单位 29 家，其中有海港新村、浦南体育场、黄浦区浦东少年宫、市建新村、坟塘桥、草庵陈家宅等居民聚落和单位。新上海商业城规划建设新大陆广场、新梅联合广场（联合广场）、新世纪商厦（第一八佰伴）、良友大厦、远东大厦、银都商城、三鑫世界商厦（食品总汇）、内外联大厦、乐凯大厦、福兴大厦（服饰总汇）、华诚大厦（国药大厦）、新亚汤臣大酒店、福使达大厦（石化大厦）、银河大厦、胜康廖氏大厦、华东石化大厦、新力大厦（有些大厦名称后来有所变化）等 18 幢商贸楼宇，建筑总面积 80 万平方米，其中包括商场 26 万平方米，办公娱乐用房 25 万平方米，宾馆 10 万平方米，餐饮 5 万平方米，地下车库等 14 万平方米。区域实施集中供热，配备了 120 吨级热力站，专设了 35 千伏变电站，2 万多门程控电话机房等配套设施，是上海“四街四城”市级商业中心中最大的一个市级商业中心，列入上海市“八五”期间重点工程。商业城楼宇建筑各具特色，蕴含东西方文化神韵，集购物、

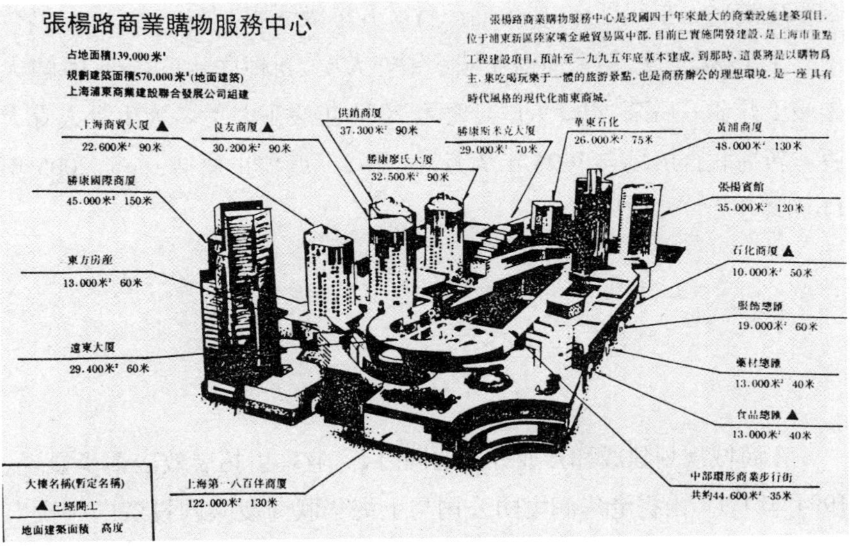

张杨路商业购物服务中心(新上海商业城)规划示意图

游览、餐饮、服务、办公、展览、娱乐、休闲于一体，内设1万平方米中心广场，有绿地、喷泉、雕塑小品，可供人们观赏、漫步、休闲。

1991年12月29日，由上海石油总公司主建的福使达大厦和良华股份企业有限公司主建的良友大厦率先动工建设。翌年8月至12月，三鑫世界商厦、福兴大厦、华诚大厦、内外联大厦、乐凯大厦相继建造。至1994年，包括新世纪商厦在内的各类商业楼宇设施已全面开工。同年底，内外联大厦、三鑫世界商厦、福兴大厦、华诚大厦、福使达大厦5幢大厦底层商场试营业。

1995年12月20日，由国务院批准设立的中国第一家中外合资零售企业——上海第一八百伴有限公司投资建设的新世纪商厦竣工开业。新世纪商厦营业面积10.8万平方米，配备各类电梯87部。试营业第一天，近百万客流蜂拥而至，争相参观购物，首天商品销售额逾500万元，被评为上海市1995年10大商业新闻之一。翌年6月，具备五星级设施的新亚汤臣大酒店建成开业，1999年1月，新亚汤臣大酒店通过国家旅游局五星级评定，成为浦东首家五星级酒店。

至 1997 年底，新上海商业城除银峰大厦、新梅联合广场外 16 幢大楼竣工开业。后来，银峰大厦延时至 2004 年竣工并更名为生命人寿大厦。新梅联合广场自 1994 年 7 月动工后，一度停止建造，直至 2005 年 11 月竣工。

三

在商城规划建成和开业经营的同时，商业辐射拓展效应逐步显现。1994 年 1 月，由香港华润集团公司与上海华联商厦共同投资的时代广场破土动工，从而标志商城开始向张杨路南侧、浦东南路西侧拓展。至 2010 年末，商城的张杨路南侧已建有时代广场、中融恒瑞国际大厦、长航大厦；浦东南路西侧建有鄂尔多斯国际大厦、上海湾室内商业步行街、中融大厦、隆宇大厦，商城路北建有世界广场，并将商城及周边商业建筑和设施统称为张杨路商业中心。

随着时间的流逝，建成后的新上海商业城，为适应新业态的出现，社会消费观念的变化，有过设施的改造和调整。

附张杨路商业街规划

张杨路商业街的开发建设早在 1984 年上海市政府的总体规划中和 1991 年浦东新区的总体规划中就被确定为浦东的商业中心街。商业街的开发建设以国际水准为起点，贯彻“东西联动，以东为主，条块结合，以块为主”的方针。张杨路商业街通过主管部门和专家的评审，总长 7.8 公里，两侧将建 1 000 余万平方米的建筑群，其中商业服务业面积 250 万平方米。张杨路商业街按功能划分成三个路段。西段，源深路向西至黄浦江边，规划建设新上海商业城、竹园商贸区和陆家嘴商城。中段,源深路向东至罗山路,规划建设新区商业、娱乐、公共活动中心。东段,罗山路向东至金桥路,规划建设拥有各种综合服务功能的地区级商业中心。(摘自《浦东年鉴 1996》第 34 页。此规划在实际建设中,未能全部落实)。

2014 年 3 月

主要参考资料:

上海市浦东新区管理委员会编《上海市浦东新区手册》,上海远东出版社,1993 年。

东方路上商业街

东方路商业街，一个远去的名字，
曾经是浦东开发商气的象征，
一度列入上海"四条商业街"之列。

东方路曾名文登路。

文登远在山东省胶东半岛，相传秦始皇东巡"召文人登山"而得名，已有1 400多年建置史，是胶东半岛少数千年古县之一。上海开埠后，浦东沿江地区先后兴建的许多道路、新村之名大多借用山东地名。东昌、烟台、即墨、招远、昌邑、临沂、微山、枣庄、台儿庄、长岛、崂山、博山、福山、潍坊、荣城、德州、乳山、栖霞、巨野等一众山东地名先后被命名为浦东沿黄浦江畔区域内的道路名或居住聚落名。

1953年，配合崂山新村建设始建文登路。其时文登路由浦东大道向南至栖霞路，长仅300余米。1970年代至1980年代，隶属于黄浦区的文登路由栖霞路延伸至浦建路。处于南市区的文登路由浦东南路修筑至东三里桥路。1994年，文登路改名东方路。1996年6月25日，东三里桥路至浦建路段道路段建成，东方路才得以全线贯通。

浦东开发开放后，在新上海商业城还未建成之前，为了迅速聚集浦东的人气、商气，浦东开发办公室决定建设东方路商业街（曾名文登路商业街）。东方路商业街由张杨路至峨山路，全长2.2公里，总投资逾2亿元。1992年8月，商业街第一期工程动工。1993年2月基本完成10

万平方米营业面积的建设。同年5月8日首批商店开业。20余幢风格各异的商业建筑,集购物、美食、旅游、娱乐于一街,吸引了上海市属、区属的商贸集团、大店名店,以及国家部属和外省市商贸企业在此开业经营。其时上海时装集团、联华超市、上海供销总社、上海第八百货商店、豫园商城、雷允上国药公司等进街开设营业机构。中国工商银行、中国农业银行、中国建设银行以及证券等金融机构在此建立分行或各类经营网点。1993年末,在东方路商业注册的商贸企业400多家,完成销售额12.02亿元。1994年,东方路商业街营业面积增加至13.5万平方米,商贸企业510家,营业额达到32亿元,仅排在南京路、淮海路、四川路商业街后,成为浦东新区规模最大、商业网点最集中、商品种类最多、商品价格最实惠的商贸集散中心。1995年,商业街注册企业716户,其中门面单位224家,销售总额43亿元。1996年,东方路商业街有各类商贸企业700余家,销售总额达到49亿元。

在东方路商业街建设和经营过程中,商业街管理部门曾经对街区商贸业态有过或大或小的调整。在街区南部开设了一定规模的家具城和灯饰城。1997年,东方路商业销售额达到55亿元。

1997年后,随着地处东方路商业街两侧的陆家嘴竹园商贸区形成规模,众城大厦、裕安大厦、汤臣金融大厦、齐鲁大厦、华都大厦、中国石油大厦、中国煤炭大厦、中达广场、一百杉杉大厦、宝钢大厦等一批楼宇建成,临街部分商业设施拆除。接着世纪大道动工建设,大道由北至南斜穿东方路,由此再次拆除部分商业设施。同期,相距仅200余米的新上海商业城粗具规模,以及浦东新区建设规划调整和竹园商贸区拓展,在此经营的商业企业或停业或搬迁,东方路商业街地位逐年下降。2005年,大连路隧道建成通车,东方路最终演变成一条普通的城市道路,唯有位于塘桥公园对面、东方路东侧的那家灯饰城似乎还在提示这里曾经的商业繁华。

2010年5月

主要参考资料：

上海市《黄浦区志》编纂委员会编《黄浦区志》，上海社会科学院出版社，1996 年。

《浦东年鉴》编辑部编《浦东年鉴》。

《上海年鉴》编纂委员会编《上海年鉴》。

要素市场国际化

回首，不仅仅是怀念，而是为了向前。

保持浦东开发开放初期那股勇立潮头、敢试敢闯的劲头，

才能让开发开放28年的浦东青春常在、进取不止！

才能无愧于“先行者”“排头兵”称号！

2018年3月26日上午，位于上海浦东浦电路500号的上海期货交易所以人民币计价的中国原油期货挂牌上市。中共上海市委书记李强、中国证监会主席刘士余共同为原油期货交易敲锣开市，由此上海期货交易所交易品种由14个增加至15个。当日15时收盘时，主力合约SC1809成交4.07万手、成交金额176.40亿元；原油品种成交4.23万手、成交金额183.47亿元。

中国原油期货的创新特点，在于“国际平台、净价交易、保税交割、人民币计价”，从而标志着中国期货市场向国际化迈出了重要一步。

在纪念浦东开发开放28周年之际，倘若拾级至上海期货大厦之巅，眺望浦江两岸，回首上海要素市场所走过的20多个春秋，更会觉得这一步走来之不易！

一、在香港，朱镕基发出上海建设要素市场先声

1990 年 4 月 18 日，党中央、国务院宣布浦东开发开放，两个多月后的 6 月中旬，上海市市长朱镕基访问中国香港，在回答记者提问时说，关于上海实行开放、开发浦东，其特殊的政策与厦门、深圳相比，基本上差不多。但他强调浦东开发开放有四个特点，其中之一就是要引进外资银行，开放证券交易所，把金融搞活。对于一些具体的政策正在加紧制定，原则上中央已经批准，具体的细则正在制定，准备在 8 月份公布。

朱市长在香港的讲话引起极大反响。特别是开放证券交易所，搞活金融的设想，让部分先知先觉者，意识到上海将要冲破计划经济束缚，向社会主义市场经济迈进。仅仅过了 5 个月，朱镕基香港讲话余音犹在，关闭了整整四十年的上海证券交易市场，在浦东开发开放的大潮中重新开启。11 月 26 日，新中国大陆第一家证券交易所——上海证券交易所批准成立。

由于受当时浦东城市基础设施限制，上海证券交易所只能选择与浦东一江之隔、位于外白渡桥北的浦江饭店（黄浦路 15 号）开张经营。1990 年 12 月 19 日上午 11 时，新中国证券交易所的第一锣终于在黄浦江畔敲响。“电真空”成为上海证券交易所的第一笔交易。当日上海“老八股”中的豫园商场开盘价为 470.7 元，位于浦东川沙镇的申华电工联合公司（股票代码 600653）开盘价为 327.9 元、延中实业开盘价为 176.5 元、飞乐音响开盘价为 305 元、电真空开盘价为 365.7 元。

浦东开发开放的浪潮终于掀开了新中国要素市场的大门！

二、两年里，诞生七家商品期货交易所

随着上海证券交易所的成功开业，要求进一步开放生产要素市场的呼声越来越高。政府和企业联合行动，寻找突破口，重新将上海打造成中国乃至远东地区的经济金融中心。

1992 年 5 月 28 日，上海市政府联合物资部共同组建的中国第一个国家级期货市场——上海金属交易所在中山北路 2550 号的物资贸易中心大厦敲响开市锣声。一分钟后，第一笔生意成交。上海市金属公司以每吨 16 500 元的价格，买进中国有色金属总公司卖出的 500 吨电解铜。

上海金属交易所注册地址浦东张杨路 550 弄 6 号（当年上海要素市场都注册于浦东，由于受当时浦东基础设施条件限制，经营场所都设在浦西）。开业初期交易时间为每周一、三、五开市，分设上午市和下午市，每周二、四、六结算。首批获准上市交易的品种有铜、铝、铅、锌、锡、镍和生铁。出席当天开业仪式的除了物资部部长柳随年、上海市副市长顾传训和国务院部、委、办有关领导外，还有来自美国芝加哥期货交易所第一副董事长兼美林期货公司副总裁劳伦斯、伦敦金属交易所董事潘伯顿，以及美、英、德、日等 20 多家全球著名期货市场、财团和大企业人员。

1992 年至 1993 年的中国上海期货市场注定不会平静。事隔 20 多年，我们在断断续续的回忆中，还能感受到当年那波创办期货市场的热度，那种一往无前、只争朝夕、敢为人先的精神，可谓真正的“先行者”“排头兵”！

继上海金属交易所开业不满 7 个月，同年 12 月 6 日，上海煤炭交易所在大柏树开张。煤炭交易所由中国统配煤矿总公司、物资部和上

海市政府联合组建。首批 72 家会员单位集中了全国重点煤炭生产企业、煤炭流通企业和大型煤炭用户。交易所采用公开喊价和计算机自动撮合的交易方式。上市煤品有烟煤、无烟煤和洗精煤。初创阶段,以现货合约和隔月合约交易为主,允许中、远期合约有规则地转让。交易所永久性场所计划设在还在建设中位于浦东的中国煤炭大厦,开业时暂借大柏树沪办大厦 2 号楼 7 楼经营。当天,经过 90 多个回合,首批成交 43 笔,成交总量 26.35 万吨,成交总额 1.078 亿元。首笔交易由长城矿业开发集团公司卖出大同煤 9 000 吨,上海燃料公司以每吨 163 元买进。

进入 1993 年,二月春风裹着冷气,然而还是没有阻挡住上海人建设要素市场的脚步。2 月 26 日上午 9 时 30 分,位于上海苏州河北岸恒丰路桥堍(恒丰路 1 号)的上海农业生产资料交易所开张营业,注册地址也为浦东。商业部副部长马李胜敲响交易第一锣。4 秒钟后,第一笔交易达成。上海市农资公司以每吨 1 040 元价格购进江阴市农资公司抛出的尿素 200 吨。上海农业生产资料交易所由上海市政府与商业部联合组建,主要业务为组织经营者和经纪人进行符合国际规范的农资商品的期货交易,开业时共设 50 个会员席位,会员单位 34 家。会员单位不仅有自营权,而且拥有现、期货交易业务代理权。

紧接着 5 月 27 日,由中国石油天然气总公司、中国石油化工总公司和上海市政府共同发起组建的上海石油交易所在上海漕宝路 38 号华夏宾馆内挂牌开业。交易所设有 61 个席位,计算机系统可以迅速、准确、方便地交易和结算,通信系统由 200 门专用小交换机和 104 条直拨线路组成,可以及时提供世界各地的行情和石油信息。上市交易品种为原油、汽油、柴油及其他石油产品,其中原油和柴油为期货上市品种。

上海石油交易所首批吸收在全国实力雄厚、影响力强的会员单位 49 家,包含大庆、胜利、辽河等 13 家原油生产企业,茂名、齐鲁、上海高化等 14 家大炼油厂,以及 22 家石油销售及风险投资企业。

一个月后的 6 月 30 日,在经过一年半的筹备后,由商业部与上海市政府联合组建的上海粮油商品交易所(简称粮交所)在南苏州河路 1455 号的良友饭店内开业。粮交所注册浦东沈家弄路(后改名商城路)199 号良友大厦。早在 1991 年 12 月,商业部就与上海市政府签订了筹建粮交所的合作意向书。

刚开业的粮交所借鉴国际规则,结合中国实际,实行会员制,公开竞价进行期货交易,设立涨跌停板制度、保证金制和统一结算制等制度,并采用当时先进的电脑集中竞价、无纸化交易方式。开业时粮交所有会员单位 43 家,分别来自全国 14 个省、市(直辖市)。首批上市的期货标准合约有白小麦、红小麦、大豆、玉米、籼米、粳米、豆油、菜油八大品种。

隔天的《新民晚报》登载了粮交所开业的情况:

> 设在上海良友饭店的交易大厅,58 个席位上分别安置着一台电脑终端及一红一白两个电话机。昨天上午 9:30 时,上海市副市长孟建柱敲响铜锣,拉开了开市交易的帷幕。瞬间,大型电子显示屏上和各交易席位上的电脑终端,同时显示出 8 个大类 39 个粮油期货上市品种及开盘指导价。红马甲们眼睛注视着荧屏,手按键盘,熟练快捷地输入交易指令。开盘一分钟许,四川嘉粮企业(集团)股份有限公司与中国农村发展信托投资公司以每吨 777 元价格对 1993 年 12 月份期货玉米达成开市第一笔交易。下午 3:30 时,收盘铃响。交易结算统计表明:开市第一天,总成交 5 164 手,成交总金额 4 189.90 万元。

1993 年 7 月,经化学工业部和上海市政府同意,由中国化工供销总公司、上海市化工局、中达化工联合总公司和中国化工供销华东公司联合筹建,上海化工商品交易所开业。

1993 年 11 月 18 日,由上海市政府和国家建筑材料工业局联合、上海市建委和上海市建材局负责筹建的上海建筑材料交易所开业。翻开 1993 年 11 月 19 日的《解放日报》,我们还能读到上海建筑材料交易所开业的新闻:“开市以后,买卖双方纷纷‘抢跑道’,第一秒钟成交 3 笔,第一分钟成交 8 笔,第一个交易日交易额达到 7 440 万元。其中第一笔生意由中国东方航空期货经纪公司(筹)和中国光大信托投资公司上海分公司卖出与买进。”开业初期,上海建筑材料交易所主要有水泥、线材、胶合板等期货品种和玻璃等中远期现货合同转让交易业务,有来自东北、西南、中南、华东和上海市的会员单位 59 家。

至 1993 年底,凭借浦东开发开放政策,上海先后创办了金属、煤炭、农资、粮油、石油、化工、建材 7 家期货交易所,其中 1993 年一年内就成立 5 家。正如某些经济学家当年所说的那样,如果说 1991 年的上海是“股票年”,那么走上社会主义市场经济“快车道”的上海,1993 年无疑是“期货年”。1993 年末,7 家交易所交易金额超过 3 700 亿元,改变了以往单纯依靠计划来配置生产要素的传统模式,为上海确立社会主义市场经济体制奠定了基础。

上海并未仅仅满足于资本金融领域的证券、商品期货市场的建立。进入 1994 年,创办要素市场的热度依然没有褪去。1 月 7 日,上海市政府批准成立上海城乡产权交易所(此后,该所重组建立上海产权交易所,2003 年 12 月上海产权交易所与 1999 年成立的上海技术交易所合并成立上海联合产权交易所),作为 1994 年的 1 号批复文件下达。

4 月 20 日,上海城乡产权交易所正式对外开业交易。是日,交易所推出转让交易企业 220 家,包括本市产权转让企业 120 家和全国 10 多个省市推出的 100 家外省市产权出让企业。

下半年 10 月 20 日,由上海市政府和国家人事部共同组建的中国上海人才市场在中山西路 620 号成立开业。人事部部长宋德福莅临上海与上海市市长徐匡迪共同出席开业仪式。

三、整顿中，浦东成为中国要素市场重镇

商品期货市场的建立，使上海出现一批新兴的投资者。除国有企业、三资企业、私营企业以及金融机构外，一些个人投资者，也坐进了期货交易室，成为沪上先行的专业期货“炒手”，捞到了人生的“第一桶金”。期货交易以“挡不住的诱惑”，开始闯进上海人的日常生活。

然而，由于期货市场迅猛发展，开始出现一些问题。进入1994年，期货市场开始清理整顿。1994年10月，中国证监会发出通知，批准全国11家交易所为我国试点期货交易所，其中包括上海金属交易所、上海粮油商品交易所，上海煤炭交易所因无业务量，停止期货交易业务；农资、石油、化工、建材4家交易所合并成立上海商品交易所（简称商交所）。

1995年1月16日，商交所举行首届会员大会，启动筹建工作。近半年的筹建过程中，在不间断交易、不影响会员利益的前提下，把原4个交易所各自独立的交易结算系统平稳过渡到新的商交所交易结算系统中。1995年4月，中国证监会发文，批准商交所为我国试点期货交易所。同年6月5日，商交所在漕宝路38号挂牌开业，首批推出胶合板、天然橡胶、聚氯乙烯3个上市品种。其时商交所有会员单位271家，交易席位255个，规模在国内同类商品期货交易中居领先地位。

至1995年末，粮油交易所累计交易额7 320.95亿元，金属交易所累计交易额15 756.4亿元。

1996年5月初，鉴于浦东基础设施逐步完善和建设金融中心的需要，在上海市浦东开发领导小组第二次会议上，中共上海市委、市政府作出决定，要求位于浦西的粮油、金属、证券、产权、人才等生产要素市

场，于 1998 年底前先后迁入浦东。

1996 年 11 月 18 日，上海产权交易所迁率先从浦西迁至浦东新上海商业城乐凯大厦。12 月 18 日，粮交所从南苏州路 1455 号迁入新上海商业城良友大厦，并于 12 月 30 日下午 2 时 40 分开业。上海市市长徐匡迪在粮交所东迁仪式上敲锣开市。

1997 年 2 月 28 日，上海市房地产交易中心在浦东陆家嘴房地大厦（南泉北路 201 号）正式挂牌开业。同年 12 月 19 日，在上海证券交易所（简称上交所）成立 7 周年之日，从浦西迁入浦东南路 528 号上海证券大厦后，上交所正式开业。当日，邯郸钢铁股份有限公司成为上交所在浦东开业后上市的第一只新股。上交所交易大厅面积 3 682 平方米，拥有交易席位 1 608 个，电脑交易每秒钟速度可高达 5 000 笔。

1998 年 8 月 18 日，商交所从漕宝路迁入浦东福山路 455 号新建的商品大楼（后改名全华信息大厦）。迁入浦东的商交所由 1.9 万平方米的交易办公楼和 1.6 万平方米的会员商务楼两部分组成。交易大厅拥有 500 多个席位，配备先进的计算机交易和信息通信系统。该系统包括楼宇自动化系统（BA）、通信自动化系统（CA）和办公室自动化系统（OA）。是年成交合约 451.5 万手，成交金额 348.47 亿元。其中天然橡胶 391 万手，成交金额 308.93 亿元；胶合板 60.5 万手，成交金额 39.54 亿元。年底，上海商品交易所有会员 168 家。

在要素市场大举迁址浦东之时，上海期货市场面临再次整顿规范。根据中国证监会要求，上海金属交易所、上海商品交易所、上海粮油商品交易所合并筹建上海期货交易所。1999 年 5 月 4 日，新建的上海期货交易所开始试运营。1999 年 12 月 26 日，上海期货交易所召开第一次会员大会。次日，上海期货交易所首届理事会第一次会议召开。标志着上海期货交易所合并组建工作完成。上海期货交易所位于浦电路 500 号新建的上海期货大厦内。当年上市交易品种为铜、铝、天然橡胶 3 个期货品种。

经过两次整顿与重组，上海的商品交易所由 7 家整顿为 3 家，再由 3 家合为 1 家。时至今日，还有多少人记得南苏州路上的良友饭店、中山北路的物资贸易大厦曾经的荣耀，恒丰路 1 号与漕宝路华夏宾馆内紧张热烈的交易。

然而，位于浦东的上海要素市场注定不会就此落寞。

位于福山路 455 号的原商品大楼，后改名全华信息大厦

2000 年 10 月，经国务院批准，浦东新区政府与陆家嘴集团力推的中国第一家钻石交易所——上海钻石交易所（简称钻交所）在世纪大道 88 号金茂大厦创立。钻交所按照国际钻石交易通行规则运行，为国内外钻石商提供公平、公正、安全、封闭管理的钻石交易服务。机构设置

为一个联合管理办公室、一个钻石交易所、若干个为交易所提供配套服务的机构和一批资质良好的钻石加工企业。同年 12 月,为钻交所配套的陆家嘴钻石加工区和龙华钻石加工区成立,从而形成“一所两区,东西联动”的经营发展模式。

2006 年 9 月,在上海浦东世纪大道 1600 号陆家嘴商务广场(曾名浦项广场)诞生又一家要素市场——中国金融期货交易所。中国金融期货交易所由上海期货交易所、郑州商品交易所、大连商品交易所、上交所和深交所共同发起设立,注册资本 5 亿元。被选定为首个股指期货合约标的的沪深 300 指数,是由上海和深圳证券市场中选取 300 只 A 股作为样本编制而成的成份股指数。2010 年 4 月 16 日,首批 4 个沪深 300 股票指数期货合约上市。首批上市合约为 2010 年 5 月、6 月、9 月和 12 月合约,挂盘基准价均为 3 399 点。至 4 月 15 日,中国金融期货交易所累计开户 9 137 个,其中自然人 8 944 个,一般法人 193 个。2010 年末,在中国金融期货交易所开户数 6.04 万个,按单边计算,总成交 4 587.33 万手,总成交金额 41.07 万亿元。

再说随着时间的推移,上海期货交易所交易品种逐年增加。2004 年 8 月 25 日,燃料油期货挂牌上市。2007 年 3 月 26 日,锌期货挂牌上市。2008 年 1 月 9 日,黄金期货挂牌上市。2009 年 3 月 27 日,线材和螺纹钢期货挂牌上市。至此,上海期货市场上市的品种增加到 8 个,初步形成金属、能源、化工三大类及有色金属、黑色金属和贵金属等多序列交易品种。

2009 年,上海期货交易所合约成交量在全球商品期货和期权市场中排名第二,其中铜期货合约成交量首次超过伦敦金属交易所,排名全球铜期货市场第一;锌、天然橡胶、燃料油、螺纹钢和线材等期货,同样成为全球期货市场第一;铝期货、黄金期货则分别在同品种期货市场排名中位居第二、第九。

2010 年 6 月,集期货及金融衍生品开发、数据处理及灾备、科技创

位于浦电路 500 号的上海期货大厦(1999 年)

新及信息系统托管、相关会务及投资者教育等多功能于一体的现代化综合基地——上海期货交易所“衍生品开发与数据处理中心”(简称张江中心)在张江金融信息产业园区竣工启用。同年 10 月 21 日,海关总署批复同意,在洋山对进口保税储存的铜和铝 2 个品种,通过上海期交所开展保税交割业务试点。12 月 24 日,举行期货保税交割业务启动仪式,并为洋山港 2 家期货保税交割指定仓库揭牌。期货保税交割业务,促进了上海商品期货市场资源的全球配置,强化“中国品种”价格的国际影响力和话语权,推动了上海国际金融和航运中心的建设。

2018 年 4 月，上海期货交易所交易品种 15 个，分别为铜、铝、铅、锡、镍、锌、黄金、白银、天然橡胶、燃料油、线材、螺纹钢、热轧卷板、石油沥青、原油。在挂牌交易的品种中，铜期货已经与纽约、伦敦一起成为全球影响力最大的三大铜期货市场之一，并与铝、锌、铅、镍、锡期货形成了完备的有色金属品种系列，较好地满足实体经济的需求。

四、新时代，要素市场开启新征程

1990 年代，上海凭借浦东开发开放政策和那股由浦东开发所迸发出来的热情建设起以证券、商品期货为主的要素市场，并以此为基础形成外汇市场、银行同业拆借市场、票据贴现市场。2000 年代，成立钻石交易所、石油交易所、中国金融期货交易所，最终在上海浦东形成了体系较为完备的金融与资本要素市场架构，走在了全国的前面。

2017 年，上海证券市场由 1990 年的数十家上市公司，发展至 2017 年底的 1 396 家。2017 年末，上海证券市场股票总市值 33.13 万亿元。在世界交易所联合会排名中，交易额排名第五，IPO 融资额排名第三，总市值排名第四。

2017 年，上海期货交易所全年累计成交期货合约 136 424.35 万手，占全国商品期货市场份额的 44.71%；成交金额 899 310.34 亿元，比上年上涨 5.83%，占全国商品期货市场份额的 55.07%。

党的十九大后，中国进入新时代。新时代的上海浦东要素市场将向何处发展？一时难以有正确的、令人满意的答案。然而，2018 年 3 月 26 日，上海期货交易所以人民币计价的石油期货挂牌交易，或许为中国上海浦东要素市场在新时代开了一个好头，交出了初步的答案。

回首，不仅仅是怀念，而是为了向前。

保持浦东开发开放初期那股勇立潮头、敢试敢闯的劲头，才能让开发开放28年的浦东进取不止、青春常在，才能无愧于“先行者”“排头兵”称号！

2018年4月18日

主要参考资料：

《上海年鉴》编纂委员会编《上海年鉴》。
《浦东年鉴》编辑部编《浦东年鉴》。
《解放日报》《新民晚报》《文汇报》。

陆家嘴里思古今

渴望着《金茂大厦》《东方明珠塔》式
的传奇或浪漫的鸿篇巨著的诞生，
这类巨著的价值或许远远胜过
上千万、上亿元的投资。

2000 年 8 月 8 日，在八九点钟的阳光里，浦东大道 141 号大门口挂上了中国共产党上海市浦东新区委员会、浦东新区人民代表大会常务委员会、上海市浦东新区人民政府、中国人民政治协商会议上海市浦东新区委员会的名牌，从此浦东的历史又掀开了新的一页。

十年开发，十年奋斗，赢来了十年巨变。站在 141 号，从市长到普通干部，从建设者到每一个浦东人，今天的笑容格外灿烂。

身后是 141 号内的二层小木楼——浦东开发开放千帆竞发的港湾。上海市人民政府浦东开发办公室，中国共产党上海市浦东新区工作委员会、上海市浦东新区管理委员会先后成立的地方。

弹指十年，小木楼周遭翻天覆地日新月异。走进小木楼，拾级斑斑驳驳的木楼梯，踩着吱吱嘎嘎的木地板，似乎都在讲述着昨天的峥嵘岁月。

从 141 号往西，迈步于陆家嘴金融中心街区的高楼与高楼之间，仰视金茂大厦之巅的云朵，或者登高俯瞰脚下陆家嘴中心绿地，你的眼光是否会注目点缀其中的江南民居——陈桂春颍川小筑的红墙黑瓦，那是高贵与平凡的对话，是传统与现代的和谐。江南民居旧日浦东的遗韵，金茂大厦崭新浦东的标志。

如果是土生土长的浦东人，如果是当年跨过黄浦江东进的“老开发”，大概不会忘记“花园石桥”这个美丽的地名。当年乘坐在81路或者82路公共汽车上，耳际飘来售票员亲切的报站声：“下一站花园石桥。”“花园石桥到了，请下车！”据说清朝乾隆年间，此处河流上架设着一座石拱桥。由崇明迁居于此的顾氏在桥河旁两侧广植花木，蔚然成林，于是石桥若隐若现于繁茂的花木丛中。渐渐地，花园石桥之名由此得以传播。

花园石桥，陆家嘴的历史因为有了你而耐读动人！

由花园石桥上溯四百年，便是黄浦江畔的后乐园。园内有学士第、后乐堂、澄怀阁、小沧浪、四友亭、望江洲、江东小楼、俨山精舍、柱石坞、水晶帘等景观和“知非”“知还”书斋。从后乐园联想到建造此园的明代大文人陆深。上海人于《明史》中列传的近20位，除徐光启、潘恩和董其昌外，当推陆深最为知名。《四库全书》中收录陆深著述21种，毫无疑问陆深是浦东文化第一人。

风流总被雨打风吹去。后乐园、花园石桥早已封存在厚重的历史里，然而鲜花与林木的精髓，文人儒雅与超尘的灵魂是否还在陆家嘴流光溢彩的高楼与青翠的绿地之间游弋？

我希望是。

后乐园已经遥不可及，花园石桥也难觅踪影。然而她依旧让您保存一份美好在心间。后乐园的深邃幽径满地黄叶与花园石桥下的一叶小舟永远在浦东的历史河床里漂流，这应该是文化使之然吧！而今，陆家嘴中心绿地与四周的高楼是一首首现代化的豪放新诗，坦荡如砥，直抒胸臆，弹奏着中国人迈向新纪元的强音！然而仅仅是诗是歌还不能满足人们日益增长的精神欲望，我希望还有令人神往的传奇——新时代的传奇故事。

由此渴望着《金茂大厦》《东方明珠塔》式的传奇或浪漫的鸿篇巨著的诞生，这类巨著的价值或许远远胜过上千万、上亿元的投资。钢筋高楼会有时间的限制，文字的巨著必定永流传！

感觉今年浦东八月的天空特别美丽典雅，大朵大朵的云彩令人心旷神怡、异想天开：难道浦东只适宜于建造钢铁大楼，装潢幕墙玻璃？浦东也应该演绎与坚硬的钢筋水泥所相对的柔性之梦想、传奇之浪漫。书中自有黄金屋，书中自有美人颜如玉。书中应该再现（创作）古老的浦东，传奇的浦东，风流的浦东，现代的浦东。

不朽的是浦东文化！

2000 年 11 月

外高桥畔自贸区

忆往昔，外高桥畔鱼米香，长江口外碧波扬。
看今朝，自由贸易试验区，
联通五洲四大洋，
辐射长三角，服务全中国。

2018 年 6 月下旬，一家国内主流媒体报道：……同样是 1990 年，一个初秋的午后，一行人从四面八方、坐船坐车，穿越芦苇荡，在一栋简陋两层小楼上，宣布成立我国大陆第一个“境内关外”的保税区——外高桥保税区。

试问，1990 年的外高桥地区还有能够坐船穿越的芦苇荡，还有穿过芦苇荡才能到达的小楼？莫不是外高桥成了抗日战争时期的沙家浜？着实令土生土长的浦东人吃了一惊，更值得质疑的是保税区真的在外高桥的一栋简陋的小楼上宣布成立吗？好在事实会说话。

1990 年 7 月 25 日，《解放日报》第一版刊登：《上海市政府决定浦东成立三个开发公司　下月正式挂牌　允许国内企业和外商参股投资》，三家开发公司分别为外高桥保税区开发公司、陆家嘴金融贸易区开发公司和金桥出口加工区开发公司。

同样是《解放日报》，1990 年 9 月 8 日第一版报道：国家海关总署署长戴杰宣布国务院批准外高桥设立保税区。

1990 年 9 月 11 日，全面统一负责陆家嘴金融贸易区、外高桥保税区和金桥出口加工区的三家开发公司在浦东南路 2111 号的由由饭店对外挂牌正式成立。

外高桥保税区位于浦东东北部，东临长江入海口、西濒黄浦江，距离市中心约 20 公里。四至范围：北起港九路、南迄五洲大道，东绕外环运河、西沿杨高北路，规划面积 10 平方公里。初建时，其地分属高桥、高东、高南、杨园、东沟五乡。规划区域内，主要交通道路有杨高路，周边有上海著名化工基地上海高桥石油总公司，主要集镇有浦东四大集镇之一的高桥镇，名胜古迹有上海市文物保护单位老宝山城，名人有上海滩三大亨之一的杜月笙及李平书。区域内乡镇工业发达，乡、村、队企业众多。翻阅 1990 年《川沙年鉴》可知：五乡总面积 68.96 平方公里，人口 9.24 万人，平均每平方公里 1 340 人。1990 年，五乡合计生产总值 4.39 亿元。

为了外高桥保税区和外高桥港区的开发建设，多少原住民离开了

位于外高桥港区的明代宝山城遗存(1998 年)

位于外高桥的海滨浴场(始建于20世纪初,后几经毁建。
1990年代初,因建外高桥港区而关闭拆除)

世世代代居住的故土。《浦东开发开放录》记载,外高桥保税区区域涉及川沙县高桥、高东、高南、杨园、东沟五乡,共计35个行政村、78个生产队。1991年,保税区一期4平方公里区域启动开发建设。一期地块涉及高桥、杨园、高东、高南4乡农村土地。同年完成1.11平方公里土地的征用和3.06平方公里的预征,拆迁民房400户、建筑面积10万平方米。同时在保税区杨高北路西侧建造富特新村动迁房。动迁居民大多被安置于富特新村内。1993年,继首期开发地块后,新发展公司与三联发公司实施保税区南块与中块各3平方公里的开发建设。1995年,新发展公司开发区域累计动迁居民746户、吸收征地人员2 880人,安置劳动力1 531人。三联发公司开发区域至1995年末,累计动迁居民474户、单位7家,动迁居民1 592人,撤销生产队17个。2001年,保税区10平方公里开发区域内动迁安置工作基本完成。共计动迁安置居民 5 583 户,其中外联发公司负责动迁的 1 897 户居民主要安置在富特新村居住。新发展公司负责动迁的 1 963 户居民,主要迁入高东镇的高东新村、新高苑和高行镇等动迁房基地居住。三联发公司负责动迁的 1 723 户居民,分别迁至杨园镇的杨园新村、高东镇的高东新村和新高苑居住。保税区合计分流安置农村征地劳动力 9 703 人,其中外联发公司安置农村征地劳动力 4 824 人,新发展公司安置农村征地劳动力 2 005 人,三联发公司安置农村征地劳动力 2 874 人。

在 21 世纪初出版的《高桥镇志》和《高东镇志》中,收录了有关建设外高桥港区时土地征用和居民动迁情况。外高桥港区一期工程征用高桥乡联星村、周家浜村、海滨村和海滨小学、高桥乡鱼塘等土地,总面积 52.85 公顷,以及川沙县水文站、部队等地块,带征地 23.86 公顷。二期工程征用高桥乡周家浜村 1 队、2 队、3 队、4 队、5 队、6 队,顺建村 3 队,新建村 2 队、3 队、4 队、5 队,海滨村 4 队、5 队、6 队和高桥乡鱼塘、高三港、高桥玻璃厂、高桥皮鞋厂等土地(以上单位的全部或部分土地,下同),总面积 99.37 公顷,带征地 23.43 公顷,撤销生产队 10 个。三期工程征用高桥乡顺建村 1 队、2 队、3 队,新建村 5 队、6 队等土地,总面积 52.73 公顷,带征地 9.89 公顷,撤销生产队 4 个。四期工程征用高东乡珊黄村 1 队、2 队、3 队、4 队、5 队、6 队、7 队、8 队、11 队 9 个生产队和东民村 1 队土地,总面积 129.95 公顷。以上还不包括外高桥港区的五期与六期工程。按当时一个生产队户籍人口一般有 150 人至 200 人计算,至少有 4 000 余人迁出。

如果真的像个别媒体所报道的那样外高桥是荒滩和芦苇荡,那么还有如此多动迁,如此多人搬迁吗?开发成本不是也会大大降低?

今日保税区建设成就,离不开当地人奉献,自然也离不开保税区建设者的殚精竭虑艰苦创业。

保税区开发建设起步于高南乡友好村。若干年后,外高桥保税区开发公司总经理阮延华还能十分清晰地回忆起第一次到外高桥时的情景:“唯一看中的是当地的友好小学,因为学校临近杨高路有三层楼房建筑,可以作为保税区的临时指挥部。”友好村当时有11个村民小组(生产队),543户,1 065人,面积1.67平方公里。杨高路从村中穿过,水路有高桥港、东虬江。企事业单位有解放塑料厂高南分厂、高南职校等。

按照“统一规划,滚动开发”原则,保税区在首期开发区域内,率先启动开发0.7平方公里。1992年海关验收时,只同意验收0.453平方公里。阮延华后来说:①

> 我们想不管多少,哪怕只有0.1平方公里通过验收,那么中国第一个保税区就诞生了,我们就可以享受保税区的优惠政策,因此我们排除万难力争半年通过验收。临近验收时,分管保税区的赵启正副市长提醒我们:“你还是让海关提前来预验收一下吧。”经过预验收,果真发现了问题。保税区属海关监管区,“境内关外”是以铁丝网为界,而铁丝网的高度规定为3米。开建时,我们以当时的杨高路为基准,杨高路海拔标高为4.2米,我们就以此为标高,修建铁丝网。结果到了1992年海关验收时,新的杨高路建成,而新杨高路标高为4.5米,这样我们的铁丝网比要求就矮了30厘米。其实少了30厘米也无妨,人要爬铁丝网也是爬不过来的,但不管怎样,与国家规定相比就有了缺陷。我解释了由于标高发生变化的问题,并保证一周内坚决改正。事后,启正副市长对我说,你们这么做,在海关方面树立了非常好的信用,保税区的隔离设施都建得这么认真,以后对国家的法规执行也会同样认真。这反映了我们对国家规定、海关规定不折不扣地执行,让国家放心,上海的保税区不是走私区,是海关的监管区。

---

① 阮延华文《追逐“自由”的保税区》,《浦东开发开放(上)》,上海教育出版社,第155页。

1992 年 3 月 10 日，保税区 0.453 平方公里面积通过海关总署验收，中国第一个保税区诞生运营。1992 年 7 月 26 日，中国大陆第一家外商独资贸易公司日本上海伊藤忠商务有限公司经外经贸部批准在此注册成立。同年 12 月 21 日，保税区第一家出口加工企业——上海 JVC 电器有限公司生产厂房竣工并投入生产。1993 年 4 月 18 日，外高桥保税区 2 平方公里[①]封关运营，国务院总理李鹏出席封关运营剪彩典礼。至 2007 年 4 月 16 日，经过第七次封关验收后，保税区封关面积达到 8.96 平方公里，成为全国 13 个保税区中封关运营面积最大的保税区。

外高桥保税区招商引资成绩斐然。1998 年 2 月 26 日，浦东第 5 000 家外商投资企业、全球电子行业最大的专业生产连接器系统企业——上海莫仕连接器有限公司注册保税区生产经营。2003 年 12 月 17 日，浦东第 10 000 家外商投资企业德尔福中国科技研发中心落户区内。2010 年，保税区累计引进项目 10 774 个，世界 500 强企业中，有 107 家进区投资经营；累计吸引总投资额 196.89 亿美元，从而形成了保税区贸易、物流、出口加工三大产业，建立起以三大综合保税市场为主导，10 个专业贸易平台为特色的国际贸易基地，各项经济指标在全国保税区中始终处于前列，诸多创新制度推广至全国，成为中国在国际贸易领域先行先试的典型。

2009 年 11 月 18 日，上海综合保税区成立。外高桥保税区成为上海综合保税的核心区域。2013 年 9 月 29 日，外高桥华丽转身，以其为主体成立中国（上海）自由贸易试验区（简称自贸区），迈入新的发展期。

外高桥保税区勇于开拓，务实创新，是全国 13 个保税区中的佼佼者，取得了令人瞩目的经济成就。

2009 年，保税区以占全国保税区 24.4%的面积，占全国保税区物流

① 2 平方公里封关面积中包含先期的 0.453 平方公里。

企业营业收入 74.45%、进出口额 45.5%和税收 45.8%。

自贸区成立后第一年的 2014 年，保税区继续保持领先优势。是年，经营总收入 14 002.04 亿元，商品销售总额 12 786.96 亿元，集装箱吞吐量 1 716.4 万标箱；实现利润 553.42 亿元，缴纳税金 1 107.49 亿元，占 2014 年上海市税收 9.17%。进出口总额 983.6 亿美元，占全国保税区 42.38%，其中进口额 743.5 亿美元，占全国保税区 50.07%；出口额占全国保税区 28.72%。

回首前路，时代选择了通江达海的外高桥：栉风沐雨，始见彩虹，岁月流逝，方显英雄。保税区人用行动验证了当年选择的正确！

写作本文期间，再次阅读《川沙县志》和《高桥镇志》，其志载录外高桥一二事：1955 年 10 月 11 日凌晨，高东乡牌楼宅（今珊黄村三队、四队）出现当地历史未见鱼汛。约 1 万平方米海滩插网区域内捕捉到青鱼、白鱼、鲢鱼等 500 余担，尚有半数因涨潮而来不及捕获。1959 年，高桥乡新建大队王家浜塘外捕获一条大黄鱼，长 1.5 米，重 78 公斤，由市鱼品加工厂制成标本，送上海自然博物馆陈列展览。

忆往昔，外高桥畔鱼米香，长江口外碧波扬。① 看今朝，自由贸易试验区，联通五洲四大洋，辐射长三角，服务全中国。

主要参考资料：

《高东镇志》编纂委员会编《高东镇志》，上海辞书出版社，2008 年。

《高桥镇志》编纂委员会编《高桥镇志》，上海辞书出版社，2009 年。

---

① 1971 年 4 月下旬，笔者从张江杨家镇出发，骑自行车至高桥镇，由海徐路达外高桥海滨。立岸环视：夕阳西下，春风吹拂，脚下碧浪拍岸，远处货轮航行。

金桥出口加工区

金桥,曾是世界品牌家电的生产基地;
今日浦东汽车产业链的核心区。

金桥之名好听,金桥之名富贵。

浦东地处江南水乡,以桥为名的地方众多。张家桥、六里桥、孙小桥、杨思桥等等不计其数。金桥原名金家桥。金家桥原为架于杨高路北侧(200 米左右)南北流向的马家浜上的一座桥梁。相传此桥原由三根竹子组成,俗称三竹桥。清代中期,位于桥东南金家巷的金名圃郎中(中医师)乐施好善,出资将竹桥改建成石桥。过往众人便将改建后的石桥叫做金家桥。金家桥为当地通行要津,渐渐地在桥堍两端形成金家桥集镇。1950 年代始,去“家”为金桥,先后成为(金桥)公社、乡、镇的行政区划名。浦东开发开放,规划在此建设出口加工区,并以金桥名之。

今日,人们知道金桥出口加工区,①大多因为私家轿车出自位于金桥出口加工区的上海通用汽车公司制造,而 20 世纪末众人熟知金桥,无非是家中的彩电、空调、冰箱和洗衣机大多由金桥出品。那时的金桥似乎成了家用电器的代名词。

1990 年 9 月 11 日,上海市金桥出口加工区开发公司成立,全面负

---

① 2012 年 10 月,经国家商务部同意金桥出口加工区更名为上海金桥经济技术开发区。

责上海市金桥出口加区（简称金桥园区）的统一开发建设和管理。

金桥园区建立初期，规划开发面积 19.94 平方公里，以金桥路为界，分为东西两部。东部约 16 平方公里为现代工业园区，西部近 4 平方公里为管理生活区。2001 年，位于川杨河以北、川沙路两侧的王桥工业区并入金桥出口加工区，并称之金桥出口加工区南区。其时金桥园区核定规划开发面积增至 27.38 平方公里。

1990 年的金桥园区内分布着十分密集的村庄、河流、农田和乡、村、队企业。主要涉及张桥乡的拱北、新陆、陆行、果园、梅园、咀角、王桥和金桥乡的金巷、金联、建庄、社庄，以及洋泾乡的明星和油车、顾路乡的永乐村等。主要道路有南北向的杨高路、金张路（后改名金桥路）、东西向的上川公路（后改名新金桥路），主要河流有南北流向的马家浜、曹家沟，东西向的华漕泾。

金桥园区开发建设起步于一期 4 平方公里土地（主要涉及张桥乡拱北村和金桥乡金巷村）。在 4 平方公里中，首先开发位于张桥乡拱北村和金桥乡金巷村的 0.4 平方公里地块。拱北村面积 1.88 平方公里，耕地面积 114 公顷，有徐巷、东陈、西陈、曹家宅、盛家宅、杨陆、严家宅、马家弄、金家宅 9 个村民小组，分布着东徐家巷、中徐家巷、西徐家巷、小周家宅、陶家宅、东陈家宅、陆家宅、西陈家宅、周家宅、曹家宅、盛家宅、杨陆家宅、金家板桥、严家宅、小陈家宅、盛家宅、张家宅、马家弄、张家宅、顾家门、唐家圈、南金家宅、金家宅、曹家宅、季家宅 25 个自然村宅[①]。1990 年时，全村有 551 户、1 917 人、劳动力 1 081 人。1991 年 7 月 19 日至 1992 年 11 月 10 日，全村 9 个村民小组（生产队）因金桥出口加工区开发建设而先后动迁，村民小组撤销，村民大多迁往金杨新村。

在前期基础开发资金短缺情况下，征用土地采用“土地空转”模式，即由财政部门根据注入土地面积折算金额开出支票，供开发公司验资

① 在自然村宅中，同名村宅颇多。

注册，再由开发公司交土地管理部门办理土地权证，土地管理部门将支票还给财政部门完成“空转”。同时，三家单位需要在事先商定好的同一家银行（当时选择了上海国际投资信托公司）开设账户，由三方人员各携此银行同一日期的转账支票一张（土地价格三方认同）交给该银行，之后三家单位各自做会计分录，进行账务处理。经过“空转”，土地使用权即转成开发公司资本，开发公司获得未经开发的土地的使用权（生地），并未真正得到购买土地和开发土地的资金。

金桥出口加工区建设初期（摄于 1994 年末）

1990 年 9 月，上海市注入 4 平方公里国有土地使用权，折为金桥开发公司 2.4 亿元注册资本。1992 年 12 月，上海市注入 4.78 平方公里国有土地使用权，折为金桥开发公司 4.7 亿元注册资本。1993 年 12 月，浦东新区注入 2.53 平方公里国有土地使用权，折为开发公司 1.03 亿元注册资本。通过三次向开发公司土地“空转”注入未开发土地 11.33 平方公里，实际土地面积约 12.28 平方公里，从而大体上确立了金桥园区开发建设的框架。

在市政基础设施建设中，金桥园区在“七通一平（七通为通电、通信、通水、通煤气、通道路、通雨水和污水排放，一平为土地平整）”基础上，增加“集中供热”和“卫星通信”2 个系统，使金桥成为国内基础设施最完备的开发区和“只有一个烟囱的（即集中供热的美亚金桥能源有限公司烟囱）”的无烟工业区。

1993 年末，金桥园区完成 4 平方公里土地开发，提前两年完成上海市和浦东新区下达的开发任务，成为在浦东开发中率先“出形象、出功能、出效益”的开发区。

至 1997 年末，金桥园区先后征用土地 5 批 48 次（含建设动迁安置房三大基地土地），共计征用张桥乡、金桥乡、洋泾乡、顾路乡等农村集体土地 1 482.30 公顷。至 2001 年 10 月，共动迁安置农村居民 6 894 户。金桥园区动迁居民大部分迁入金杨新村、东陆新村、金桥新村三大动迁房小区居住。

金桥南区（原王桥工业区）征地始于 1992 年 8 月，共计征地 6 批次，征用原城镇乡、王港乡、蔡路乡等农村集体土地 256.55 公顷，动迁安置居民 1 323 户。金桥南区动迁居民主要迁至川沙镇和王港镇以及跃进居住小区的动迁房安置基地。

在基础开发的同时，1991 年底，金桥园区引进第一个外资项目——日本独资项目上海爱丽丝制衣有限公司。1992 年 1 月，爱丽丝制衣有限公司建成投产，成为浦东开发开放后，三个国家级重点开发区中，第一个建成投产的工业项目。1993 年 5 月 12 日，浦东第 1 000 家三资企业——上海金桥藤田联合开发有限公司在金桥园区诞生。

金桥引进项目主要围绕现代家电、电子信息、汽车零部件、医药食品等产业。1992 年，日本夏普率先进入金桥，合资建厂生产空调、冰箱、洗衣机，随之日立、索尼、东芝、松下和韩国 LG、美国惠而浦等相继进区。1993 年初进区的日立电器，做到当年设计、当年施工、当年投产，成为全国最大的空调压缩机生产基地。通过引进合资，现代家用电器产业在金桥迅速形成。一时上海各大商场的空调、洗衣机、电视机、DVD播放机和燃气热水器大多来自金桥，金桥成为“世界品牌家电”的代名词。1997 年，上海夏普空调出口 18 万台，占全国同类产品出口 46%，位列全国第一。以 2009 年为例，金桥园区生产家用洗衣机 147.84 万台，家用电冰箱 47.26 万台，房间空气调节器 69.38 万台，空调器用压缩机 1 025.61 万台，彩色电视机 173.99 万台，全年产值 216.2 亿元。

1997 年 6 月，总投资 15.21 亿美元的中美合资上海通用汽车有限公司在金桥成立。1998 年 12 月 17 日，上海通用汽车首辆别克新世纪轿车（也是浦东历史上生产的第一辆轿车）下线。以此为龙头，金桥园区形成了以上海通用汽车有限公司为产业核心，集聚起联合汽车电子公司、上海广电海拉公司、上海三电汽车空调公司、上海李尔汽车系统公司等 60 余家企业组成的汽车产业链，主要生产整车、动力系统、转向系统、车身系统、电器与电子设备系统等汽车整车及零部件产品。

2006 年 1 月，上海通用汽车公司产销累计突破 100 万辆。2007 年，金桥汽车及零部件产业产值 536.94 亿元，占金桥工业总产值 34%。2010 年，以上海通用、沃尔沃、联合汽车为代表的金桥汽车及零部件产业产值 979.56 亿元，占金桥工业总产值 46.75%。同年，上海通用汽车公司年汽车产销超过 100 万辆，成为中国汽车工业第一个年产销量“百万量级”的乘用车公司，其中别克品牌销量近 54 万辆，雪佛兰品牌突破 45 万辆，凯迪拉克品牌产销 1.6 万辆。

电子信息产业是金桥园区的又一支柱产业。1992 年开始，引进上海贝尔、理光传真机、华虹微电子，德国西门子，日本京瓷电子、东芝电脑，法国阿尔卡特，美国柯达电子等投资金桥生产经营。产品涉及集成电路、半导体、手机 3G 系统研发、微电子自动化设备、工业机器人、自动化控制系统等。

1995 年 10 月，位于上海浦西的中外合资企业上海贝尔电话设备制造公司投资 1.72 亿美元的新工厂，在金桥建成投产，年产程控交换机

450 万线，成为全国及亚太地区电话通信设备（交换机）制造的最大厂家。同年 12 月，投资 4 400 万美元，由中日合资兴建上海理光传真机有限公司项目竣工投产，具备年产 40 万台各类传真机能力。年内，德国西门子公司所属的西门子移动通信、西门子数字程控通信系统、西门子通信电源、西门子通信终端在金桥形成全国最大的电子通信集群。

1996 年 11 月，总投 12 亿美元的上海华虹微电子有限公司超大规模集成电路项目（"909"工程）在金桥动工，建设国内首条深亚微米超大规模集成电路芯片生产线，成为中国大陆集成电路制造业的先行者。第二年 5 月，上海华虹微电子有限公司与日本电气公司（NEC）在京签署合同，在浦东合资成立上海华虹 NEC 电子有限公司，建设中国最大的电子高科技项目。是年 10 月 16 日，上海华虹 NEC 电子有限公司在金桥园区举行成立仪式。

1998 年，世界计算机产业著名企业东芝、惠普，以及国内 IT 业龙头企业联想先后落户金桥。年内，以上海贝尔、上海西门子为代表的电子信息产业产值 148.97 亿元，占金桥工业总产值 61.73%。1999 年 2 月，上海华虹 NEC 电子有限公司"909"工程超大规模集成电路芯片生产线建成投片。3 月，主要研发生产和销售 HP 台式 PC、笔记本电脑、工作站、服务器及部件等产品的上海惠普有限公司开业运营。是年，上海贝尔有限公司以 1999 年度 63 亿元的销售业绩，列中国大陆 10 大高科技企业第九位。2010 年，以上海惠普、上海贝尔、华为、西门子为代表的电子信息产业产值 538.39 亿元，占金桥园区工业总产值 25.70%。

金桥的工业产值在一段很长时间里，在新区和上海市的工业总产值中占有较大比重。以 2010 年为例，金桥工业产值 2 095.3 亿元，占新区工业总产值 24.7%，占上海市工业总产值 7%。建区至 2010 年，金桥园区累计实现工业总产值 1.52 万亿元、销售收入 2 万亿元、上缴税金 1 152 亿元。

金桥园区在取得经济建设成果的同时，在西部 4 平方公里区域建成了闻名于上海的碧云国际社区，成为金桥园区开发建设与社会事业同步发展的成功典范。社区平均建筑密度35%，平均容积率3.5，平均绿地率50%（平均绿化率70%以上），人均居住用地面积45平方米，人均公共设施用地面积15平方米，人均绿化用地面积20平方米，营造出低密度、低容积率、高绿地率的绿色宜居环境氛围。社区核心区集聚了60多个国家和地区的1 000余户外籍家庭，其中欧美家庭占70%，包括全球500强企业中的20余户公司高管家庭。2010年，金桥园区被评为国家生态工业示范园区。

金桥园区从建区之日起，一直受到党和国家领导的关心支持。江泽民、李鹏、乔石、朱镕基等党和国家领导人多次莅临视察。1994年4月28日，中共中央总书记、国家主席江泽民视察金桥园区。在金桥出口加工区开发公司办公驻地粼粼大厦接受记者采访时再次向国内外重申："党中央、国务院关于开发开放浦东的决策坚定不移，政策坚持不变。"

2012年10月，经商务部批准金桥出口加工区更名为金桥经济技术开发区。

2012年5月

主要参考资料：

《金桥镇志》编纂委员会编《金桥镇志》，上海辞书出版社，2008年。

《浦东年鉴》编辑部编《浦东年鉴》。

古桐新枝高科园

创新河水汩汩流淌了十五年，
高科技的凤凰降落在古桐里。

张江，旧时美名古桐里。相传数百年前此地由两株高大、枝繁、叶茂的梧桐树，十余里之外都能望见。在深厚悠久的中华文化中，梧桐为高洁之树，祥鸟凤凰择其而栖息。

不知是巧合还是张江人的预感，1977 年 11 月初，才收割完晚稻，播种好麦子，张江男女壮劳力就从整个公社的四面八方奔向开挖河道的工地，凭着一双农人粗糙的双手、一副坚实的肩膀开挖出贯通张江大地南北的“创新河”。

在创新河水汩汩流淌了十五后，古桐萌生新枝叶，高科技的金凤凰降落张江栅。① 1992 年，张江被辟为高科技园区。7 月 28 日，负责上海市张江高科技园区统一开发建设的张江高科技园区开发公司，在东方路（时称文登路）、峨山路交汇处挂牌成立（不久迁址龙东大道 200 号，后又迁张江路 69 号，今公司办公地址张东路 1387 号）。初期，张江高科技园区规划面积 17 平方公里。四至范围：北靠龙东大道、西至规划中的罗山路、东至规划中的申江路，南临川杨河。同年 10 月 30 日，张江园区首期 2 平方公里土地和动迁安置基地香楠新村 30 万平方米住

① 张江又名张江栅。相传明隆庆年间镇人张江者，于东西两侧置木栅护镇而得名。

宅启动开发建设。

首期开发区域 2 平方公里范围为三八河（泾牛路）以东，龙东路以南，主要涉及花木乡的潘桥村、龙沟村，张江乡的三联村、新康村、杨镇村（三队、四队）。香楠新村地块涉及张江乡的团结村（首期地块内的动迁居民基本迁入香楠新村[①]）。

1993 年 12 月 30 日，园区内首条道路科苑路（龙东路—高科路）竣工通车。1995 年 9 月 25 日，美国联信增压器项目竣工投产，成为区内第一个建成投产项目。1996 年 8 月，第一个国家级产业基地——“国家生物医药产业基地”落户。

位于龙东大道 200 号的原张江高科技园区开发公司（张江集团公司），
后先后迁至张江路、张东路（摄于 1994 年）

同年 10 月，上海罗氏制药有限公司生产厂建成投产。1998 年，浦东软件园一期工程开工，软件与信息服务业项目开始集聚。

2000 年 1 月，上海市政府出台《上海市促进张江高科技园区发展的

① 张江园区 25.9 平方公里内的动迁居民，2000 年前，大多迁往香楠居住区和张江镇上的古桐新村，2000 年后，大多迁往张江镇上的兰沁苑和镇东南的玉兰香苑。集成电路产业区、银行卡产业园区的动迁居民大多迁往建造在唐镇和王港集镇的动迁安置房小区。

张江高科技园区首期开发地块，位于龙东大道南，郭守敬路北，科苑路东侧（1994 年）

若干规定》，成立上海市张江高科技园区领导小组及办公室，实施“聚焦张江“战略”。年内，投资 14.76 亿美元的中芯国际集成电路制造（上海）有限公司和投资 16.3 亿美元的上海宏力半导体有限公司落户，随之一批与集成电路产业相关的设计、封装、测试、材料项目快速集聚，从而在张江形成集成电路产业链。

在“聚焦张江战略”指引实施下，张江形成了生物医药、集成电路、软件与信息服务、文化科技创意、新能源与节能环保、光电子六大产业。

耐人寻味的是，2002 年张江高科技园区在开发建设 10 周年之际，铸铜钟一口以志纪念，并请沪上著名文人撰写铭文。铭文开首便是“张江园区，科技为本，昔时寂寥荒地……”实际情况是张江哪里来的荒地？在张江园区开发前，勤劳的张江人民“见缝插针，种足种好杂边地”，没有一块能播种的土地被荒弃，如果张江是荒地，那么还有什么今日的“动拆迁”？

笔者出生张江，成长于张江，何曾见过张江有荒地，连河旁、沟边都辛勤耕作。今将“荒地”镌刻于钟鼎，岂不误传千秋万世，亵渎父老乡亲？倒是在开发建设中，某些土地被征用后，一搁数载，荒草丛生。

退一步讲，如果是荒地，还用得着大量土地被征用，数以千计的村民搬离故土？在《张江镇志》《花木镇志》和《唐镇志》中记载着有关张江高科技园区居民动拆迁的情况。在首期开发地块中，征用花木乡[①]潘

---

① 时花木、张江为乡建制。

桥村4队、5队、6队、7队、8队、9队土地61.47公顷，龙沟村5队、6队、7队、12队土地11.13公顷，两村合计安置劳动力1 005人；张江乡三联村梅家队、徐家队、陈二队，杨镇村3队、4队，新康村周家宅、西钱家宅、西潘家宅土地全部或部分被征用。1997年8月，土地面积1.14平方公里，合计8个生产队、406户、1 312人的三联村成为因张江园区开发建设而第一个被撤制的张江镇行政村，其居民基本安置迁入香楠新村。至2005年12月，原张江镇的团结、江东、杨镇、八一、新康、新茂、新盛、建中、瞿家、伟丰、益丰等12个行政村（共计面积19.12平方公里，其中耕地面积899.67公顷、人口密度每平方公里1 276人）全部撤制，所属土地绝大部分被张江园区征用（除杨镇村、团结村部分土地和张江集镇建设用地等外），居民分别安置迁入香楠新村、古桐新村、玉兰香苑和川杨新苑等居住区。在张江园区集成电路产业区（集电港）、张江中区和南区开发建设中，还涉及唐镇、张江镇原孙桥地区的村落土地。唐镇吕三村、大众村、民丰村动迁居民基本安置入迁唐镇唐人苑、鑫唐佳苑、鑫唐苑等居住小区；张江镇原孙桥地区的秦镇村、庵东村居民基本安置入迁川杨新苑和申城佳苑。

因此，将张江高科技园区成立前的张江地区说成是“荒地”，岂不违背了客观事实，有伤张江原住民的感情与奉献。

经过20多年的开发建设，今日张江高科技园区区域分为北区、东区、中区和南区，并向外拓展，开发建设了位于王港的金融信息产业区（银行卡园区）和位于合庆的张江东区（光电子产业园和现代医疗器械产业园），成为上海张江高新技术产业开发区核心园，形成了集成电路、生物医药、电子信息（软件）等主导产业，一批知名跨国公司总部、研发机构和高等院校入驻，建成上海超级计算机中心、上海同步光源等大科学装置。

张江，正走在建设国家级科创中心的大道上！

2016年5月

主要参考资料:

《张江镇志》编纂委员会编《张江镇志》,汉语大辞典出版社,2006 年。

浦东新区《花木镇镇志》编纂委员会编《花木镇志》,浦东电子出版社,2003 年。

《浦东年鉴》编辑部编《浦东年鉴》。

春天读诗张江人

张江有科技，

还有诗和远方。

我辈生张江，欲问张江人：

“在2019年的春天里，你是否想过在诺贝尔湖、在汇智湖畔，或是在紫薇公园的柳丝下，面对明媚春色、粼粼水波，读唐诗，吟宋词？”

如果是这样，你会惊喜地发现，你不但可以读诗，而且已经在心底酝酿出你的第一首诗——融入你的心跳，融入你脚下生机盎然的青草、轻拂面庞的暖风、为你而绽放的鲜花……此时此刻，你不会再谦虚地说：“吾伲不会写诗！”

其实张江不仅有高科技园区，也不乏诗人和诗作，只是由于现代匆忙的生计，不经意间使我们疏忽遗忘。

搜检张江文史，你会发现450年前的明代张江进士黄槐就著有《果亭诗钞》。如果你是20世纪50年代出生的张江原住民，可能还会记得镇上的华海堂。那座在你眼中颓败欲坠的民宅曾是清代举人张熙纯读书处。相传，张熙纯为张江镇（曾名张江栅）建镇者张江后人。明隆庆年间张江于家宅东西置栅栏，故名张江栅。张熙纯幼年丧父，事母甚孝。一生喜诗工诗，尤长乐府。乾隆二十年（1762年）中举，后授内阁中书、任方略馆编修。著有《华海堂诗集》《昙华阁诗钞》，其中收入不少脍炙人口的咏春之作：“小苑东风夜，芳兰细雨春。烛交红吐穗，酒滟碧生鳞。致语挼华袖,安歌促绣茵。目成应暗许,何事只含颦。”诗中“小苑”是华海堂建筑的部分吗?今人已经无法考证。那么这首七言《杨白花》,难道是诗人在抒写着春天里、流经华海堂南吕家浜畔婀娜多姿的杨柳:“春风摇摇春思新,天生杨柳独宜春。御沟昨夜花飞雪,把酒浇春春可悦。玉河今日花从风,病眼看春春已空。间关最惜流莺语,愿得杨花常绕树。”读罢掩卷,不知读者又将如何判断!唯有张举人的这首《抵家偶成》,让你可以想象诗人建于水畔的家园是何等模样:“尘容殊复愧林丘,猿鹤依然慰少留。临水短垣围牡蛎,当阶寒药发牵牛。笛牀风细催三弄,酒座香浓试一浮。剥啄声虚松梦静,野夫情趣总宜秋。”

张举人一生中还撰写了大量旅途感悟之诗。如《夜泊吴淞》《柘林道上》《自长洲赴云间》《夜泊静安寺下》等。《夜泊静安寺下》云:“……倦游暂喜闻清梵,投老何时转法华。凉露横空沉塔影,冷风入夜落江花。明朝又下松陵道,愁听云林起乱鸦。”今夜泊于静安寺,明朝驰骋松陵道。探问诗人为何行色匆匆马不停蹄?

在张熙纯离开我们200多年后,2018年11月20日,生于距离华海堂西黄家牌楼的浦东著名实业家、慈善家黄炳权遗作《权庐诗存》在浦东新区档案馆首发。《权庐诗存》汇集诗作600余首,几乎囊括了诗人大半人生。从1929年起到1968年愤然离世,历时40载,见证了抗日战争、解放战争,新中国社会主义建设时期,以及“文化大革命”初期的激荡风云。阅读《权庐诗存》,可以感受尽管世事变幻,作者初心不改。诗词行间,与人民同呼吸共命运,为国家前途,为社会主义事业鼓与呼;是诗人生命的写照,心路历程的记录,具有诗史意义。

1936年,西安事变发生后,全国出现难得一致的抗日局面,诗人欣闻挥笔:“政见而今闻一致,先收四省好河山。”“八·一三”中日淞沪会战爆发,连续写下《敌机轰炸南站》《难民区》《淞沪抗日之战》等诗篇。一面痛斥日寇罪行,歌颂抗日将士,一面又记录诗人带领下的消防队救火的场景。满腔仇恨,喷涌而出:“血肉横飞尸满场,站台旅客尽遭殃。

断肢碎骨更无数，此债终须一旦偿。”

国难当头，诗人写下众多类似诗章，集中在 1943 年至 1944 年间。黄炳权跋涉中原，西行西安、重庆、成都，期间将漂泊于外，故乡难归，旅途孤愤和所见所闻汇成《西行吟草》。抗日救国无疑成为《西行吟草》主题。

新中国成立后，诗人歌唱新时代，积极投身新中国的各项事业中。一如其诗所言：“行为力贯新时代，思想早抛旧曲规。”连续写下有关土地改革、五反运动、朝鲜战争、思想改造、新中国建设，尤其是家乡建设成就等方面的诗篇。因此阅读《权庐诗存》，很难想象作者是浦东电力事业的开拓者，自然而然将他看作是一位真正的诗人，从而再次认识他，理解他。

《权庐诗存》具有较高的艺术价值。讲究平仄、对仗，弃平铺直叙，寻悠远意境；叙事、抒情兼容，既记国事、大事，又采撷日常生活的点点滴滴、五彩缤纷。

吕家浜上太平桥

如《扇》诗有句：“依然昔日冰霜骨，未减当年翰墨香。”意象丰富，托物寄情。《游高桥》则：“多情梅雨知停滴，识趣骄阳竟送柔。淞口烟霞宜远瞩，杜祠景色欲昏眸。”运用拟人、对仗手法，既人化家乡景物，又描绘出地理特征。在歌颂新中国建设事业的众多诗作中，五律《祝上海第一高炉》形象生动，色彩夺目，胸臆豪放，联想高远："巍峨云表立，一吐断江流。动作追天马，光芒射斗牛。春城初放彩，帅府又添筹。遥望吴淞口，红霞罩绿洲。"

今日，华海堂旧址随着镇区改造而淹没，黄家牌楼更是无迹可寻，然而《果亭诗钞》《华海堂诗集》《昙华阁诗钞》《权庐诗存》终将成为张江文化的标志，为后人所爱所读！

放眼张江大地，春光里，绿地间，有你流连的身影吗？在忙碌的生活中，有你流淌心间的情愫吗？让我们捧起诗卷，做新时代读诗人；让我们拿起笔来，做新时代写诗人——抒写长泰广场的熙熙攘攘、浦东软件园深夜不灭的灯火、吕家浜川杨河的清流与绿岸。

张江有科技，更有诗和远方！

2019年3月20日

孙桥现代农业区

上海孙桥现代农业公司在都江堰帮助援建现代
农业园区，这样把上海的先进农业技术与都江堰
自然条件、劳动力资源结合起来，走出了一条
发展现代农业的新路子，这种援建形式很好。

——胡锦涛

1994年9月6日，上海孙桥现代农业开发区（以下简称农发区）暨浦东现代农业开发有限公司揭牌成立。浦东现代农业开发有限公司（后与孙桥镇人民政府合作，更名为上海孙桥现代农业联合开发有限公司，简称孙联发）为农发区开发建设主体。农发区成为浦东继陆家嘴、张江、金桥和外高桥之后的第五大功能开发区，位于孙桥镇西南部，与当时的南汇县接壤，规划面积4平方公里。开发之初，农发区定位于“世界先进农业与中国农业的桥梁、中国传统农业向现代农业转变的桥梁”。

1996年，投资2 700万元从荷兰引进3.1公顷自动控制玻璃温室，并被列为1996年上海市政府重大实事工程。温室从1996年2月开始安装，9月安装完毕调试成功，成为农发区现代农业设施建设的开端。荷兰温室分成6个单元，自成体系，采用无土栽培、天然降水灌溉、配方施肥、营养液滴灌、补给CO_2等先进技术培植作物。温室由计算机自动调控温度、湿度、通风、肥料、水分，定时进行营养液、温度、EC

值、PH值等理化指标测定，并随时调整和补充，使作物始终处于最佳生长状态。是年温室收获3万公斤甜椒、黄瓜和樱桃番茄。温室具有年生产1 500吨优质、洁净、绿色蔬菜能力。1998年，投资2 100万元从法国引进双层薄膜自动充气温室，面积8公顷。并达到当年建设，当年投产。

在引进、消化、吸收荷兰自控温室技术基础上，孙联发与上海电气集团、同济大学、上海农科院等单位合作，从1999年起在农发区研究、开发、建造了2套国产化智能温室，面积分别为0.5公顷和3公顷。温室屋面和四周均用阳光板替代玻璃，其中3公顷自制温室按荷兰自控玻璃温室标准制造，总投资1 800万元，造价比从荷兰进口温室降低20%。之后，孙联发在农发区建造了66套连栋温室，总面积5.9公顷。连栋温室一般跨度6米，长39米，间距3米，天沟2至3米，可以任意连栋，零部件100%通用，主要种植蔬果、鲜切花、盆景、盆花。

2001年9月，经国家科技部批准，农发区成为中国首批国家农业科技园区之一。2002年，孙联发被认定为国家农业产业化龙头企业，通过"孙桥技术指导生产、孙桥标准全程监控、孙桥品牌统筹销售"模式带动周边农业发展。2004年，农发区成为"国家农业标准化示范区""全国工农业旅游示范点"。2006年，"孙桥"农产品品牌被评为上海市著名商标。以"孙桥"品牌出产的主要农产品有黄瓜、番茄、彩椒、草莓、生菜等，并供应香港和用作航空食品。

2008年，农发区成为"国家农产品加工示范基地""上海品牌园区"。

至2010年，农发区累计开发建设投资9.5亿元，1平方公里农田面积通过ISO14001环境管理体系认证，建成现代农业设施面积65公顷，高标准温室面积25公顷，形成种子种苗、设施农业、农产品精深加工、生物技术、观光旅游等六大产业。

农发区通过与国内其他省市的合作,采用“两头在内、中间在外”[①]模式,将现代农业技术、经验、品种辐射到全国,其中温室设施工程、技术培训、西部沙漠化治理、水产养殖、对口支援等成为主要辐射服务项目,产生了良好的经济效益和巨大的社会效益。

温室设施技术工程先后为青海、新疆、陕西、云南建造智能控制玻璃温室和连栋塑料薄膜温室 2.6 万平方米。在上海、浙江、安徽、山东、湖北合作完成温室项目 18.41 万平方米。至 2010 年,农发区逐步形成了具有自主知识产权,符合中国国情的现代化温室制造产业。在全国推广销售各类温室 500 多万平方米,出口日本、印度和塞舌尔等国 10 万多平方米。

2003 年,种子技术在鄂尔多斯飞播治沙中解决重大技术问题。率先将种子包衣技术及丸粒化技术用于牧草、花卉种植并产业化,种子发芽率提高 25%、成苗率提高 20%、成活率提高 20%、种子成本下降 33%,在当地飞播治沙面积达 20 万公顷。2008 年,援建“都江堰现代农业科技示范区”,帮助都江堰恢复震灾后生产,并建设具有示范、辐射和带动功能的现代农业科技园区。2009 年 5 月 12 日,中共中央总书记、国家主席胡锦涛视察孙联发援建的都江堰现代农业示范园区时指出:“上海孙桥现代农业公司在都江堰帮助援建现代农业园区,这样把上海的先进农业技术与都江堰自然条件、劳动力资源结合起来,走出了一条发展现代农业的新路子,这种援建形式很好。”

2012 年,援建位于新疆莎车县塔尕其乡的现代农业示范园。示范园面积 33.33 公顷(500 亩),总投资 4 600 万元。主要建成占地各 13.33 公顷的育苗中心和引种中心,拥有 4 000 平方米冷库、1 000 平方米配送

---

① 即把农业的产前种源和农业生产后的加工与市场功能留在园区内,而把农业中的生产功能留在农村,通过科技与市场服务带动广大农村。该模式可以发挥孙桥龙头企业带动作用,又充分发挥外地农民、农业资源、高端农产品市场等优势,通过资源整合建成有竞争力的农业产业链,促进地区现代农业整体快速发展。

车间、1 000 平方米农产品加工厂，以及占地 6.67 公顷的综合服务中心。

旅游观光是农发区又一特色。对外开放的旅游观光景点有从荷兰引进的自控玻璃温室、国产化智能温室、水栽培区、育苗工厂、绿满园超市、自采橘园、兰花园、多肉类植物园、法国温室、鳄鱼表演馆、农展馆、陶艺馆、观赏盆景园、万竹园、紫藤长廊、别墅式和公寓式农民住宅群、广场鸽放飞、垂钓区等。1999 年，旅游观光人数 55 万人次。2003 年，旅游观光人数 15 万人，收入 138 万元。2006 年，旅游观光人数 3 万人，收入 57 万元。2009 年，旅游观光人数 9 万人，收入 156 万元。2009 年起，园区每年一度的“孙桥快乐丰收节”正式纳入上海市旅游节系列活动项目。

孙桥现代农业开发区六大产业产品与服务情况

产　　业	产 品 或 服 务
种子种苗	培育青菜、鸡毛菜、塌菜、甘蓝、辣椒、白菜、西葫芦、番茄、芥蓝、菠菜等种子；黄瓜、番茄、辣椒、甘蓝、草莓、蝴蝶兰、多肉、红枫、铁皮石斛、菊花等种苗。
设施农业	生产黄瓜、番茄、彩椒、草莓、生菜等蔬菜，蟹味菇、白玉菇、金针菇、杏鲍菇、香菇等食用菌；蝴蝶兰、大花蕙兰、红掌、凤梨、仙客来等花卉，幸福树、发财树、万年青、绿萝、吊兰等草木本绿色植物。
农产品加工	从银耳、侧柏、迷迭香、桑叶、马齿苋等提取化妆品原料；从银耳、鳜鱼、鲨鱼等提取功能性食品原料。
温室制造	主要从事温室设计、温室制造、温室维修等工程。
生物技术	生产灵芝孢子粉、北虫草等保健品。
旅游休闲观光	有水培园、沙漠植物园、灵芝园、奇异瓜果园等农业科普园和生态餐厅、会务、住宿等设施。

还记否，王桥华夏六里园

1994 年浦东有陆家嘴、外高桥、
金桥、张江、王桥、华夏、孙桥、
六里八大开发区。
时过境迁，王桥、华夏、六里今安在？

浦东开发开放之初，在建立陆家嘴、外高桥、金桥、张江四大国家级开发区的同时，在浦东新区范围内又建立了王桥工业区、华夏文化旅游区、孙桥现代农业开发区和六里现代生活园区，时称浦东八大开发区。时过境迁，今日除了四大国家级开发区和孙桥现代农业开发区外，谁还能找到王桥、华夏、六里的身影，它们是否还在，它们去了哪里？

王桥工业区

1990 年 4 月，党中央、国务院同意开发开放浦东。当时的中共川沙县委员会、川沙县政府，提出“服从、服务、参与”行动方针，积极配合浦东开发开放。

1992 年 5 月，由川沙县政府牵头，联合城镇乡政府、中国农业银行上海市分行房地产开发公司、中国建设银行上海市分行房地产开发公司、上海市浦东工程指挥部五方组成上海王桥联合投资开发公司，从事上海王桥工业区（时名王桥出口工业区）的开发建设和经营管理。同年末，上海王桥联合投资开发公司与澳门南光集团有限公司合资组建上海王桥联合发展有限公司，主要从事王桥工业区域内市政基础设施建设、土地开发经营、房地产开发经营等业务。

上海王桥工业区规划面积4.2平方公里，位于川杨河北、浦东运河西，一期开发面积2平方公里。规划区域内主要涉及城镇乡的王桥村，王港乡的水产队和暮一、暮二村，以及蔡路乡的跃进村的浦东运河西部分。

1992年下半年起，王桥工业区通过边开发建设、边招商转让土地，实行“滚动开发”。1997年，一期开发区域的“七通一平”市政基础建设基本完成，建成3.5万伏变电站1座、2万门程控电话光缆通信局1个；累计建成区内白色路面14.85公里，铺设自来水管线7.2公里、下水道9.22公里、污水管8.81公里、输气管道15.28公里。

1994年1月，上海立邦涂料有限公司建成投产。1995年1月，引进总投资4.1亿美元的中日合资上海索广映像有限公司，时为浦东开发开放后，在浦东引进的投资额最大的中外合资项目。1997年8月，上海索广映像有限公司竣工投产。

至2000年，王桥工业区一期区域内引进中外资项目72个，转让土地面积127.91公顷，租赁土地0.25公顷，销售厂房面积1.01万平方米，租赁厂房面积1.5万平方米，投产项目24个；2000年，王桥工业总产值44.98亿元，利税总额7.5亿元。主要生产企业有上海索广映像有限公司、上海立邦涂料有限公司、上海原宿电器有限公司、上海杰科有限公司、上海盘锦天龙药业有限公司等。建成川北、跃进、妙龙、王港4个动迁安置房小区，总建筑面积16.78万平方米，基本解决了一期1 308户居民的动迁房源。王桥工业区一期开发需安置征地劳动力2 212人，至2000年末累计安置1 667人。

2000年，上海王桥工业区划归金桥出口加工区，并称之金桥出口加工区南区。就此王桥工业区画上了句号，退出了历史舞台。

华夏文化旅游区

1992年5月18日，由川沙县政府牵头，联合川沙县供销商业总公司和城镇乡、蔡路乡、唐镇乡及农业银行浦东分行合资成立上海浦东华夏实业总公司(简称华夏公司),全面负责开发建设华夏文化旅游区(时名华夏商业旅游区)。华夏文化旅游区规划分为东西两部分,总面积7.5平方公里。东部位于海滨三甲港地区,主要开发建设旅游项目。西部位于川沙镇西侧,主要开发建设商业和房产项目。

在此后的实际开发中,华夏公司在西部先后建设了妙境路商业一条街、合欢园、华夏金桂园(连排别墅)、华夏银桂园和华夏文化公园。华夏文化公园是当时华夏文化旅游区的一个标志。公园里建设了吴昌硕纪念馆、浦东名人苑(华夏公司也在此办公)。1997年3月间,华夏公司收购位于川沙镇北、川杨河南侧的铁沙商城。同时出资1亿元,将其改造为餐饮、娱乐、旅游、酒店为主要业态的商城,并易名华夏旅游城,一时成为浦东最大的旅游点和娱乐场所。1999年4月,华夏公司收购锦丽华大酒店和锦丽华购物中心(即24层川沙大厦)。然而不久,华夏旅游城由开初的热闹红火,很快就陷入冷清萧条。2003年,华夏旅游城由华夏公司出让给浦东商场股份有限公司。

在华夏文化旅游区东部,先后建设了海滨广场、餐饮海鲜一条街、海滨乐园(含海滨浴场)、林克司高尔夫球场,成为浦东旅游的一个热点。"去三甲港吃海鲜"成为当时许多浦东人生活中的一个热词。1995年末,由海南银团与华夏公司联合投资15亿元,占地面积33.33公顷的热带海宫项目动工。热带海宫在面积4万平方米的巨型恒温室内,为游人营造如同夏季一般的海滨风光:集海浪、沙滩、礁石、瀑布、海洋动物,具备游泳、滑水、冲浪、餐饮、住宿等功能。此后,由于东南亚金融危机等原因,热带海宫项目中途夭折。1999年4月,签订占地4平方公里、总投资5亿美元的国际赛车场项目,最后也未能实施。

2002年2月,在浦东新区政府安排下,华夏公司实施股份制改革,引进中房置业股份有限公司、永达汽车销售公司和浦东新区国有资产经营管理公司为新的股权受让方,共同受让9.16亿元资产。3家公司股权分别占35%、35%和30%。此后华夏公司项目开发、日常经营仍未见起色。公司随之渐渐式微，淡出人们视线。2009年，华夏文化旅游区未被列入上海市政府发布的104个开发区块中。今天我们已经很难找到华夏文化旅游区痕迹。西部的华夏文化公园，在全部被拆除后由民营企业华飞集团在原址建造了豪华奢侈且古香古色相结合的皇廷花园大酒店，又一次证明了资本的巨大力量。在华夏东部，海滨广场、海滨乐园在2018年的拆违中化为一片瓦砾，2010年，为了迎接上海世博会而规划建设的上海文化总汇项目中的观海平台在一片杂草中显露出它的钢筋水泥外壳，其哀婉而凄凉之状，似乎在感慨一个时代的远去。

六里现代生活园区

在浦东有了金融贸易、保税、出加加工、高科技、文化旅游、现代农业等开发区后，1994年，浦东新区管理委员会批准成立上海六里现代生活园区，并同时成立六里现代生活园区开发公司（简称六里公司）负责园区的统一开发建设和管理。园区开发范围位于周家渡和六里地区，首期规划开发范围为北起滨州路（今为高科西路），南至川杨河，西靠杨高南路，东至严茂塘，面积3.3平方公里，主要建设面向21世纪环境优美、现代生活设施齐全的生活社区。1995年12月，第一个项目锦华小区在锦绣路与北艾路处动工。

锦华小区为国家建设部和国家科委2000年小康住宅示范小区。在厨房、卫生、客厅等功能上比当时的一般商品房有重大改进，体现了超前15至20年的水平，是上海市第一个信息局域网试点小区，绿化率达到45%。

现代生活区的理想是美好的，然而在现实的开发建设中并不顺利，其实质还未脱胎于房产公司的范畴。锦华小区一期工程完成后，于2000年，按照浦东新区管理委员会的安排，将六里公司及其土地等资产划入上海陆家嘴集团有限公司。屈指算来，六里现代生活园区从成立至停止运营是浦东开发区中为时最短的一家。

今天走过北艾路，漫步锦绣路，谁还会想起当年的六里现代生活园区，只有锦华花园（锦华小区一期建成入住后定名锦华花园），还在提示当年此处曾是一个现代生活园区的起点和终点。

现在的锦华花园

2019 年夏，翻阅 1996 年《浦东新区周报》合订本，其中此年 12 月 5 日副刊载徐培均《游六里锦华小区》词：桥跨申江，路接东航，驾轻车，六里徜徉。锦华小区，占尽风光，有柳条青，葡萄绿，桂花黄。

2019 年 5 月

主要参考资料：

川沙县地方志编纂委员会编《川沙年鉴》。
《浦东年鉴》编辑部编《浦东年鉴》。

浦东的著名大道

老浦东浦东南路、浦东大道，
新浦东滨江、世纪两大道。

说起浦东开发前的道路，总绕不过民国时期沿黄浦江修筑的两条大道——浦东大道和浦东南路，可谓是老浦东开发建设的标志性道路。

1930 年代，民国上海市政府规划实施大上海计划，在浦东沿江修筑浦东路。浦东路初为碎石路，全长 17 公里。1935 年，浦东路分段命名为浦东大道和浦东南路。浦东南路由陆家嘴东路（今已向北延伸至黄浦江畔）至上南路与耀华路相连。浦东大道由陆家嘴东路至东塘路。此后两路不断改造拓宽。至浦东开发前的 1989 年，两条大道成为老浦东最著名的道路，其中浦东南路为当年浦东最宽的道路，路宽达到 40 米。

浦东大道呈东西走向，全长 9.26 公里。1930 年兴筑时，规划宽度 30 米，因经费不足，先筑 10 米宽土路基。1935 年建成 6 米宽煤渣车行道。1948 年，拓宽浦东南路至洋泾港段，路基宽 18 米。新中国成立后，设非机动车道（为浦东第一条机动车与非机动车道分隔的道路），铺沥青路面。1990 年，浦东大道全线拓宽改建为机动车道宽 14 米至 22 米，两侧各设 4.5 至 5 米宽非机动车道。

浦东南路呈南北走向，全长 7.74 公里，1930 年兴筑。1935 年，建成 6 米宽煤渣车行道。1948 年，改造为弹石路面。1958 年，拓宽路幅 26

至 30 米,机动车道宽 14 米,并改为沥青碎石路面路。1989 年,全线改建沥青混凝土路面,其中上南路至白莲泾段路宽 40 米,机动车道宽 16 米,两侧各设 5 米宽非机动车道;白莲泾至浦东大道段路宽 33 米,机动车道宽 14 米,两侧各设 4 米宽非机动车道。

浦东宣布开发开放后,急需改变浦东原有市政基础设施严重不足、景观环境不如人意的局面。1992 年 12 月 22 日,浦东开发后的第一个景观工程——位于陆家嘴的滨江大道样板段开工建设。样板段工程长 250 米,投资额 2 359 万元。1993 年 12 月 23 日竣工。整个工程由亲水平台、驳岸、防汛墙、景观绿地等组成,呈现立体交通的现代化美感。在满足城市交通、防汛功能的同时,构建了亲近黄浦江,融现代建筑风格和典雅艺术于一体的自然环境。滨江大道最显著的建筑特色是对亲水平台和防汛墙的艺术处理。亲水平台由上往下,逐级伸入江水。标高 7 米的防汛设施,由于绿地斜坡的巧妙运用而没有一般防汛墙体的突兀感觉。250 米长的滨江大道样板段建成后,一时成为浦东开发头几年,考察访问浦东、投资浦东人士或旅游团体光顾的热点。

1994 年 12 月,滨江大道由样板段向南延伸 1 000 米(时称"富都段")、向北延伸 250 米至丰和路工程开工。1997 年 7 月,长 1 500 米(含 250 米样板段)的滨江大道建成开放。2007 年 8 月,丰和路至浦东南路段开始建设。2009 年 10 月,南起东昌路,北至浦东南路,全长 2.5 公里的滨江大道建成贯通。至此,前后分成 3 次建设的滨江大道全线竣工。今日,滨江大道已经成为上海的休闲时尚区域、与外滩隔江相望的旅游胜地。

有位作者在游览春天四月滨江大道的夜色后写下这样的文字:

> 滨江大道的夜色文文静静,温馨迷人。悬置的路灯,铁栏柱上的坐灯,花木疏影间的装饰地灯,放射出极尽自然人性的光芒。不妖艳,不刺眼,不张狂,不让你感觉着她的一丝一毫的存在。整个

大道的照明效果仿佛黎明之时，明亮与朦胧，清晰与模糊得恰到好处。滨江的光亮似乎通晓人性。你觉得她明亮时，就会给你明亮的感受；你觉得她朦胧时，也会给你朦胧迷人的享受。

灯光设计师的审美情趣，匠心独运，创造了夜晚滨江与白天两致的风情。柔柔和和的光影，使你不会感到，黑暗的幽深冷寂，明亮的无遮无拦，自然而然地酝酿着一种气氛，一种情调，与此时此刻的你交流，融合。

除了滨江大道自身光亮的曼妙，从东边一幢幢高楼大厦飘洒来的光色，似轻纱，似薄雾、似细细的雨丝，风姿绰约烂漫娇媚。高楼的光和滨江的光有着许许多多的相同，淡淡的，柔柔的，纯纯的。明与暗的交映，高与低的结合，虚与实的互补，油然生出高山仰止，空谷幽兰的意境。

金茂大厦、东方明珠、香格里拉、招商局大楼、国际会议中心发出的光亮，浅紫典雅，风韵流长，不显珠光宝气，不透踌躇满志，焕

滨江大道(2019年)

世纪大道样板段工程(1995 年)

发着新兴城区的虚怀若谷,包罗万象。

滨江之夜的魅力不但在于灯光优雅,还在于一份难得清清静静,使你感觉虽然身处现代都市,却如置身山清水秀的田野。

夜风轻轻地吹拂,传来萨克斯吹奏的乐曲,时而欢快,时而舒缓,将滨江的夜晚渲染得更加静宓多情——在白色帐篷里,一群老外的派对正在举行。

夜风悠悠地吹,送来低低的笛鸣,久久地滞留在江面——眼前一艘通体透亮的游船在江中缓缓地行驶。

位于陆家嘴金融贸易区的世纪大道,又是一条在浦东开发开放中建成的中国最著名的景观与城市主干道兼具的道路,被誉东方的“香榭丽谢大道”。

1994 年 7 月 2 日,世纪大道(建设时曾称轴线大道、中央大道)样板段工程开工。工程西起延安东路隧道浦东出口处,东南至浦东南路,全长 730 米,宽 80 米,其中快车道 44 米,设 12 个车道,两边各设 2 米的机动车与非机动车分隔带和5.5米慢车道、5.5米人行道、5米绿化带。西端建有一绿岛，面积3 000多平方米，全线绿化总面积1万平方米，动迁居民1 700户、单位43户。工程总投资3.3亿元，其中用于动拆迁的费用约3亿元，占总投资91.91%。同年11月30日竣工。1998年1月16日，世纪大道工程（包括原样板段工程的改造）全面启动，大道从延安东路隧道浦东出口处至世纪公园1号门口，全长约5公里，宽100米，连结起陆家嘴中心区、新上海商业城、竹园商贸区和花木行政文化区。工程总投资13.09亿元，动迁单位80多家，居民3 600多户。世纪大道由法国夏氏·德方斯设计，陆家嘴集团公司和浦东土地控股公司分别建设。陆家嘴集团公司负责北段建设，浦东土地控股公司负责南段（杨高中路至世纪公园段1.22公里，包含世纪广场）建设。大道北段为不对称道路，车行道宽31米，设8车道。人行道宽46米，其中一侧宽33米，行道树为4排香樟，并建有8个各180米长、20米宽的"中华植物园"，分别为柳园、水杉园、樱桃园、紫薇园、玉兰园、茶花园、紫荆园和栾树园；另一侧宽13米。行道树为2排银杏。沿线布置以时间这主题的雕塑作品，分别为东方之光、世纪晨光、五行组雕等。世纪大道南段，在与杨高路交汇处建有环岛、杨高路下立交，与之相连接便是气势宏大、现代与古典相融合的世纪广场。世纪广场除广场外，建有步行道（部分为高架步行道）和车道，通往世纪公园1号门口。2000年4月18日，世纪大道建成通车。工程质量获得上海市和全国市政金杯示范工程奖。

世纪广场是世纪大道的组成部分，位于世纪大道南端，世纪公园北边，处于杨高中路、东方艺术中心、浦东新区办公中心、上海科技馆的合围之中，并将世纪大道和世纪公园巧妙和谐地连接在一起。世纪广场兼具园林与交通功能，占地20万平方米，呈对称分布。景观主要以雕塑、草坪、树林、花坛、水池为主，集东西方文化神韵于一体，极具现代气派。

整个广场由三大部分（三主题）组成。第一部分为一个周长800米的长方体广场，两侧为纵深 50 米宽、种植广玉兰的疏林区（草地）。广场采用赭红和青色石材铺地，其间分布着 8 根高 5 米石柱，周围散布长方体的石桌、石凳。广场南端紧密地高耸着 8 根高 16 米石柱，透出凌然豪迈之气，名之“凯旋门 8 立柱”。

第二部分为下沉式广场，由 200 米见方的中心广场与 90 米见方水池组成，两座 180 度玻璃拱形建筑（上海轨道交通 2 号线科技馆站）坐落其间，与周围四座玻璃房，遥相呼应。环绕下沉式广场四周为空中环廊和郁郁葱葱四季常绿的花草树木。走在空中廊道上，环视世纪广场，给予你美不胜收的感叹，赏心悦目的享受！

第三部分是一条通往世纪公园的景观大道，由 60 米宽跨越迎春路和 40 米宽跨越锦绣路的两座天桥构成。道路两旁设置溪流木桥、石板小径，种植红枫绿松，四季花卉。整条道路两边排列着的 128 根石柱灯饰，直至世纪公园大门。

2000 年 5 月 1 日，世纪广场建成开放。

浦东开发后浦东大道、浦东南路改扩建工程

1997 年，对浦东南路至德平路段 4.9 公里的浦东大道实施改扩建，规划红线宽 50 米至 55 米。实际施工中为了将道路两侧建筑物加以保留，路面按 31 米至 50 米宽实施改造，由原双向 6 车道扩建为 8 车道。2007 年，浦东大道列入上海中心城区东西通道浦东段拓宽工程内。工程西起延安东路隧道浦东出口处，东至金桥路，全长 7.9 公里，按规划红线宽 50 米实施。其中隧道口至龙居路段 6.1 公里，由地下通道加地面道路组成。地下通道为双向 4 车道，附设紧急停车带及匝道集散车道；内环线至中环线段（罗山路至金桥路）为地面道路，设双向 8 车道。东西通道整个工程全线设置车辆出入口 11 处，并与规划中的轨道交通 14 号线配套，组成浦东新区核心城区“小内环”北段。2007 年末，东西通道工程动工，其间一度停工，至 2022 年 12 月竣工通车，历时 15 年。

1996 年，浦东南路按城市主干道标准拓宽，规划红线宽 50 米。其中浦建路至张家浜北侧段因受两旁建筑物限制，在宽40米范围内进行改造。1990年代末，泰东路并入浦东南路，由此浦东南路向北延伸至黄浦江边。2005年，建设张杨路下立交桥，工程实施范围南起潍坊路，北至商城路，长850米。张杨路以北段按规划红线宽50米实施，张杨路以南段在40.5米至50米宽度内实施。下立交总长515米，其中南侧敞开段长180米，中间暗埋段长180米，北侧敞开段长155米。同期建成的还有呈“品”字形跨越浦东南路及张杨路的人行天桥。2008年，浦东南路上南路至浦电路段列入世博会配套道路项目改造工程，实施路面维修整新拓宽。主要改造项目由双向6车道拓宽为双向8车道，改造平面交叉路口、桥梁和新建人行天桥。工程于2008年4月开工，2009年12月竣工。

2018年10月初稿，2022年末修改

主要参考资料：

上海市《黄浦区志》编纂委员会编《黄浦区志》，上海社会科学院出版社，1996年。

上海市《南市区志》编纂委员会编《南市区志》，上海社会科学院出版社，1997年。

《浦东年鉴》编辑部编《浦东年鉴》。

两条川路连浦江

川北、上川两公路是当年川沙县
连通上海市中心的经济纽带。

川北公路和上川公路是川沙县两条通往上海市区黄浦江畔的主干道路，是川沙县与上海中心城区经济往来的纽带、川沙县东南部地区老百姓进入上海市区的必由之路。

川北公路

1956年7月，川北公路动工建设。年内12月25日竣工。川北公路起自北蔡镇沪南公路，向东至张江镇，由张江镇向南经孙桥十村，折东至川沙镇到达小营房，全长19.58公里。此时川北公路宽3.5米，每隔500米设避车道（两车交往）。1957年1月，开通公交塘川线，全程设站点15个，其中在川北公路上设川沙、药师弄、对面街、王恒昌桥、十村、陆家大桥、张江、钓鱼桥、牛角尖、北蔡等站点。在长达30余年的时间里，塘川线都是川沙县最重要的公交线路，是川沙镇连接上海市区的两条公交线路之一。1963年，川北公路路基拓宽至8米，路面拓宽至6米。1965年，川沙镇至江镇段火车铁轨拆除，川沙镇至小营房段路面拓宽。1978年利用开挖川杨河机遇，将川沙镇至对面街段线路修直，并将此段路面拓宽至10.5米，由此川北公路长19.17公里，路途架桥17座。

1988年，川沙县政府分两期兴筑塘川公路，至1991年末竣工。塘川公路西起花木沪南公路，沿龙东路向东至金张路，沿金张路向南至川

川北公路(1980年代初)

北公路,由川北公路至小营房,所以塘川公路实际上由原龙东路一段、原金张路一段、原川北公路一段改建而成(后塘川公路名废除,各路段恢复原名)。塘川公路为水泥路,施工中路基拓宽至25米,车行道14米。塘川公路建成后,川北公路仅剩北蔡沪南公路至张江镇一段。1997年,川北公路小营房至御孙路段(即今张江路与华夏中路交汇处)改名为华夏路。2002年,高科路中段(罗山路至申江路)建成。川北公路罗山路至张江镇西一段或废弃或成为高科路路基,或为高科路绿化带。期间,将张江镇至华夏中路段改名张江路。2005年,将川北公路罗山路至沪南路一段改名为高科西路。2010年,川北公路仅存张江路至高斯路,再由高斯路向西近高科中路一段,长700余米。

上川公路

上川公路源于上川铁路。民国初,川沙地区的陆上交通运输仅为木制独轮车,俗称“牛头车”“江北小车”。一个轮子的小车适应狭窄的乡间小路,一人推之,可载少量货物或坐一二人。

随着川沙经济的发展，陆上交通已经明显不适应川沙经济的发展。民国十年(1921 年)1 月，黄炎培、张志鹤、顾兰洲、陆竹坪、陆莲溪等发起组织上川交通股份有限公司。3 月拟定招股简章，总股金 50 万元。后因工程浩大，决定分段实施。先募股金 15 万元，每股 20 元，在上海市区和川沙城内分别设立了股金收款处。由于兴办地方实业，认股者甚众，招股顺利，很快达到所需资金。11 月，公司以"筹备事务所"名义与上海县浦东塘工善后局和川沙县交通工程事务处草签了租借上川县道的合同。

民国十三年(1924 年)10 月，公司与上海浦东塘工善后局和川沙县交通运输局签订了正式租路合同，取得专营权 30 年。民国十四年 10 月，庆宁寺至龚家路口一段工程竣工通车。每日乘客达千人，许多在沪的外国人也三五结伴，从定海桥坐摆渡轮至庆宁寺，再乘上川火车来浦东郊游。

翌年 1 月，上川公司按原定计划，又募集股金 15 万元，修筑龚路至川沙镇路段，至 7 月 10 日通车。民国二十三年 5 月，上川公司与川沙县政府订立租用川钦县道合同，将上川铁路向东延伸至小营房。民国二十五年 3 月，又从小营房向南修筑至南汇县祝桥镇。至此，上川铁路全长达 35.35 公里，全线设庆宁寺、金家桥、新陆、邵家弄、曹家路、龚家路、大湾、小湾、暮紫桥、川沙、小营房、江镇、施镇、邓镇、祝家桥等站。上川铁路的建设极大地方便了浦东川沙地区的客货运输，促进了地方经济的发展，加快了上海现代文明向浦东地区的传播和渗透。善于经营的上川铁路公司与庆宁寺的市轮公司协商，将轮渡航班与铁路班车时刻联系起来，出售联票方便乘客。同时增加股本 10 万元，购买了"川南""通达"小客轮接送旅客。

抗日战争爆发，世事艰难，上川铁路陷入困境。江镇到祝家桥铁轨被拆除，上川铁路缩短至江镇。

1965 年，上川铁路川沙镇至江镇段被拆除，改建为公路。1975 年

12 月开始，上川铁路庆宁寺至川沙镇段拆除，改建为上川公路（原庆宁寺至杨高路段已有煤屑路），1979 年末建成通车。上川公路北起庆宁寺黄浦江边，南至川沙镇川北公路，全长 21 公里，并运营公交上川线。1982 年，向南延伸至瞿家港，并向东接川黄路，全长 22.33 公里。浦东开发后的 1993 年，庆宁寺至金张路段改名为金桥路。金张路至唐陆路东一段改名为新金桥路。1999 年，曹路至华夏东路段改名为川沙路。在川沙镇区的上川路段分别改名为川环西路与川环南路（之后因川沙路向南延伸修筑，川环西路自然便纳入川沙路，成为川沙路一段）。后又因金桥出口加工区内金穗路的辟建，新金桥路与今上川公路之间一段成为金穗路的一部分。至此，原上川公路仅保留金穗路至川沙路一段路。今日，我们所看到的上川公路，已经在曹路向东延伸至东川公路，全长约 5.6 公里。

2018 年 10 月

十大基础设施工程

十大基础设施工程，
是浦东开发三个先行中“基础设施先行”的经典之作。
今天回看十大设施，
别有一番思绪在心间！

浦东开发开放初始，针对浦东经济社会现状，实施“基础设施先行、金融贸易先行、高新技术先行”的三个先行的开发建设战略方针。在“基础设施建设先行”的具体实施中，投资113.96亿元，先后建设南浦、杨浦两座黄浦江大桥和上海内环线浦东段、杨高路改扩建、外高桥港区一期、浦东煤气厂二期、外高桥发电厂一期、凌桥水厂、上海合流污水治理一期工程以及通信设施等以市政、公用等为主的十大工程。一段时间内基本满足了浦东城市化地区生活和4个国家级开发区的前期开发需求。

1996年起，开始实施以建设浦东国际机场一期、轨道交通（地铁）线、上海外环线、东海天然气为主的第二轮浦东开发的基础设施建设。2003年，先后建成并投入运行了浦东国际机场、东海天然气替代人工煤气、轨道交通2号线浦东段、上海外环线浦东段、上海合流污水治理二期等重大基础设施项目。

在浦东开发开放前10年实施的两轮十大基础设施建设，极大地改变了浦东的交通条件和投资环境，为浦东后续的开发建设打下了扎实的基础。

20 多年过去，今天让我们回首，再来看看浦东开发第一轮十大基础设施的今昔变化。

南浦大桥

1988 年 12 月 15 日，黄浦江市区段第一座大桥——南浦大桥动工建设。大桥位于浦东南码头路与浦西陆家浜路相对的黄浦江上，为上海内环线的组成部分，工程总投资 8.12 亿元。大桥桥型为大跨径、双塔双索面叠合梁结构斜拉桥，总长 8 346 米，其中主桥长 846 米，两岸引桥长 7 500 米。浦西引桥为螺旋形，长 3 754 米。浦东引桥长 3 746 米，主线笔直向东连结内环线(龙阳路)，并采用双曲线长圆形匝道与浦东南路相连。大桥中孔跨径 423 米，桥下净空 46 米，可通航 5 万吨级轮船。桥面总宽度 30.35 米，设双向 6 车道。大桥主塔呈"H"形，高 154 米。由邓小平题书的"南浦大桥"桥名横嵌在上部横梁上。1991 年 11 月 19 日，南浦大桥建成通车。

杨浦大桥

1991 年 4 月，杨浦大桥动工建设。大桥位于浦东罗山路与浦西宁国路相对的黄浦江上，为上海内环线的又一组成部分，工程总投资 11.47 亿元。杨浦大桥为大跨径、双塔双索面叠合梁结构斜拉桥，总长 8 354 米，其中主桥长 1 172 米，中孔跨径 602 米，桥下净空 48 米，可通航 5 万吨级轮船。主桥面宽度 30.35 米，设双向 6 车道，设计车速每小时 60 公里，日机动车最高通行能力 5 万辆。大桥主塔呈"人"字形，高 208 米。由邓小平题书的"杨浦大桥"桥名竖嵌在主塔三角区上。1993 年 9 月竣工。同年 10 月 23 日，举行通车典礼，国务院副总理朱镕基出席典礼并讲话。

昔日黄浦江的阻隔，延迟了浦东的建设发展。今日天堑变通途，黄浦江成为优越的地理环境。到 2019 年，连接浦东与浦西、跨越黄浦江的交通设施有南浦、杨浦、徐浦、卢浦 4 座大桥，上中路、龙耀路、打浦

南浦大桥与上海内环线浦东段(2009 年末)

路、复兴路、人民路、延安东路、新建路、大连路、军工路、翔殷路、长江路、外环线 12 条车辆隧道和位于陆家嘴连通上海外滩的一条人行观光隧道。

上海内环线浦东段

上海内环线浦东段在浦东连接起南浦大桥与杨浦大桥,长约 13.3 公里,其中南浦大桥至三八河(罗山路)处为龙阳路(沪南路至三八河段曾名龙东路),由此往北至杨浦大桥为罗山路(曾名建平路)。1992 年 9 月,内环线浦东段动工建设,总投资 4.63 亿元。在近两大桥浦东桥堍处各建成龙阳路和罗山路立交桥。1993 年 11 月 20 日,建成通车。2002 年 10 月 26 日,在内环线龙阳路、罗山路交接处动工建设张江立交桥,总投资 4.6 亿元，2003 年 12 月建成通车。内环线浦东段自建成之日起，至 2007 年，为地面道路，没有实行全封闭运行，车辆通过能力较低。

2007 年 12 月，内环线浦东段实施全封闭快速化改造。工程列为上海市重大工程及世博会市政配套项目，分罗山路和龙阳路两段实施，总投资 26.12 亿元。工程包括：浦东南路至东方路建高架道路，设双向 6 车道，地面辅道设双向 4 车道；东方路至张江立交桥为高架路与地面道路相结合，设双向 6 车道。总体上，龙阳路主线自南浦大桥引桥顶升跨越杨高南路后落地，下穿锦绣路跨线桥，上跨沪南路菱形立交桥，再连续上跨白杨路、芳甸路后，落地衔接张江立交桥。罗山路主线从张江立交北侧起坡，上跨花木路至锦绣路落地，与罗山路立交相接。改造后的内环线浦东段主线由高架道路、跨线桥及地面道路串联组成。经过改造后，内环线浦东段形成了主线道路加辅道形式，与内环线浦西段在功能上趋于一致。2009 年 12 月末，内环线浦东段改造工程竣工通车。

杨高路改扩建工程

杨高路改扩建工程是当年上海市政府的一号工程。工程南起上南路，北至高桥江海路，工程长度 24.5 公里（此为减去一期工程 4 公里后的长度），[①]连接起外高桥、金桥、陆家嘴 3 个国家级开发区。上海市市长黄菊任杨高路工程领导小组组长。整个工程动迁企业 152 家，建筑面积约 7 万平方米；农户 395 户，房屋建筑面积约 4.3 万平方米；动迁居民近 200 户，房屋建筑面积约 1.4 万平方米。1992 年 1 月 25 日，杨高路改扩建工程动工。3 月 19 日，黄菊在杨高路建设工地召开现场办公会时，按照小平同志对上海的希望[②]提出“两桥一路促三区”的浦东开发

---

① 1991 年，为配合南浦大桥建成通车，实施龙阳路至源深路长 4 公路的杨高路改扩建工程，时称杨高路改扩建一期工程。

② 1992 年春，晚年的邓小平对浦东开发充满深情、寄予厚望。他对上海领导同志说：“我看上海一年会有一个变化，三年会有大变化。我相信浦东开发可以后来居上。”

三年策略，即以南浦大桥、杨浦大桥、杨高路，带动陆家嘴、金桥、外高桥3个开发区的开发；做到分段开发，每段集中，一年一步，年年有变化，三年成气候。同年12月8日，杨高路改扩建工程竣工通车。工程原计划工期665天，实际施工300天。改扩建后，杨高路宽度从7米增至50米，道路中央建3米宽绿化隔离带。

1993年9月，对杨高路进行分段命名。江海路至东陆路段称杨高北路，东陆路至源深路段称杨高中路，源深路至上南路段称杨高南路。1994年，杨高路中路、杨高北路两侧宽20米、总面积80万平方米绿化带基本建成，成为浦东道路绿带建设的开端。同年在杨高中路与金桥路处建成金桥立交桥。1997年，为配合徐浦大桥竣工通车，杨高路由今成山路口改道向南至外环线。由此至上南路段成为成山路的其中一段，此时杨高路南起外环线杨高路立交桥，北至高桥江海路，全长28.6公里。

外高桥港区

外高桥港区位于浦东新区东北部，长江入海口南侧。1991年7月1日，外高桥港区一期工程开工建设，被列为国家"八五计划"和上海市重点工程。一期工程初期设计为集装箱和件杂货综合装卸作业区，由上海浦东国际集装箱码头有限公司负责生产经营管理。工程征用高桥乡联星村4队、5队、6队、7队，周家浜村1队、3队，海滨村3队、4队、5队、6队、7队和海滨小学、高桥乡鱼塘等（全部或部分）土地，面积52.85公顷，以及川沙县水文站、部队等地块，带征地23.86公顷，撤销联星村4队、5队、6队3个生产队。1991年7月1日开工，1993年10月竣工，建成万吨级泊位4个、长江驳船泊位1个。1997年6月，一期工程实施改造，将原4个万吨级泊位改建为3个集装箱船泊位。1998年6月改造工程竣工，成为全集装箱化码头。改造后，一期工程码头长度仍为900米，陆域面积59万平方米，其中堆场20.4万平方米。码头前沿有11台大型岸边集装箱桥吊，堆场有35吨至40吨轮胎龙门吊42台，叉车、堆高机、正面吊、牵引车等 40 余辆(台),设计年吞吐能力 60 万标准箱。

外高桥港区一期工程建成后,从 1997 年起至 2010 年间,又先后分别实施了二期、三期、四期和五期、六期工程。经过一期至六期建设,外高桥港区岸线总长 6 802 米,陆域面积 727.7 万平方米,共有大型集装箱船泊位 25 个。

外高桥发电厂

上海外高桥发电厂是国家“八五计划”重点工程。一期工程总投资 28 亿元,由华东电力公司、上海申能股份有限公司和上海电力公司共同投资建设,占地 47 公顷,毗邻外高桥保税区和外高桥港区,安装 4 台 30 万千瓦国产引进型燃煤机组。1992 年 10 月 15 日,动工建设。1995 年 4 月 25 日,1 号机组率先建成发电。1997 年 11 月 10 日,外高桥发电厂一期工程 4 台机组全部建成投产。2001 年 7 月 18 日,外高桥发电厂二期工程动工,装机容量为 2 台 90 万千瓦超临界进口燃煤发电机组。2 台机组分别于 2004 年 4 月和 9 月建成投产。在一期、二期工程中,征用高东乡盐仓村 8 队、9 队、5 队、6 队、7 队土地,面积 67.33 公顷。2005 年 7 月,外高桥发电厂三期工程动工,装机容量为 2 台 100 万千瓦国产超超临界燃煤发电机组。2 台机组分别于 2008 年 3 月和 7 月建成投产。外高桥发电厂一、二、三期工程共计总装机容量 500 万千瓦。一、二、三期工程建成后,日常运营分别由上海外高桥发电有限责任公司、上海外高桥第二发电有限责任公司和上海外高桥第三发电有限责任公司经营管理。

浦东煤气厂二期工程

浦东煤气厂二期工程投资 2.12 亿元,采用水煤气掺混液化石油气工艺,主要设备有 1 000 立方米液化石油气球罐 9 座,直径 3 米 UGI 型水煤气炉 8 台,日产煤气 100 万立方米。1992 年 12 月竣工。在国家实施“西气东输”工程后,浦东煤气厂日渐萎缩,2015 年停产关闭。

位于东沟地区黄浦江边的浦东煤气厂

凌桥水厂分两期建设，总投资 9.99 亿元。第一期第一组设施于 1993 年 12 月建成，日供水能力为 10 万立方米。第一期第二组设施于 1994 年 6 月建成，日供水能力达到 20 万立方米。1996 年 6 月二期工程建成投产，供水能力增至 40 万立方米。初建时，凌桥水厂采用长江口陈行水库水源加黄浦江水源。至 2010 年开始，在浦东地区又建成临江和金海 2 座水厂。今日浦东的水厂全部采用长江口青草沙水源。

上海污水合流工程和通信工程

上海污水合流治理一期工程总投资 16 亿元，污水排放管道经高桥、高东地区，进入竹园污水处理厂处理后，排入长江，1993 年 12 月建成投入使用。此后，实施了上海污水合流治理二期和三期工程，并分别于 1999 年 12 月 25 日和 2009 年 12 月竣工通水。

1992 年 12 月，通信设施工程电话扩容 2.5 万门，装机难矛盾有所缓解。2001 年 7 月，取消电话初装费。

浦东新区十大基础设施投资建设情况 金额单位：亿元

工程名称	计划投资额	实际完成投资额	开工日期	竣工日期	备注
南浦大桥	8.20	8.12	1988 年 12 月	1991 年 11 月	包括引桥总长 8 346 米，设双向 6 车道。
杨浦大桥	13.32	11.47	1991 年 4 月	1993 年 9 月	包括引桥总长 8 354 米，设双向 6 车道。
杨高路改扩建	7.10	7.10	1992 年 1 月	1993 年 12 月	全长 24.5 公里（此为减去一期工程 4 公里后的长度），设双向 8 车道，连接外高桥、金桥、陆家嘴 3 个开发区。
上海内环线浦东段	4.63	4.63	1992 年 9 月	1993 年 12 月	连接南浦、杨浦两桥，并建有罗山和龙阳 2 座立交桥。
外高桥港区一期	9.70	9.50	1991 年 7 月	1993 年 10 月	岸线长 900 米，建成 4 个万吨级泊位。后续建 2 至 6 期工程。
浦东煤气厂二期	2.12	2.12	—	1992 年 12 月	日产煤气 100 万立方米。
外高桥电厂一期	44.91	—	1992 年 10 月	1997 年 11 月	安装 4 台 30 万千瓦机组，共计 120 千瓦，后建 2 至 3 期工程，总装机容量 500 万千瓦。
凌桥水厂	9.99	—	—	1996 年 6 月	分二期建设，日供水能力 40 万吨。
合流污水排放工程	16.00	16.00	—	1993 年 12 月	服务人口 255 万，设计能力每日流量 170 万立方米。
通信工程（万元）	1 150	1 150	—	1992 年 12 月	其中 1992 年电话容量扩容 2.5 万门。

2018 年 5 月

主要参考资料：

上海市浦东新区统计局编《上海浦东新区统计年鉴 1995》，中国统计出版社，1995 年。

地铁电车磁浮线

1925 年 10 月，浦东大地第一列火车
从庆宁寺开出。2000 年 6 月，
轨道交通 2 号线在浦东地下轰鸣。

在浦东的现代市基础设施建设中，先后建成地铁、有轨电车和磁浮列车三类公共交通设施。

一

1995 年 12 月 28 日，上海轨道交通（俗称地铁）2 号线一期工程浦东段科技馆站（时称杨高路站）动工，揭开了浦东轨道交通建设的序幕。2000 年 6 月 11 日，上海轨道交通 2 号线一期工程竣工通车仪式在上海科技馆站举行。2 号线一期工程从中山公园至龙阳路设车站 12 个，在浦东境内分设陆家嘴、东昌路、世纪大道（时名东方路站）、上海科技馆（时名杨高中路站）、世纪公园、龙阳路 6 个车站。同年 12 月，2 号线由龙阳路站至张江高科站的 2.78 公里线路（2.87 公里时为地上高架线路，后大部分改建为地下）投入运行。其时，2 号线增加至 19.08 公里，设车站 13 个。2007 年 7 月，启动 2 号线东延伸段建设。工程西起张江高科站，东至浦东国际机场，全长 30.8 公里，设金科路、广兰路、唐镇、创

新中路、华夏东路、川沙镇、凌空路、远东大道、海天三路、浦东机场共 10 站，其中从凌空路站起，至浦东国际机场站为地上高架线路。2010 年 4 月建成通车（2 号线中山公园站至徐泾东站于前期建成通车），至此。轨道交通 2 号线在浦东境内长 38 公里，设车站 17 个。

2000 年，总投资 130 亿元的上海轨道交通环线 4 号线开始建设。2003 年 6 月，在浦西南浦大桥处施工 4 号线越江隧道时，突现流沙，引发地面沉降，造成 3 幢建筑物倾斜而延迟 4 号线全线竣工通车。2005 年 12 月 31 日，4 号线浦东蓝村路站至浦西大木桥路站段投入试运行（其时，4 号线通车线路为“C”形。）。2007 年 12 月 29 日，4 号线全面建成，形成“O”运行。4 号线在浦东区域设塘桥、蓝村路、浦电路、世纪大道、浦东大道 5 站。

2002 年 12 月 22 日，全线位于浦东新区境内的轨道交通 6 号线工程在东方路、蓝村路口率先动工建设，从而使浦东在上海成为第二个整条轨道交通线在一个行政区划区内的区。6 号线北起高桥港城路，南至三林济阳路与上海轨道交通 8 号线相接，总投资 108 亿元。全线长 33.13 公里，其中地下线路长 20.84 公里，高架线路长 12.04 公里。设车站 28 座，其中高架车站 9 座、地下车站 19 座。2007 年 12 月 29 日，6 号线港城路至灵岩南路站建成通车。2011 年 4 月 12 日，灵岩南路至济阳路站（东方体育中心站）建成运行，6 号线全线竣工。6 号线途经外高桥保税区、陆家嘴金融贸易区，全线两侧是浦东最为密集的居住区，一经启用，就暴露出先天缺陷。车厢狭小、编组列车少，车站空间狭窄。遇出行高峰时段人群拥挤，有些车站只能采取限流或临时关闭措施，后实施各项增能措施，情况有所改善。

位于世纪大道与东方路、张杨路交会处的上海轨道交通世纪大道站是上海唯一 4 条轨道交通线的换乘站。1996 年 4 月 5 日动工建设，时名（轨道交通 2 号线一期工程浦东段）东方路车站。2005 年轨道交通 4 号线通车时，成为 2 号线与 4 号线的换乘站。之后，6 号线和 9 号线动工建设，在此相交换乘而实施改扩建工程，并易名世纪大道站。2007 年、2010 年轨道交通 6 号线和 9 号线先后建成，在此换乘。改扩建后的世纪大道站成为 4 线（2 号线、4 号线、6 号线和 9 号线）3 层换乘车站，时为上海轨道交通线路中通过轨道交通线路最多的换乘站。

2010 年 3 月 22 日，又一条全线位于浦东的轨道交通 16 号线（当时称为 11 号线）在临港滴水湖畔开工。16 号线北起龙阳路站，东南至临港滴水湖站，途经康桥、周浦、航头、新场、惠南等镇区。

2019 年末，位于浦东区域内或途经浦东的轨道交通线路有轨道交通 2 号线、6 号线、4 号线、7 号线、8 号线、9 号线、11 号线、12 号线、13 号线、16 号线，在建的有 14 号线和 18 号线。

二

2000 年 6 月，中德两国政府签订合作协议，对磁浮列车商业化运行进行可行性研究。8 月，国家计划委员会批准上海在浦东新区建设磁浮列车示范线。磁浮列车示范线由上海申通集团联合 8 家公司出资 89 亿元，由上海磁浮交通发展有限公司承担建设和运行管理，德国西门子、克虏伯、磁浮国际 3 家公司联合承担设备供应和技术服务。2001 年 3 月开工建设。在磁浮列车示范线研究和建设过程中，上海市政工程设计研究院的工程技术人员赴德国培训学习，在吸收掌握列车复合型轨道梁设计、制造技术的基础上，进行科学改进和创新，将德方原设计长 50 米的双跨整浇连续梁改为单跨简支连续梁，使轨道梁长度缩短为 25 米，从而防止或降低在轨道梁制造、运输、安装过程中可能发生的扭曲损伤现象。2002 年 12 月，磁浮列车示范线竣工。同月 31 日，举行通车典礼。国务院总理朱镕基和正在中国访问的德国总理施罗德出席典礼。2003 年 1 月，磁浮列车示范线开始试运行，开创了高速磁浮轨道交通商业化运行的国际先例。

建成后的磁浮列车示范线全长 33 公里，西起上海轨道交通 2 号线龙阳路站，东至浦东国际机场。列车行驶最高时速可达 430 公里，区间行程约 8 分钟，往返 16 分钟，兼具交通、旅游观光及技术研究功能，成为国内外游客试乘的现代化交通工具。列车由两节流线型带头车厢和一节中间车厢组成（俗称双头车）。带头车厢长 27.2 米，中间车厢长 24.8 米，宽度均为 3.7 米，每节车厢可载客 80 人至 100 人。车厢内灯光柔和、座椅宽大、车窗视野开阔，乘坐环境舒适。磁浮列车突破了轨道列车利用车轮和铁轨行驶的传统技术，使没有车轮的新型列车通过电磁力作用，悬浮在轨道上以“零高度”前行。

三

浦东有轨电车（一期）工程为浦东新区重大工程之一，位于张江高科技园区内。工程总投资 6.76 亿元，其中浦东新区政府出资 30%，由上海浦东城市建设有限责任公司代行股东权；张江功能区域管理委员会出资 70%，由上海浦东唐城投资发展有限公司代行股东权。投资方设立董事会、监事会，行使国有资产管理、监督权。2007 年 7 月，上海浦东现代有轨交通有限公司成立，承担张江有轨电车一期工程的建设和运营管理。12 月，张江有轨电车工程开工建设。2009 年 7 月竣工试运行。同年 12 月 31 日举行通车典礼，成为上海首条现代化有轨电车线路。张江有轨电车线呈东西向走向。西起轨道交通 2 号线张江高科站，东至张江高科技园区集电港金秋路，全长 9.8 公里，其中进场线长 0.7 公里，正线长 9.1 公里。全线分设 15 个车站，平均每站间距 650 米。运行后，投放运行车辆 9 台。列车全天运行 17 小时 15 分，单程行驶时间 35 分钟。张江有轨电车选用法国劳尔（Translorh）工业公司生产的

STE3 型现代有轨电车车辆。每 3 辆编组为 1 列，每列电车两端均有驾驶室（双头车），最高行驶时速 70 公里，平均运行车速控制在每小时 15 公里至 20 公里。列车采用流线型设计，每列车长 25 米、宽 2.2 米。全车低地板结构（距地面 25 公分），宽视野采光，额定载客 167 人。

2019 年 12 月

工人新村动迁房

从崂山、潍坊到金杨、世博，
从联洋到滨江与碧云，
无疑是一幅浦东人居住变迁的历史画卷。

早期新村建设

“安居乐业”是社会健康稳定的重要标志。工人新村建设是新中国初期惠及民生的重大工程，颇具新中国初期社会主义建设和人民翻身当家作主的时代意义。

上海解放后不久，在1950年10月召开的上海市一届二次各界人民代表会议上，上海市市长陈毅指出：“目前经济情况已开始好转，必须照顾工人的待遇和福利。”1951年4月，副市长潘汉年在市二届二次各界人民代表会议上所做的《上海市人民政府1950年工作总结》中指出：“为工人阶级服务，就市政建设来说，目前上海最迫切的工作，就是为工人阶级解决居住问题。”1952年5月。在曹杨地区建造的上海首批1 002套工人住宅(上海第一个工人新村——曹杨新村首期)竣工交付入住。那些年能分配入住工人新村，往大里说是人民当家做主，说小了是人生成功、幸福美满的象征。

《浦东新区地名志》记载：1951年，长江航运局和上海港口机械厂在陆家嘴地区开始建设浦东的第一个工人新村——长航新村。同年中国石油销售公司华东分公司在高桥西侧建造工人新村，当时取名石油新村（后改名上炼新村，并扩建为一村、二村）。早期工人新村的一个显著特点是政府规划支持后，大多由企业自主开发建设，并以企业名或行业特性命名。

1952 年，上海第三钢铁厂（上钢三厂）在厂区附近开始为职工建造住宅，即为后来的上钢新村。1958 年，上钢新村作为上海市规划建设周家渡工业区配套的住宅新村列入市政府规划，至 1970 年代上钢新村完成一村至三村建设。

1953 年，浦东最大的造船企业沪东造船厂，在西沟港北、浦东大道东征用农田建造沪东新村。沪东新村占地 23.83 万平方米，从 1950 年代起建设，至 1990 年代初，共竣工建筑面积 12.58 万平方米，其中 1950 年代建造平房 182 幢、二层楼房一幢；1960 年代至 1970 年代建造三层楼房 80 幢、四层楼房 12 幢；1980 年代至 1990 年代初，建造五层楼房 29 幢、六层楼房 24 幢。新村还配套建设了职工医院、职业技术学校、小学、电影院、百货店、食品店、招待所、邮局和银行。

在建造浦东工人新村的数十年时光里，如论知名度和影响力，非崂山新村莫属，其住宅结构在当时亦属引领潮流。

1952 年 8 月 15 日，上海市市政建设委员会在研究 1953 年住宅建设计划时，决定在浦东地区开辟住宅建设基地。同年 9 月 30 日选址崂山地区，规划建造 1 500 户。

第一期工程分两批进行，资金由企业自筹，全部建筑工程委托上海市市政建设委员会代建。第一批建设，由上海港务局投资 117.24 万元，建造住宅 336 户；上海海运局、上海船舶修造厂（上海船厂）各投资 49.8 万元，建造住宅 108 户。住宅为三层砖木结构，人字形屋面，红色清水砖墙。每幢房屋前后间隔 18 米，每个单元可住 4 户，有 6 间卧室、1 间公共厨房和 2 个公共抽水马桶间、1 间公共浴室和洗衣间。房间内全部铺设木地板,设有壁橱。第一批住宅 1953 年 6 月动工兴建。1954 年 4 月竣工后,分配给市劳动模范居住。同年开始第二批 886 户住宅的建设。

第二期工程始于 1955 年,当年建成 47 171 平方米,经市政府同意,第一期、第二期住宅命名为崂山一村。此后,1956 年由市统一建造住宅 43 幢、26 506 平方米,为崂山二村。1957 年建造 16 544 平方米,为崂山三村。1958 年至 1959 年上半年,又建造 48 031 平方米,为崂山四村。其时崂山新村住宅面积已逾 14 万平方米,并建有崂山商场、浦东工人文化馆和东昌电影院等生活、文化、娱乐配套设施。

1960 年代至 1970 年代,崂山新村实施三期工程,先后建造一批四五层住宅,但是厨房、卫生间仍为合用。1980 年代初开始建造五层、六层住宅的崂山五村、六村、七村。从这时起厨房、卫生间才成为每户独立使用的空间。1993 年崂山新村全部竣工,总占地面积 12.67 公顷,建筑总面积 20.65 万平方米。一村至七村,共有住宅 169 幢、6 795 户。历时 40 年建造而成的崂山新村,清晰地出刻画出浦东工人新村建设发展之路。

1950 年代在浦东沿江地区还先后建设浦电、海港、长田、市建等工人新村。1960 年代至 1970 年代,建设有塘桥、港驳、浦建、风雷、海洋、东建、东南、大庆、上溶、港机等工人新村。

随着浦西人口向浦东转移,陆家嘴、洋泾、塘桥、南码头、周家渡等地区成为浦西人口迁至地。

浦东住宅大发展

1970 年代末,上海市委、市政府指示:“浦东住宅要大发展。”1979 年 2 月 14 日,上海市城市规划办公室完成上钢新村规划编制。在上钢新村原有一村至三村基础上，新规划增加 7 个村，分成 9 个街坊、15 个住宅群。新建住宅为行列与点状相结合布置，道路沿线及新村中心的重要地段，安排几组塔式高层建筑，形成高低错落空间。市政设施主要新辟历城路、长青路、昌里路等。居住区内新建长青公园，在各个街坊建设多处绿化园地、街心花园。

1980 年代至 1990 年代初，浦东建成东昌、东园、梅园、崂山、莱阳、香山、乳山、竹园、潍坊、泾东、泾西、泾南、罗山、雪野、上钢、上南、德州、临沂、南码头、微山、南泉、云莲、杨思等新村。

大型居住区建设从动工建设到全面建成旷日持久，一般历时十余年，甚至三十年不等。梅园新村始建于 1950 年，至 1992 年建成，历时 42 年，先后建成各类住宅 356 幢，其中 7 幢为高层住宅。

潍坊新村是 1980 年代上海市政府在浦东规划建设工人新村的典型作品。新村北至张杨路南，西为浦东南路，东临文登路（东方路），南临张家浜，占地 89 公顷，建筑总面积 89 万平方米、住宅 16 592 套，是上海市第六个五年计划中的 12 个居住区之一。潍坊新村由上海市民用设计院和浙江大学设计院设计，共分 10 个村；住宅型号有 75－1 型，宝钢点状甲型、乙型，沪住 2 型、12 型等。住宅型号的变迁，无疑是上海市住宅建设发展的缩影。从 1981 年 2 月动工建设到 1993 年 10 月全面建成，历时 12 年，其中潍坊 2 村和 3 村建筑面积 19.81 万平方米，由黄浦区住宅建设办公室建设。1983 年以后，由上海市居住区综合开发中心第八开发部接手施工，建成建筑面积 69.19 万平方米，其中住宅 57.83 万平方米，包含 9 幢高层，建筑面积 10.42 万平方米（1 592 套）；公共配套建筑面积 10.68 万平方米，人防建筑面积 6 797 平方米。村中建有中学 3 所，小学 3 所，幼儿园和托儿所 8 所，以及文化站和地段医院等设施。潍坊新村改变了以往沿马路住宅山墙和兵营式建筑的模式，代之以高层、多层，达到宅群高低错落有致效果，并辅以立体绿化点缀，给人以轻松、活泼感觉。

动迁房建设

1990 年，浦东开发开放，陆家嘴、金桥、外高桥、张江四个国家级重点开发区先后成立，随之大批土地被征用，大量原住民搬离，促使各开发公司建设大量动迁安置房。工人新村作为一个时代的产物也伴随着走入终点。

开发初期，陆家嘴金融贸易区、金桥出口工区在金桥镇西与北侧建设金杨新村。外高桥保税区在高桥镇、杨园镇建设富特新村、杨园新村，外高桥港区一期工程在高桥镇建设童港新村。张江高科技园区在张江团结村建设香楠新村。1990 年 9 月 25 日，上海市市长朱镕基对童港新村建设作出指示："包工期，包投资，包质量，如期建成。完不成任务，唯其是问。"

在早期的动迁安置房建设中，名声最响、建筑规模最大的莫过于金杨新村。新村东起金桥路，西至居家桥路，南靠杨高中路，北临张杨路，规划占地 206.7 公顷，分为 11 个街坊，总建筑面积 203.3 万平方米，其中多层住宅 461 幢，高层住宅 13 幢，住宅建筑面积 155 万平方米，公共

1995 年初建时的金杨新村

配套建筑面积 48.3 万平方米，总投资约 36 亿元。1992 年 6 月开工建设，1996 年底基本建成。配套服务设施有金杨路商业一条街，中小学各 3 所，幼儿园和托儿所 8 所，电话局 1 座。以现在的眼光看，金杨新村每种套型的面积是偏小的。小套面积一般在 38 平方米左右，中套面积 54 平方米左右，大套面积也不过在 77 平方米左右。

随着浦东开发建设需要，早期建于陆家嘴金融贸易区和世博园区的长航、长田、市建、海港、雪野、上溶等工人新村相继被全部或部分拆除。新村建设也由政府规划建设向房地产企业开发建设商品住宅并举转变。在环境、房型、面积与原工人新村相比较，发生极大变化，向着宜居、中高档方向发展。

这时的动迁房建设与起金杨新村比较，无论在住宅结构提升、配套设施完善上，有了极大进步。为 2010 年上海世博会定向安置建设的三林世博家园可谓代表性作品。三林世博家园地处三林镇境内，位于中环线以内的中心城区，东至春塘河及三林镇域边界，南至华夏西路，西至浦三路，北至南新小区。占地面积 132.91 公顷，其中居住用地面积约 101.23 公顷，总建筑面积约 118.5 万平方米，被列为上海市重大工程，共建造 233 幢房屋，定向安置世博基地动迁居民 1.2 万户、3.8 万人。2004 年 11 月 8 日开工建设，2006 年 3 月 31 日，第一期 31 万平方米住宅交付使用。4 月 29 日，首批 4 000 余户动迁居民入住。2006 年 6 月 30 日，第二期住宅开始交付。三林世博家园建设创下了上海住宅建设史上建设时间最短、施工人数最多的纪录。三林世博家园配套建设中小学各 1 所、幼儿园 2 所、福利院 1 所和社区医疗服务中心。沿小区南北主轴线，建有 2.5 万平方米商铺，配套了大型超市、商场、社区服务中心、菜场、公交首末站、大型休闲广场、中心绿地。三林世博家园获上海市“白玉兰”奖、上海市“四高”优秀小区奖、上海市优秀配套商品房奖、上海市优秀住宅金奖等荣誉。

在建设中高档居住区的同时伴随着老旧小区的改造，许多新建居住小区在拆除老旧新村(小区)基础上建造起来。

菊园旧区位于陆家嘴中心地块,东靠浦东南路,北至陆家渡路,南依杨家渡路,西临荣昌路,面积 24.07 公顷。整个菊园旧区建筑设施简陋,居住环境甚差,共有企业、居民 7 000 多户。1996 年,菊园旧区改造列入“四个一工程”。[①] 1997 年 4 月,浦东房地产集团公司和新加坡发展银行置地集团联手取得该小区 14.6 公顷土地使用权,并组建了浦东新翔房地产发展有限公司。按照“边拆迁边建设”原则,前期动迁分三期进行。至 1997 年 12 月 31 日,完成了一、二期共 4 700 余户企业、居民的动迁任务,共拆除旧房 21.9 万平方米。2000 年 4 月 8 日,第三期 744 户居民迁出,菊园动迁全面完成。菊园小区建设分 4 期进行,其中一期工程占地 4.59 万平方米,建筑总面积 15.96 万平方米,于 2000 年 12 月 31 日竣工。2006 年,整个菊园小区改造完成。建成后的居住区分别命名为菊园、汇豪天下和江临天下。除建造商品住宅外,沿浦东南路和张杨路一侧区域,建造了上海湾、中融大厦、鄂尔多斯国际大厦、隆宇大厦等商办楼宇。

2009 年,上海市规划建设 15 个颇具规模、交通方便、配套良好、多类型住宅混合的大型居住社区,其中在浦东建设周康航(居住区后命名为鹤沙航城)、曹路(居住区后命名为金海华城)和临港大型居住社区。周康航规划用地总面积约 2.36 平方公里,曹路规划用地面积 5.14 平方公里,为上海市最大的居住区。

中高档居住区

回溯 1990 年代初,位于浦东大道 1097 弄珠江玫瑰园和松林路东

---

① 四个一工程即为建设或改造滨江大道“一道”、陆家嘴中心区“一区(中心绿地)”、文明景观路线(一线)、菊园旧区改造“一块”。

侧海怡别墅的建成，表明浦东住宅建设迈出了向中高档、商品化、国际化、大型化方向发展的步伐。1990年代中期，金桥集团公司开始投资建设4平方公里碧云国际社区。1997年，外资企业上海仁恒房地产有限公司投资建设的仁恒滨江园，成为滨江国际社区建设的先声。2000年初，联洋社区中的联洋新苑、御景园、天安花园的相继动工，成为联洋居住区建设开端。2010年，滨江、联洋、碧云三大国际社区基本建成，成为浦东房地产业最著名的三大地标建筑。此后，森兰国际社区步其后尘，成为浦东高档社区建设的后起之秀。

2020年5月

主要参考资料：

《上海人民政府志》编纂委员会编《上海人民政府志》，上海社会科学院出版社，2004年。

上海市《黄浦区志》编纂委员会编《黄浦区志》，上海社会科学院出版社，1996年。

上海市《南市区志》编纂委员会编《南市区志》，上海社会科学院出版社，1997年。

《高桥镇志》编纂委员会编《高桥镇志》，上海辞书出版社，2009年。

《浦东年鉴》编辑部编《浦东年鉴》。

川杨一河通江海

西是黄浦，东是海，
一条大河连江海。

1991 年 11 月，在川沙县人民纪念川沙立县 80 周年之际，一首县庆主题歌在川沙大地唱响：

东海之滨，川杨河旁，翻卷时代的巨浪，勤劳的人民豪情满怀，改革的步伐势不可挡，开发浦东，振兴川沙，我们的前程灿烂辉煌！

歌声里的“东海之滨，川杨河旁”是川沙县的两个最显著的地理特征。一年以后的 1993 年 1 月 1 日，川沙撤县、浦东新区成立。从此，川沙县成为中国行政区划上的一个历史符号。时过境迁，还能有多少人记住这首歌？然而川杨河依然默默流淌，滋润着浦东大地！

规划先行

今天的年轻人已经很难想象 20 世纪六七十年代经济建设的现象。“工业学大庆”“农业学大寨”；工业以钢为纲、农业以粮为纲是中国式经济活动的最主要的形式。伟大领袖对于农业的最著名论断莫过于：

水利是农业的命脉！于是每年秋收以后，兴修水利便是中国广大农民和农村干部的头等大事。

1977年，十年动乱结束。抓纲治国，人心思定，群众热情高涨。这年3月，遵照上海市委指示，市革委会郊区组组成由各县县长、有关市局、部分公社负责人和工程技术人员参加的100多人农田基本建设考察团，在市农业局局长燕明带领下赴江苏省南通、盐城、扬州、淮阴、镇江、无锡等地参观学习。考察团归来后的4月15日，专职从事郊区水利规划工作的上海市农田基本建设规划组成立。4月28日　市革委会郊区组下达《关于转发市农田基本建设规划组〈关于上海郊区农田基本建设规划工作的意见〉的通知》。《通知》提出了郊区农田水利基本建设实行分片综合治理的规划意见：以治水改土为中心，同城市建设，发展内河航运、战备相结合，实行水、田、林、路、村统筹安排，洪、涝、渍、盐、旱、污综合治理。根据这一分片综合治理规划，决定开挖（疏浚）蕰藻浜、油墩港、大治河、川杨河、金汇港等骨干河道，并筹建控制水闸枢纽工程。

巨 大 投 入

1978年5月，川沙县在1977年冬至1978年春完成南北流向的浦东运河开挖工程后，紧跟着就成立了川杨河工程指挥部。由县委书记唐学优担任总指挥，丁明法、王金祥、朱晋民、龚章根担任副总指挥。指挥部内设办公室、工程组、拆迁组、后勤组、机械施工组、保卫组、政宣室和安全用电组8个组室，下设3个分指挥部和河道施工管理所、三甲港建闸指挥所、杨思港建闸指挥所以及建桥指挥所。不久唐学优调离川沙，由王金祥担任常务副总指挥（王曾担任川沙县副县长、革委会副主任18年），全面负责整个川杨河工程。陆品刚（曾任川沙县水利局局长、浦东新区农村发展局水利处处长）任工程组组长，具体负责川杨河工程质量。

川杨河工程指挥部设于新川路 280 号的农业局内，与川沙县政府仅一墙之隔。从 20 世纪 50 年代起就在川沙县内从事农村水利工作的陆品刚回忆说，其实川杨河的测量工作大大早于指挥部成立时间。测量标准很高，领导要求误差不能超过 1 公分。老陆实话实说，这个要求我们实在做不到。测量工作将近历时一年，在长达 28.7 公里内，我们最终实现误差不到 10 公分，达到了水利测量的优质标准。

按川杨河工程要求，动工前必须清除开挖线两侧各 40 米内一切障碍物。清除工作从 1978 年 5 月开始至 10 月结束，历时 6 个月。共计拆除或移动 10 大类设施和建筑。迁移和拆迁的项目主要有：迁移中日通信电缆 400 公尺、高压输电线和电话线 6 000 米，拆除废弃碉堡 2 座、上海市汽车五场川沙车库和宿舍 16 间、水利排灌站 20 座、地下渠道 16 公里、水泥场地 5 000 平方米、北蔡人民公社陈桥服装厂和潘姚农机厂及榨菜加工场、川沙县工业局所属蔡路铁木竹社厂房 185 间、杨思人民公社农机厂、沿线居民住房 19 357 间。

当时的居民住房拆迁补助标准为，每间住房县里补助 150 元、公社补助 150 元。按照移地重建的方式，一般以大队为单位，将被拆迁居民住房迁移至原居住地附近再建。在实际建造中不足部分由大队支出或与被拆迁人协商解决。川杨河工程结束时，这些移地再建的农民住房全部建成。今天，如果你走过或乘船于川杨河（东段），间或发现两岸东西一字排开的、10 余间开面的 2 层楼房，并且低矮、破旧、简陋地呈现在你眼前，那就是当年建于川杨河两岸的动迁房了。套用当今日话语就是一个个小小的川杨河动迁房基地。

川杨河开挖工程全长 28.7 公里，横贯浦东大地。河东端在蔡路三甲港处通东海，西端在杨思连接黄浦江，从东往西流经蔡路、城镇（川沙镇）、唐镇、孙桥、张江、北蔡、六里、杨思 8 个公社，是川沙县历史上规模最大、参与劳力最多，质量标准最高的水利工程，也是到那时为止，川沙历史上投入资金最多的建设工程，直到1989年的塘川公路工程才超越它。整个工程（包括三甲港和杨思2座水闸）投入资金3 299.74万元，使用钢材9 687吨，木材13 497立方米，水泥34 729吨，挖去农田3 420亩。全线新建桥梁29座、水闸2座。

1978年，川沙县财政收入2 876万元。3 299.74万元的投入，如果分摊到全县60万人民头上，每人55元。当时一个普通教师的月工资才30多元，全县农户1978年的年人均收入才200多元。

川杨河的开挖在各段有着不同的工程标准。从随塘河至沙脚河长1公里段，河道底宽由60公尺起逐渐收窄至30公尺。从沙脚河至浦东运河长5.07公里段，河道宽底宽30公尺。从浦东运河至上川公路长0.9公里段，河道底宽由30公尺，缩窄至20公尺。上川公路至杨东河段，河道底宽均为20公尺。杨东河至耀华路桥段，河底宽由20公尺逐渐放宽至30公尺。耀华路桥至杨思水闸段，河道底宽30米。整条川杨河底高为吴淞程高负1.6米。由于工程量庞大，川杨河开挖工程分成东西两段，分年、分段实施。

无私奉献

1978年11月20日，东段工程动工开挖。川沙农民刚刚收割完晚稻、播种好麦子，就拿起扁担畚箕，离家奔赴川杨河工地。川杨河工程指挥部也随之迁往工程第一线，入驻川沙县农业学校内。东段工程从三甲港起，至川北公路陆家大桥，长13.5公里，共需挖掘运输土方817万立方米。

全县27个人民公社农民，按照指挥部所指定的区段进入开挖工地。27个公社所领受的开挖工程量有所不同。每个公社的工程土方量按照本公社有多少农业劳动力分配。哪个公社劳动力多，所分配到土方量就多，反之则少。每个公社又将所领受的任务分配到所属的各个大队，各个大队又将任务分配到小队（生产队）。开河农民的劳动报酬十分微薄。每挖运 1 方土补助 0.45 元，其中扣除 0.1 元测量费、管理费就只存下 0.35 元发放到各个公社。至于实际发放到每个生产队的农民手中肯定会更少。这点钱只能算是一点点补贴。事实上，20 世纪 50 年代至 80 年代初，每一条河道的开挖或疏浚，每一条海塘的修筑，都是广大农民无私奉献的成果。那是一个注重精神、倡导艰苦奋斗的年代。参加开河的农民不会关心打听自身的报酬，所关心的是自己生产队的开河进度。开河农民的报酬，大多采用记工分方式，上一天工地，一般记 10 个工分，到年终分配时，所处的生产队如果每个工分分配金额是 0.1 元，那么你每天的报酬就是 1 元。在当时，一个工分能分 0.1 元的生产队是属于分配水平较高的生产队，分配低的队每个工分只能分到六七分。可想而知道，当年农民的付出与所得报酬之间的差距是何等巨大。

开挖川杨河时，与五六十年代完全采用人工挖掘已经有了进步。河道上层七八十公分厚的表层泥土，开始采用半机械化来运输。但是向下深挖仍然要靠人的肩膀挑着一步一步往上搬运。按照工程要求，挖出的泥土必须堆放到离河道 40 米以外的地方。今天陆品刚还珍藏着开挖川杨河时的工作笔记本，上面详细地记载进入工地的机械：大拖拉机（35 匹以上）230 台、小拖拉机（15 匹，又称手扶拖拉机）1 229 台、人力翻斗车 7 234 辆，卷扬机、斗式输送带、电动泥浆泵 332 台。

开挖东段川杨河时，每天参加开河的农民在 4.5 万人左右，占到全县农村人口 10%左右。工地上整天红旗招展、人山人海，劳动号子此起彼伏不绝于耳。最多一天，在川杨河劳动人数达到 5.6 万人，占到整个川沙县农业劳动力的 30%左右，凡是参加农业劳动的青壮年都上了工地。

从川杨河挖掘工程一开始，工程指挥部每天统计上工地人数和挖掘的土方，计算着完工的日期。抢时间，赶进度，挑灯夜战，不甘人后。夜色降临，一条灯火的长龙横亘在川沙南部的大地上。每个河段带队人，都掐着手指计算着每天开挖的土方，争取早一天完成任务。大家总是希望每天风和日丽，祈求老天不要下雨。一旦遇上雨天，常常会引发塌方，增加施工难度。如果雨大路滑，就只能停工。如果碰上连续雨天，指挥部领导心急如焚，生怕会延误工期。大凡参加过开河的人都知道，随着河道越挖越深，从河底到河岸距离越来越长，攀登的高度越来

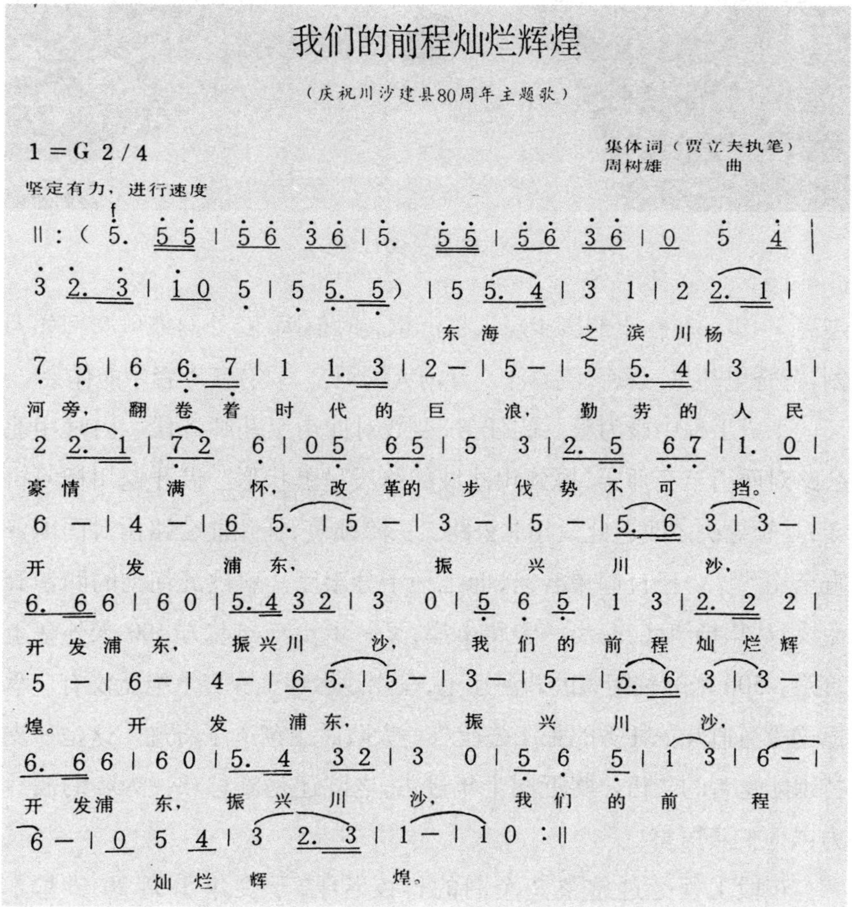

庆祝川沙建县 80 周年主题歌

川杨河(摄于 2011 年)

越高,一步一步往上的脚步越来越沉重。时值隆冬,外面寒风凛冽如刀割,背脊里却热气腾腾流着汗。开河人的艰辛,只有亲历者才能体会。

东段工程中最为艰巨的任务,要数对面街至药师弄段。当时川北公路对面街至药师弄,再到川沙城的路段呈弧状形。借开挖川杨河机会,县领导决定改造此段川北公路。去除弧度,让川北公路由对面街修直至川沙城。修直简单容易,而工程十分艰巨。肩挑沉甸甸的两畚箕泥块,从川杨河底,一步一步爬上岸,又一步步奔向前方 500 米外垒土筑路。500 米超长距离的开河运土,在川沙水利工程史上绝无仅有。承揽这段河道开挖任务的张江公社八一大队民工创造了奇迹。这是一支特别能吃苦的队伍。将近四十年过去,老陆还是难忘八一大队的战斗力:“他们真厉害!”

东段工程经过整整 2 个月的日夜若干,于翌年 1 月 20 日基本完工。

意外惊喜

1979年11月25日,西段工程破土动工。工程指挥部移至北蔡公社陈桥大队办公。川杨河西段工程从川北公路陆家大桥向西至杨思水闸,长15.2公里。施工期间,共出动推土机10台,大拖拉机156台,小拖拉机734台,人力翻斗车5 728辆,卷扬机、斗式输送带、电动泥浆泵等361台。每天平均有3万多民工在川杨河工地上劳动,高峰时有3.9万多人,共计挖掘运输土方917万立方米。在整个川杨河的东西两段开挖过程中,处于地势最高的区段在杨思地区。众所周知,新开河道的底部都处在同一水平线上。然而由于实际地表的起伏,经过杨思地区的这一段比其他地段的地势都要高出许多,从河底到河岸距离长达10余米,因此开挖时劳动强度也就大大增加。这段工程由北蔡公社的农民完成。除了劳动的艰辛也会有劳动的惊喜。1979年12月12日,在位于北蔡公社五星大队第十二生产队黄家宅南的川杨河工地,挖掘出古代木船一条。古船舱内遗留鹅卵石2枚、唐代开元通宝钱1枚及一残角、火烧土1块。经碳十四测定和上海博物馆专家分析,认为古船可能制造于隋代,至唐朝武德年间还在使用。同济大学海洋地质系微古室分析出地层土样后,认为"这里海相性最强,有孔虫说明当时水较深,盐度较高,木船似沉在海滩上,不是沉在已经成陆的小河内"。由此证明唐代浦东海岸线的位置和走向。

1980年1月15日,历时51天的西段工程竣工。在川杨河土方工程全面竣工之时,动迁居民住房、两岸绿化和土地平整相继完成。平整土地达到格子化样板农田标准,面积1万多亩。沿河绿化林带,种植水杉、乌桕160万株。29座横跨川杨河两岸的桥梁同时建成,包括川北公路、上川公路、川南奉公路(今东川公路)等7座公路大桥、2座水闸桥和 20 座拖拉机路桥(亦称农桥)。位于川杨河东西两端的三甲港节制水闸和杨思港船闸和节制闸,尽管施工难度大,还是在川杨河土方工程结束之前先后竣工。

水 系 沟 通

如果你熟悉浦东川沙水利环境,那么你就会知道,在 20 世纪 80 年代以前,川沙地区的水系分为两个不同地区,自成两个系统。一为钦公塘西至黄浦江地区,属于黄浦江水系;钦公塘东至人民塘之间(俗称夹塘地区),属于长江口水系。两大水系自成一体,互不相通。东部夹塘地区地势高,西部地区地势低。两者落差 50 公分左右。因此川杨河全线竣工后,横亘在两个水系的钦公塘(时称川南奉公路,今为东川公路)并未立即挖通。如果贸然开通,将会造成无法弥补的后果:出现夹塘地区的河水大多流入西部,造成夹塘地区河流水位大幅下降,某些河段甚至干涸,严重影响农业生产。

为平衡两大水系水位,做好川杨河最后贯通准备工作,川沙县水利局组织技术力量对夹塘内河道进行全面测量,并计算出所要深挖河道的工程土方量。从 1981 年开始,分步实施夹塘地区河道深挖疏浚工程。需要深挖疏浚的公社、生产大队、生产队三级河道 121 条段,土方 378.7 万立方米;移位、新建、改造排灌站 29 座,改建倒虹管和渡槽 220 条,配套桥梁 150 座。工程费用由三方负担,其中县级河道由县财政支出,公社河道县财政负责 70%,公社负担 30%。生产队河道由所属的生产队负责。夹塘地区河道深挖疏浚工程历时 3 年多时间,于 1984 年上半年完成。1984 年 7 月 11 日,阻碍川杨河贯通的钦公塘终于被挖通,实现川沙县境内两大水系统一为黄浦江水系。

从此,川杨一河连江海,西接黄浦,东出海。沿线串联起浦东地区的南北向河流 19 条，其中骨干河道 5 条，从西至东分别为三八河、马家浜、曹家沟、浦东运河、随塘河。从此以川杨河为中枢，构成了川沙县南北呼应、四通八达的水利、水运网络系统。

整条川杨河沿河受益农田面积 35 万亩，达到 300 天无雨保灌溉，日降雨 140 毫米至 176 毫米，大部分农田不受涝。川杨河沿岸的张江、孙桥、北蔡分布着大利荡、韩家荡、胜利荡三个低洼地。过去一遭暴雨，排水不畅，十年九涝。自从开挖川杨河后，三荡从此远离水害。

随着黄浦江沿岸产业的发展，工厂、码头不断增加，造成浦东地区与黄浦江相通的各个河口淤积收窄，引排水不畅。每逢汛期再加暴雨之时，常常会引发江水倒灌、航道受阻，遭致不同程度的内涝。川杨河工程在很大程度上改变了这一现象，确保了暴雨和汛期的安全。

除了航运、水利，川杨河在改善水环境方面，发挥着举足轻重的作用。直到今天，浦东新区水务部门每年在实施引清排污措施中，川杨河的引水排污功能是其他河道所不能替代的，其引进水量和排出水量位居各河道之首。

一 把 算 盘

时序转换，花开花落，川杨河水日夜长流。

蓦然回首，那一步一步负重攀登的背影渐渐模糊，震天的劳动号子离我们越来越遥远，多少当年的开挖者已经于长眠地下！2001 年，川杨河常务副总指挥王金祥去世，享年 78 岁。王金祥——这位典型的从土改中成长起来的中国式农村干部，他之风范长留天、河之间。

在川杨河开挖的日日夜夜里，王金祥吃住在工地，连续两月不回家，双脚踏遍 28 公里长的川杨河两岸。抓工程进度，劳动安全，无一起伤亡事故发生。督促检查工程质量，遇到问题及时决策解决，无一例工程质量事故出现。

笔者在一个极其偶然的机会遇到曾经担任张江公社桥梁队队长的赵惠成。他说，记得那是 1978 年冬天，我参加了县里召开的川杨河建桥工程会议。会上，王指挥坐的会议桌上放着一把算盘。他在会上说：同志们，每座拖拉机桥拨款 16 万元，大家一定要用好每一分钱，保证桥的质量。王指挥神情严肃地强调，工程出了问题是要吃官司坐牢的。此时算盘打得啪啪响。他接着说：16 万元啊，是农民种了多少棉花粮食才换来的！一把算盘、一段回忆，令人动容，感慨唏嘘，让现今的人们真正懂得什么是群众路线，什么是艰苦奋斗、勤俭节约！

西是黄浦，东是海，一条大河连江海！今天当你站在川杨河畔，眺望着连天流水，你是否会想到它的河床里淌流的难道仅仅是水？

分明是川沙人民血和汗的结晶，是川沙人民艰苦奋斗，改天换地精神的写照！

哦，一个流逝的时代！

2017 年 10 月 2 日

主要参考资料：

原川沙县水利局局长、浦东新区水利处处长陆品刚，张江镇规划土地所赵惠成提供口述资料。主要参考文献：《川沙县志》《川沙县水利志》。

历史上的川沙县

这一天是川沙历史的结束。

这一天是新浦东的开启!

这一天是川沙历史的结束。

1992 年 12 月 31 日下午,临近下班时分,“中国共产党上海市川沙县委员会”“川沙县人民代表大会常务委员会”“上海市川沙县人民政府”“中国人民政治协商会议上海市川沙县委员会”名牌,在川沙镇新川路 540 号大门口立柱上缓缓卸落。此刻,川沙县 182 年岁月画上句号。

这一天是新浦东的开启!

在川沙县四套班子名牌摘下大约 18 个小时后,1993 年 1 月 1 日 9 时 47 分,中共上海市委书记吴邦国、市长黄菊在浦东大道 141 号门前为“中共上海市浦东新区工作委员会”“上海市浦东新区管理委员会”揭牌。

从此,川沙县成为浦东新区一部分。其时并入浦东新区的川沙县面积 446.11 平方公里(耕地面积 1.54 万公顷),占新区总面积 522.75 平方公里的 85.34%,下辖城厢、高桥、北蔡 3 镇和施湾、六团、江镇、蔡路、合庆、城镇、黄楼、孙桥、张江、唐镇、王港、龚路、顾路、杨园、张桥、金桥、东沟、高东、高南、高桥、凌桥、花木、洋泾、严桥、六里、杨思 26 个乡。户籍 19.63 万户,人口 62.13 万人。

1992 年,川沙县国民生产总值 40.25 亿元,社会总产值 131.95 亿元。财政总收入达到 5.47 亿元，连续 8 年名列中国十大财政县之一。

一

今天，我们上溯 180 余年时光，可以了解川沙是如何从封建王朝的末等小县走进全国十大财政县的行列。

清嘉庆十五年（1810 年），由上海县高昌乡 15 个图、南汇县长人乡 10 个图以及八、九两个团设立川沙抚民厅（1911 年川沙改厅为县）。厅署设于川沙城内。时川沙面积仅 198 平方公里，户籍 28 065 户，人口 99 964 人。

清咸丰八年（1858 年），在川沙八团外长江口洋面发现新涨沙洲（即后来的横沙岛）。清同治二年（1863 年），丈量面积有 2 783 亩。同治十二年丈量面积增至 3 210 亩、田涂 4 113 亩、水影 3 215 亩。光绪十二年（1886 年）着手开垦。初期的开垦十分艰难。《横沙乡志》载："据岛上的老年人传说，横沙岛在清道光年间开始出露水面，当时只生长芦苇和水草，无人定居。一日，川沙县的八个穷苦农民上岛收割芦苇，不巧遇上连日狂风秋雨，海面巨浪滔天，无法离岛回家。最后断了口粮，灭了火种，活活饿死。"

清咸丰年间，江苏海门、启东等地连年遭灾，广大贫苦农民在当地无法生活，纷纷背井离乡，四出逃荒。他们听说长江口外有个小岛无人居住，便冒着九死一生的风险，结队涉海而至。上岛时的农民赤着脚，挑着担，人人一贫如洗，却满怀着希望。横沙岛上至今流传的"家无一担，赤脚上横沙"的民谣，是第一批横沙开拓人的真实写照。随着社会经济的发展，以"横沙"名之、隶属于川沙县的乡行政机构在横沙岛建立。

民国三十六年（1947 年）川沙县面积增至 223.15 平方公里（含横沙

面积)。新中国成立后,川沙县境域几经变迁。1950 年 6 月,南汇县北蔡区全部 14 个乡,祝桥区 9 个乡、横沔区 6 个乡划入川沙县,合计面积 161.89 平方公里。划入川沙县的主要集镇有北蔡镇、张江镇和龙王庙(花木)镇、杨家镇、江镇、施镇、六团镇、黄楼镇等。

1955 年 2 月 19 日,由横沙乡驶往川沙白龙港的长泰轮遭遇狂风恶浪,不幸沉没。船上载有前去参加川沙县干部会议的横沙乡干部及群众,共计 53 人全部遇难,无一生还。这次海难直接促成 1958 年 7 月横沙乡由川沙县析出,划入宝山县,面积 58.67 平方公里。① 1961 年浦东县撤销,其农村地区并入川沙县,面积 144.58 平方公里。划入川沙县的集镇有洋泾镇、高桥镇、杨思镇、六里镇、金桥镇、张桥镇、东沟镇等。其时川沙县境有城厢(川沙)、洋泾、高桥、杨思四大集镇,全县面积增至 470.95 平方公里。1982 年、1984 年,先后两次析出川沙县沿黄浦江地区面积 24.84 平方公里,分别划入上海市黄浦区、南市区和杨浦区,随之洋泾镇、杨思镇分别划入黄浦区和南市区。

二

川沙历史上是戍卒屯垦的海疆之地,盐业是主要的经济来源。19 世纪末 20 世初,川沙地方经济建设走上快速发展之路。创设毛巾工厂,建造上川铁路,“川邑工业,水、木两工就业上海,在建筑界卓著信誉”(黄炎培语)。尔后,一跃成为毛巾之乡、建筑之乡。1951 年 4 月 18 日,川沙县由丙等县升格为乙等县。十一届三中全会后,川沙经济日趋壮大。1985 年,名列中国十大财政县第二名。宣布浦东开发开放的 1990 年,川沙县财政收入达到 4.25 亿元。

---

① 横沙至川沙白龙港航道,风急浪高,易发风险。横沙至宝山吴淞航道相对平静。

在经济发展的同时，川沙县政府与人民依然保持艰苦奋斗的传统，厉行节约、拒绝奢侈。据可查资料显示，1985 年，川沙县财政结余 4 025 万元。按当时 60 万川沙居民计算，平均每人 67 元。那时全县职工平均工资也就六七十元。其结余可为全县职工发放将近一年半工资。

位于川沙镇新川路 540 号的川沙县人民政府办公地，现为川沙新镇人民政府驻地（1988 年）

三

川沙县撤销，新区建立之时，原川沙县 1 283 名县级机关干部（含在编职工 163 名）何去何从？当时没有采用整体转入浦东新区行政机关的办法，而是采取不同形式、不同途径进行分流安置。

笔者当时工作单位是县地方志办公室。到了 1993 年 3 月初，还没有明确归口单位。此时单位的财政经费停止运转，当月职工工资无从支付。后来几经周折，总算有了结果。新区党政办领导指示县志办公室人员工资由新区档案馆暂时代发。

此时我兼职单位内勤，前去原县政府办公室财务科邱会计那里领取每人的工资数额。26 年过去，今天还是清清楚楚地记得，从邱会计手里拿到是一张小纸条，上面用铅笔写着每人的工资额。拿着这张纸条，来到县政府隔壁的档案馆找到出纳。女出纳看了看纸条，就把单位里每人的工资给了我。就这样，档案馆代发了我单位大约三四个月的工资。进入 7 月，在川沙县地方志办公室和川沙县党史办公室的基础上成立了浦东新区史志征集编纂室，自然也落实了各类经费，同时也把由档案馆代发的工资如数还了回去。

当时能进入浦东新区机关的干部名额少，分流原川沙县干部的任务繁重。新区党工委指定一名副书记分管此项工作，在区组织部建立临时性的干部分流办公室具体负责分流工作。首先面向所有分流干部发放征询表，召开座谈会，以及个别访谈，听取意见，做思想工作。记得当时我也收到了分流征询表，不过填写上交后便没有了下文。

在具体分流安排上，将原川沙县机关部门与新区各部委办局作归口对应，变“一扇门进，为多扇门进”，同时加快中介机构组建，广辟渠道创造分流条件。在政策措施上实行 5 个鼓励。(1) 鼓励流向企业。凡在规定时间内流向企业的人员，按工龄予以一定数额的经济补贴。(2) 鼓励流向事业。凡去事业单位的，保留原职级待遇。(3) 鼓励男 55 周岁、女 50 周岁的人员提前办理预退手续，保留除奖金和下乡津贴以外的各种补贴。生活确有困难的，各单位还可以酌情补助。预退休期间与机关工作人员统一调整工资时，一视同仁。(4) 鼓励辞职自谋职业。对辞职者，根据工作年限给予一次性较大额度的经济补偿。(5) 鼓励专业技术人员归队，给予接收单位聘用指标。另外，凡年内到达退休年龄的，允许不办预退，不进编制，由归口单位安排适当工作，到期按新区机关干部办理退休手续。

整个川沙县机关干部分流工作于 1993 年 5 月中旬结束。最终有

361 人安排进入新区行政机关，占川沙县级机关干部的 28.14%。595 人分流至新区的中介机构或事业单位，占川沙县级机关干部的 46.38%。135 人进入企业，占川沙县级机关干部的 10.52%。29 人充实政法队伍，27 人加强乡镇机关，15 人调入其他单位，1 人停薪留职，5 人自谋职业，69 人办理了预退休手续，46 人年内达到退休年龄者归口落实了退休前的单位，届时再分别办理退休手续。

川沙县县级行政机关归口浦东新区行政机关情况

被归口单位	浦东新区相应接收单位
宣传部、统战部、县委办、县政府办、信访办、侨办、台办、外事办、宗教办、地方志办、档案局、工商联、侨联、县机关招待所	办公室
组织部、人事局、劳动局、老干部局、党校、党史办、机关党委、(人才调节中心)	组织部(劳动人事局)
纪委、监察局、审计局	纪委(监察局)
民政局、教育局、卫生局、文化局、体委、区划办、计生办、老龄委、爱卫委、成教办	社会事业发展局
土地局、计委、房产管理局、统计局、政研室	综合规划土地局
交通局、建设局、环保局、人防办、绿化办、交通市容办、防汛办	城市建设局
科委、科协、外经办、物资局、工业局、粮食局、计量所、供销社	经济贸易局
企业经营管理办、农业局、畜牧局、水利局、乡镇工业局、蔬菜办、沼气办、燃气办、墙体材料办、散装水泥办、机关托儿所、机关服务站	农村发展局
工商局、物价委、物价检查所	工商局
财政局、税务局	财政税务局

2009 年,南汇区干部整体转入浦东新区,与当年川沙干部分流相比较,其经历川沙分流者自有一番感慨在心头,然而能与谁评说!

2018 年 12 月

主要参考资料:

黄炎培主编民国《川沙县志》。

上海市川沙县县志编纂委员会编《川沙县志》,上海人民出版社,1990 年。

《横沙乡志》编写组编《横沙乡志》。

《解放日报》。

军民协力抗倭寇

昔年走马阴山道，今日驱兵沧海涯。
三尺龙泉书万卷，丈夫何处不为家。
——明代抗倭英雄任环

中国历史上的倭寇之乱始于元末明初，平定于明嘉靖后期。倭寇之乱是指日本九州沿海一带的名主、庄官等阶层及失业者组成的武装海盗骚扰我沿海地区。明嘉靖年间，日本进入战国时代。在封建诸侯支持下，日本海盗与中国海盗王直、徐海等勾结一起，在江浙、福建沿海地区攻掠城镇乡村，杀人越货，无恶不作。从嘉靖三十一年（1552年）到三十四年有文字记载的倭寇骚扰就超过20多次。川沙、南汇、六团、新场、高桥等地到处留下了倭寇的罪行。一时震动朝廷，调兵进剿。

深受倭寇之害的浦东人民也不愿坐以待毙，组织起自己的抗倭队伍，配合官军抵御倭寇。

明嘉靖三十一年四月，倭寇攻破南汇城，又北上掠夺川沙后，前往嘉定烧杀掠抢。此时，苏州同知任环、守备解明道，在吴淞口设兵伏击，大败倭贼。

嘉靖三十二年三月，倭寇在中国海盗王直指引下，乘着战船，在清浦（今高桥一带地区）登陆抢劫。之后又沿着海路向南进发，攻破南汇城。四月十五日，倭寇渡过黄浦江，攻入上海镇，杀死镇海卫指挥武尚文。倭寇所到之处，村镇半成废墟，浦东沿海一百余里地满目疮痍，死者盈路。

六月，倭寇骚扰上海西部地区。海防佥事董邦政率兵阻击，一路穷追猛打，直至川沙老护塘上的小湾镇。不久，倭寇首领萧显自金山沿水路至上海天妃宫前抢劫粮船。指挥黎鹏举、镇抚胡贤领兵奋力迎击。战斗中黎鹏举受伤，胡贤牺牲。都司韩玺闻讯后，联合监生梁家东在南汇四墩（今南汇区黄路）阻击，杀死倭寇 80 余人。

嘉靖三十三年正月十八日，倭寇驾船七艘，冲入黄浦江，直逼上海城东门（1553 年 10 月筑城）。董邦政据城固守不出，倭寇围困十八日之久，始终未能攻陷。任环统领民兵 300 人和少林寺僧 88 人赶来救援解围。倭寇见状慌忙逃窜。任环带兵追击至九团（今蔡路、合庆一带）

抗倭英雄任环像

与之交战。战斗中,任环左冲右突,连杀倭寇数人,自己三处负伤。由于任环英勇善战,带兵有方,倭寇称呼他为“拼命官人”。

任环,字应乾,山西长治人。自小勤奋好学,饱读诗书;拜师习武,善击剑、精骑射,为嘉靖二十三年进士。历官广平、沙河、滑县知县(最终任山东右参政)。在苏州先后任苏州府同知、苏淞兵备参政,率领军民奋起抗击倭寇,保境护民,竭尽全力,虽然没有抗倭名将戚继光、俞大猷那么出名,亦是名副其实的抗倭英雄,深受民众爱戴。

任环文武双全,其抗倭诗章,今天读来依然能窥见他的儒将风范:“草草功名六六年,正当烽火动江天。除残愧乏长驱略,策马空操短节鞭。”“昔年走马阴山道,今日驱兵沧海涯。三尺龙泉书万卷,丈夫何处不为家。”

再说嘉靖三十三年三月,从日本又新来倭寇 1 000 余人进犯浦东,董邦政带兵迎战。一倭将红衣白马,手持双刀,气焰十分嚣张。兵勇陈瑞挺身迎击,将其劈杀于马下。倭寇大惊失色仓皇后退。陈勇士啣贼人首级渡过黄浦江,众人高声齐呼陈瑞为“壮士”。

七月,倭寇一边不断进攻南汇城。一边在川沙烧杀掳掠,拆民房建营栅,准备长期驻扎。参将卢镗率领河朔兵马前往围剿,然而不幸失利,力士“丁千斤”“马八百”先后战死。那时,明廷从各地调来江浙沿海平定倭寇之乱的官兵有数万之众,但是由于这些官兵不谙地利,不服水土,常常中了倭寇埋伏而导致战事失利。倒是地方上的佥事董邦政,把总娄宇,乡绅乔镗、盛际春、潘元孝所率领的地方乡勇(地方部队,且大多为当地乡勇),因为熟悉地形,知晓敌情,所以常常能出其不意,克敌制胜。特别是当时沿海地区的盐民骁勇善战,武艺高强,配合官军打击敌人,战果显著。倭寇见了盐民畏惧三分。据说那时,倭寇上岸抢劫,十分害怕盐民。一旦发现那家屋内有盐包,就会连忙退出。九团人张元恺组织乡民屡次抗击倭寇。一次,几十名倭寇因为迷路,走错了地方，踏进了九团地区，被张元恺带领的乡勇发现后，一举歼灭。

嘉靖三十四年正月，驻扎川沙的倭寇，出动往南攻打南汇城。董邦政抓住机会，乘虚而入率兵杀敌 500 人，一举捣毁了倭寇的川沙营寨。余寇向南逃窜，乔镗又率领乡勇乘势追击，收拾残敌于六团湾畔。

四百多年前的那场倭寇之乱对许多浦东人来说已经十分陌生。我们没有给战死的英雄或者死于屠刀下的人民垒造凭吊的纪念碑。甚至连纪念抗倭英雄戚大将军的庙宇（戚家庙，原位于今世纪大道与杨高路交汇处西北处）也早已灰飞烟灭，但是我们依然没有任何理由忘记这段血色的历史，忘记浦东先人抛洒热血保家卫国的壮举。

今天面对早已拆除的南汇城，面对南汇中学校园内那块镶嵌在城墙中的“古城墙遗迹”，我们怎能忘记李家兵抗击倭寇的万丈豪气。

嘉靖三十二年二月，倭寇进犯南汇城。新任哨官、南汇人李府，率领儿子李香及哨兵、族丁 30 多人抗击倭寇。战斗中，李府父子身先士卒，一气斩杀倭寇 30 多人。倭寇大败溃逃，李府率兵乘胜追击十余里。当夜，倭寇又纠集残余前来偷袭。夜深之时，由于连日作战，疲乏不堪，守城士兵昏昏而睡。正当倭寇顺着布制的软梯爬上城头的危急关头，李府巡夜相逢，一跃而上挥刀厮杀，击退了偷袭的敌人。第三天，李府率领士兵出城巡察，在城外不远处的一片隐蔽地带中了倭寇的埋伏。李府父子不幸中箭，壮烈牺牲。

嘉靖三十三年三月，倭寇又攻南汇城。守城哨官已是李府的侄儿李黍。此时，李黍年才 17，乳名三郎。一日，三郎面对城下蜂拥而至、气焰嚣张的贼寇，仰天发誓：“为君父报不共戴天之仇，在此一举！弟兄们，冲出城去，杀倭寇、报国恨家仇！”李黍一马当先，举剑呐喊，冲出城门，直刺敌酋。一瞬间，连斩三敌。倭寇万万没有想到守军来势如此凶猛，不由乱了阵脚，纷纷退去。

是夜，星月惨淡，倭寇又来偷袭。倭寇刚登上城墙，李黍手起刀落，斩贼于城头。此时，云梯上，敌人一个挨着一个拼命往上爬。李黍急中生智，向紧靠云梯的城垛奋力一推，瞬间碎砖乱石顺梯跳跃而下，砸向敌人。

倭寇对李三郎恨之入骨，又畏之如虎。在城下齐声高呼："谁是李三郎，你敢站出来吗？"李黍不假思索登上城垛挺身而立，高呼道："三郎在此！"谁知话音未落，城下敌人鸟铳密集而发，三郎倒地牺牲！正在倭寇幸灾乐祸之时，突然城头又高喊"三郎在此！"声如惊雷，划破长空。敌人一下懵了。只见一位身材、相貌和年岁与李黍相仿的战士巍然屹立于城墙之上。"三郎没有死！""三郎还活着！"城下倭寇一时真假难辨，惊惶失措，落荒而逃。

另有抗倭英雄乔镗死后，乡人思其德，建仰德祠祀之。朝廷封赠乔镗为奉政大夫、福建参政，五品衔。

清川沙同知何士祁在《重建仰德祠碑记》中表达了世代川沙人民对乔镗的敬仰之情：

睇高城之嵯峨兮，畴筑之御倭。
历太平之蕃庶兮，错廛舍以星罗。
俯濠水之澄波兮，隄屹障而徙鲸龟。
溉良田以万顷兮，宜木棉兮宜稻禾。
城之業業倚公之力，海之不溢氓食公泽。
公之灵兮在天，飒下降兮有几筵。
有子从公兮两旃，福我惠我兮屡丰年。

2018 年 5 月

主要参考资料：

《浦东今古大观》，科技文献出版社，1992 年。
上海市南汇县县志编纂委员会编《南汇县志》，上海人民出版社，1992 年。

高桥六团出没虎

有时咆哮啸一声，怒音十里秋风狂。
胡为不仁肆牙爪，缘村绕舍时纵横。
啖人计已六十五，牛羊犬豕算无量。

——《宝山杀虎行》

老虎为濒临灭绝动物，列入《华盛顿公约》CITES Ⅰ级保护动物。如果说浦东曾经有过老虎的活动，估计许多人会将信将疑。

《五茸志逸》记："明万历丁未九月，海塘有二虎伤三人，逐至浙界而返。嘉靖壬子，有虎浮海伤人。正德己巳，北山有虎恣噬。崇祯壬申夏月，有虎在亭林镇。但主念害之者即攫而噬之，时称神虎。"

《江东志》记明英宗正统二年（1437年），高桥老宝山遭虎害，村民五六十人命丧虎口。一时风声鹤唳，谈虎色变。吴淞千户王庆和县丞张鉴带领十余勇士前住除害，布下天罗地网才将两只白额大虫剿杀。事后张鉴在《宝山杀虎行》中详细记载了这次捕虎行动："嘉定邑东沧海旁，海波万顷吞微茫。瀛洲纯弱水远相接，金鸡夜夜啼扶桑。太宗皇帝徕万邦，筑山示表收宝航。奇花异卉盛培植，翠荫密叶生微凉。当时九重动宸兴，作歌勒石昭威光。山巅建祠奠龙王，春秋庙食严烝尝。塌来倏经二十载，草木畅茂争芬芳。庙宇倾覆碧瓦落，祀事不修苔藓荒。怪哉山中白额虎，父子产育咸遁藏。有时跳跃周巍阜，轻健矍铄如逾塘。有时咆哮啸一声，怒音十里秋风狂。胡为不仁肆牙爪，缘村绕舍时纵横。啖人计已六十五，牛羊犬豕算无量。居民号恸死不辜，哭声夜半干穹苍。耆民白县县达郡，郡达行台侍御郎。岂弟君子民父母，远迩闻者皆悲伤。惟时冬官亚卿相，敕书委任绥南方。黎民乐业时物阜，弦诵比屋歌甘棠。乌容此兽施暴虐，使彼赤子罹其殃。卿相知之寝不寐，上书激切陈明堂。帝闻此言亦怵惕，玉音降下双凤凰。衮城武臣国柱石，拜领上命心彷徨。爰遣壮士十余人，赳赳勇烈谁其当。雕弓引发白羽箭，铁骑森列罗刀枪。郡侯重民委莲幕，幕君切切食不遑。时我邑佐往从之，锐气浩浩虹霓长。平生读书事恭让，心亦怒之一奋攘。寻踪觅迹走林麓，驱逐攫杀如屠羊。吁呼号令殄民患，食其肉兮刳厥肠。行人聚观集如市，歌者快者声琅琅。居民从兹称乐业，鸡豚犬豕始安康。日出可作日入息，耕田凿井歌虞唐。祠堂再新祀事续，列山肴兮奠椒奖。海云五色照画栋，蜃气万丈连雕梁。吁嗟，恶兽已去弓矢藏，墨华湿透霜毫香。我歌一诗纪胜事，歌声激烈云飞扬。”《宝山杀虎行》极尽铺垫渲染之能事，从老宝山地理环境入手，由老虎的危害，百姓的苦难，各级官员下情上达全面行动，到歌颂皇帝之亲民，杀虎勇士之威武，以及虎害解除后百姓欢呼雀跃的场面，叙述活泼，场面生动。

在浦东最为有名、在百姓间流传最为广的打虎故事要数发生在老护塘上的六团湾。

明朝，位于川沙镇东南六团湾（老护塘转角处）设有一座防御倭寇入侵的墩汛。敦汛高约三丈，占地四五亩。隶属金山卫指挥侯端管辖。侯端，字敬庄，为怀远将军、金山卫世袭指挥同知。

侯端刚毅勇猛，臂力过人。善于骑马射箭和挥舞刀槊，一手能提起衙门前四五尺高的石狮子走上十多步。有一次，侯端骑着战马经过城门，突然他伸出双手，一把抓住城门横梁，两腿夹住坐骑，将自己和战马悬吊在城门横梁上。周围的老百姓见了，万分惊奇，感叹侯指挥的威烈勇武。

一次倭寇来犯，初战失利。倭寇顺势占据金山卫城后，毁坏了城门吊桥。侯端在城外仰天长叹：“金山卫城亡，我也应该死，决不偷生！”只见他翻身跃马飞越护城河，杀入西城门，与倭寇决一死战，誓与金山卫城同存亡。冲入敌阵的侯端如入无人之境，一路斯杀至南城门。倭寇首领见状惊呼：“这么厉害的将军！”顿生生擒侯端之意。倭寇在街上横栏布索，企图绊倒侯端坐骑。侯端双手持剑，越战越勇。一剑挑起布索，将之斩断，所向披靡，锐不可挡。侯端由南门再战至东城门，终因寡不敌众，不得已跃马越过护城河，退至城外。

正巧这时，守备青村（今奉贤境内）、南汇的两路援军赶到，金山卫守军士气大增。面对严峻形势，侯端审时度势，决定智取。他对士兵们说：“等到退潮的时候，倭寇的船只就会在坚硬的铁板沙海滩上搁浅。到那时，我们一人抱一捆稻草，火烧敌船，断其后路！”果然，倭寇见战船被烧毁，断绝了退回大海的后路，顿时军心大乱，仓皇退出金山卫城，向海滩逃去。侯端乘机率领士兵全线出击，打得倭寇片甲不留，悉数歼灭。从此，倭寇听到侯端的名字便闻风丧胆，再也不敢对金山卫轻举妄动。

明正统十二年（1447 年），六团湾畔出现虎患。清初李延所著《南吴旧话录》记载了这次虎患。一只白额大虎渡海流窜川沙海滨地区，吃掉牛马百余只，伤害十多人。滨海居民从来没有见过老虎，相互告诫不敢擅自出门，路上行人几近断绝。消息传到侯端那里，他笑着对身边的人说，“老虎自己送死来了，我一定除掉它！”一天，他跨上战马，来到老虎出没的地方。突然林中传来虎啸之音，身下坐骑吓得伏地不起。侯端翻身下马，手持打虎棍等候老虎前来。不一会儿，老虎呼啸着从林中窜出，随从兵丁大惊失色，纷纷后退。侯端见虎镇定自如，一人向前与虎周旋搏杀。仅仅几个回合，侯端棍挑虎腰，将那虎高高挑起，又狠狠摔到地上。只听见老虎一声惨叫，翘起尾巴坐地不动。这时，兵丁们还不敢上前，其实此时老虎已经被侯端摔死。兵丁欢天喜地，将老虎拖至近处墩汛剥皮屠宰。此时有人提议，将虎皮献给上司。侯端摇了摇手说：“杀死一只老虎，怎么能显示出勇敢呢？等到上司问起此事，再呈上虎皮也不迟啊。”

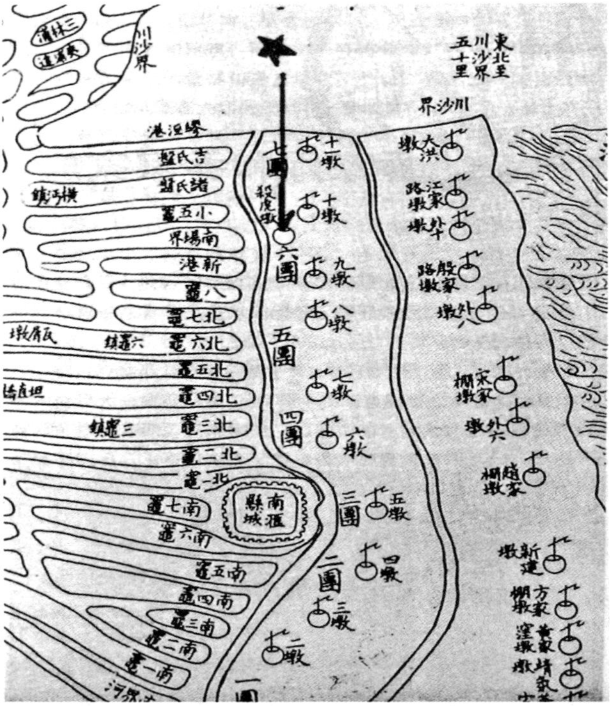

杀虎墩位置

后来有人勒石竖碑，上刻“侯端杀虎处”（今已毁）。从此，杀虎墩之名代代相传。乡人倪斗楠感慨侯端英武抗倭又伏虎，撰竹枝词记其事：“手挈狻猊行府署，股横健马挂城门。倏逢暴虎能徒格，地号侯公杀虎墩。”另有清人《云间竹枝词》云：“杀虎墩边宿草枯，将军英略冠三吴。近来人更猛于虎，愿付灵风一剪屠。”杀虎墩位于川沙镇东南约 6 公里。侯端杀虎事迹还载于《松江府志》和《金山县志》。

2014 年 3 月

奶牛之乡往事多

今日，当你在钦公塘上流连，
再也听不到一声奶牛的叫唤，
再也看不到那分明的黑白相间的身影。

1840年，鸦片战争的炮声轰开了古老中国的大门。不久上海开埠，洋人闯入上海滩，与洋人一起而来的还有他们的日常生活必需品牛奶和面包。因此，饲养奶牛，挤出牛奶成为必然发展的新生产业。

凭借天时地利，19世纪下半叶，英国和荷兰人在浦东沿黄浦江的杨家渡一带开设了一批大大小小的牧场(俗称奶牛棚)，专门饲养奶牛，产出牛奶。

无巧不成书。1880年，不知是谁将一头英国黄白花小公牛(奶牛)带入川沙东海边的合庆农村。说来也巧，同年合庆农民顾金华从上海荷商“爱先社”奶牛场引入一头荷兰黑白花小公牛。就这样，两头长大后的外国小公牛自然成为父本，与本地母本“塘脚牛”杂交(川沙钦公塘以东沿海地区饲养俗称“塘脚牛”的耕牛用于农业生产的犁地、灌溉)。其生育的后代第一代俗称“二夹种”，属乳役两用牛。在经过了四代以上杂交后，其体态与父本相仿，已属乳用牛，起名“川沙黑白花奶牛”(俗称外国牛)。

由于川沙杂交奶牛具有体力强壮，又耐粗饲料、适应性强、产奶量高的特点，解放前上海华商牧场饲养的奶牛大多来自川沙。1932年，上海的 77 家华商牧场，饲养奶牛 1 355 头，其中从川沙买进的有 1 082 头。1932 年至 1954 年，川沙县先后出售给全国各地的奶牛有 3 800 多头，遍及江苏、浙江、河北、江西、山西、山东、广东等地。

1949 年，川沙地区农户散养奶牛 551 头。1952 年发展到 1 325 头。农业合作化运动后，川沙县有 56 个农业合作社办起奶牛饲养场。1956 年，沿黄浦江地区有公私牧场 56 个，饲养公、母奶牛 1 054 头（其中母牛 884 头）。1958 年建立人民公社后，合作社饲养的奶牛大多被集中到公社，成立公社牧场。

1958 年 10 月，由顾路、龚路、杨园 3 社合并的幸福人民公社，成立了一、二、三家牧场，下设 8 个分场。饲养奶牛 1 630 头，成为全国超千头奶牛的公社之一。1959 年，国务院授予顾路公社“全国农业先进集体”奖状，公社党委副书记朱珊赴京领奖。同年 5 月 6 日上海《新闻日报》载文，称之为“川沙奶牛之乡”。

1960 年川沙县饲养奶牛 6 006 头。因饲料紧缺，1964 年减少至 1 898 头。“文化大革命”时期徘徊在 3 000 头左右。

1954 年，上海益民食品三厂在小湾镇设立川沙县内的第一个牛奶收购站。至 1980 年全县已设立川沙、张桥、高桥 3 个牛奶收购站。

1980 年代初，“川沙黑白花奶牛”改名为“中国黑白花奶牛”。1985 年，川沙全县奶牛圈存数 7 747 头，上市鲜奶 1.86 万吨。其中集体牧场 226 个，饲养奶牛 4 896 头。是年中国奶牛协会评出全国一、二、三等奖奶牛生产高产单位 518 个，川沙有 20 个单位获奖，其中顾路奶牛场获得一等奖，年均每头奶牛产奶 7 031 公斤；花木乡畜牧场、黄楼乡牧场、王港乡牧场、花木乡建国村牧场、顾路乡顾东村牧场获得二等奖。

1990 年，川沙全县饲养奶牛 11 987 头，上市鲜奶 3.5 万吨。这一年川沙有集体奶牛场 64 个，饲养奶牛 3 980 头，其中 100 头以上规模奶牛场有 16 个，合计存栏奶牛 2 137 头。农民饲养奶牛户 1 802 户，饲养奶牛 8 007 头，平均每户饲养 4 头至 5 头。整个川沙县饲养奶牛量占上海市饲养量的25%,在全国也仅次于当时的北京市昌平县。接近50%的奶牛饲养量集中于龚路、顾路、蔡路、王港等乡,依次分别为1 833头、1 201头、925头、885头。

1991年末,川沙奶牛存栏12 312头,为川沙饲养奶牛数量的最高纪录,其中57个集体场饲养奶牛3 801头,1 832家农户饲养奶牛8 511头。全年牛奶总产量3.94万吨,上市鲜牛奶3.77万吨,在川沙历史上首次日均上市超过100吨。

1992年10月起,实行"户养奶牛饲养证"制度,共发放饲养证1 657份,饲养头数8 462头。是年牛奶市场饱和,供过于求,川沙奶牛饲养量开始逐年下降。1994年7月,上海市政府实施发展奶业生产6项措施,提供8 000万元建立生产发展基金。1995年,新区政府投入奶牛生产扶持发展资金533万元,在原川沙地区建成奶牛规模场4个,其中王港双百头奶牛场是郊区第一个将个体专业户集中起来的规模场。奶牛存栏数,牛奶总产量、上市量均名列市郊第一。2002年4月底,8个镇27个规模奶牛场建设通过验收。是年6月,所有奶牛场均有乳品加工厂奶罐车直接到场收购牛奶。年末,浦东川沙有规模奶牛场33个,奶牛5 292头,无散养户。也是在1992年,接国家农业部通知,川沙的"中国黑白花奶牛"更名为"中国荷斯坦牛"。

随着浦东开发深入,城市化地区扩大,在环境保护压力下、实施奶牛退养政策。沿黄浦江边严桥、六里、杨思等地区的奶牛场首先关闭或向浦东东南部地区转移。依次逐步退出内环、中环、外环线。奶牛饲养量在1990年代初期有所增长,达到顶峰后,从1993年起,总体上呈现逐步下降趋势。

2003年,根据上海市郊区城市化建设和环保三年行动计划,浦东新区列为过渡养殖区,部分奶牛饲养场实行搬迁,相继外迁至江苏、浙江等地。同时,政府部门帮助落实选址,并给予一定扶持资金。唐镇、机场镇因城市化和浦东机场三期建设用地需要,于2005年、2006年相继实施退养。

2008 年，奶牛存栏 2 323 头，牛奶总产量 8 965 吨，上市鲜奶 8 662 吨。2009 年，饲养奶牛 2 348 头，牛奶总产量 9 315 吨，上市鲜奶 9 018 吨。年末有川沙新镇杨桥牧场、合庆镇畜牧水产场、曹路镇国兴奶牛场等 9 个规模化奶牛饲养场。之后，随着浦东城市化面积逐年扩大，产业结构进一步调整，以及环境保护的需要，川沙奶牛饲养的空间与规模越来越压缩，直至消亡。

进入 2018 年，当你在浦东川沙的土地上走行，当你在钦公塘上流连，你再也听不到一声奶牛的叫唤，再也看不到那黑白分明相间的身影。

历时 100 余年的川沙奶牛业，已经是一段让人回忆的往事。

2019 年 8 月

主要参考资料：

上海市川沙县县志编修委员会编《川沙县志》，上海人民出版社，1990 年。
《浦东年鉴》编辑部编《浦东年鉴》。
《浦东今古大观》，科技文献出版社，1992 年。
上海市川沙县顾路乡《顾路志》编写组编《顾路志》，1988 年。

足球演绎悲喜剧

面对川沙体育场围墙内的寂静，
还有多少人在怀念：那些年
震天刺耳的喇叭和此起彼伏的呐喊；
还有多少人在期望浦东足球的再一次弹跳！

要认浦东足球，必从川沙足球说起。不知还有多少人记得1983年的4月1日的川沙城。

四月的川沙城阳光灿烂，春风拂面。西日本OB足球联盟第四次访华团一行来川沙比赛的消息，早就像春风一样迅速传遍城内的大街小巷。午饭后，人们陆陆续续前往位于北门的川沙体育场。人们来得太早了，体育场的大铁门紧紧地关闭着。然而大门外前来观看足球比赛的人却越聚越多。不多一会儿，里三层外三层地将大门死死围住。

门终于缓缓打开。人们像决堤的洪水一般向体育场看台涌去，大家都想占据观战的最好位置。不料惨祸就此发生。前推后拥的人潮中有人踩掉了鞋子，有人倒地不起，大声呼救，可惜喧哗淹没了生命的呼唤。前倒后踏的结果，最终酿成2人死亡、3人重伤的悲剧。事后在体育场大门口捡到的鞋袜，整整装满两大筐。小小足球一下踢闷了川沙人。令人扼腕叹息，教训深刻！

足球给川沙人带来了更多的还是快乐与激情。追溯小小足球的弹跳，我们可以发现，足球运动在川沙有着一段不算短暂的历史。

1983 年日本 OB 足球队第四次访华团在川沙体育场留影。

78 年前的 1943 年，川沙城内成立“铁沙队”。“铁沙队”既踢足球，又打篮球。后来“铁沙队”改名“黑队”。1947 年，川沙城内又成立了“小黑队”。那一年，以职工为主组成的川沙混合足球队，在川沙体育场迎战上海龙杰队。比赛结果川沙混合队以四比二战胜龙杰队。那时的龙杰队在上海滩赫赫有名，曾经获得过上海市小型足球比赛冠军。

1949 年，在已经能够听到解放战争炮声的时刻，川沙城内还照常举办了一次足球比赛。首场比赛，川沙“小黑”队迎战上海铁路队，在此起彼伏的助威加油声中，“小黑”队首战告捷。第二场比赛在“小黑”队与龚路队之间进行。比赛中，龚路队队员动作粗野，脚踢“小黑”队守门员。看台上观众见状，起立呼喊，指责龚路队球员。此时随队而来的龚路队自卫团人员竟然持枪入场，气势汹汹，进行恫吓。场面混乱几近失控，一场足球比赛因此不欢而散。

足球，可以说是川沙的第一运动。20 世纪三四十年代的川沙，涌现出陈平、曹维周、顾锦初，曹琴芳、瞿永福等一批名闻于上海滩的足球名将。

新中国成立后，川沙保持足球传统，掀起足球运动高潮。1957 年至 1958 年间，川沙城内有 24 个小型足球队和 34 个基层篮球队。在每年度的比赛中，分成甲级、乙级、丙级三个级别进行。商业系统的“小黑队”、机关系统的“红星队”、部队的“44 团队”、川沙中学的“白鸽队”、供销系统的“红旗队”和城镇教工队为甲级强队。那时候的川沙城里，每逢周末傍晚有足球赛、篮球赛，球赛结束后有露天电影或文艺演出。

1950 年代，是川沙足球美好的春天，留给我们足以感人的一腔血热和许多的思索。凭着纯粹的个人爱好，利用工余饭后的间隙，一群未经大场面、未经正规训练的年轻人，竟然也把足球玩得像模像样，小有名声。1951 年，土生土长的浦东人诸富根、王玉明、孙妙福、张林生入选江苏省松江专区足球队，参加了苏南区足球选拔赛。1952 年，王玉明、张林生入选苏南区足球队参加华东区足球选拔赛。1958 年，川沙镇金兰生、徐超雄、陆和弟和北蔡镇严仍超四人入选苏州专区足球队，参加江苏省第四届运动会足球比赛获亚军。

回忆当年情景，川沙足球前辈张林生（笔者于 1980 年代中期采访过他）老人依然兴奋不已，毕竟生命中最美丽的一段时光献给了那个蹦蹦跳跳的橡皮球。老人说，我们那时踢球没有拿过工资、奖金，没有上场费，连球鞋、球衣大多是自己买的。为了能踢球他们确实失去了很多。在失去很多的同时也享受了足球带来的快乐。

1980 年代，是川沙足球黄金时期。1980 年，上海市体委确定足球为川沙县体育重点项目。县体委会同县教育局和县团委制订规划，提出“三年打基础，五年见成效，十年初步建成足球之乡”的目标。当年，川沙县体委开办有 94 人参加的足球教练及裁判员训练班。1981 年暑假，组织小足球夏令营，培训小学生足球队员 1 250 人。同年 11 月，举办“海燕杯”女子足球赛。一年中，川沙全县有 494 队次踢了 1 329 场足球赛。

1982 年至 1984 年，位于川沙镇北的川沙少体校女子足球队连续 3 年获上海市雏鹰杯足球赛冠军，培养出谢慧琳、奚丁英等女子足球国家队队员。1984 年，在川沙体育场举办华东六省一市川沙杯女子足球邀请赛。1987 年，在川沙体育场举办“立马杯”埠际足球邀请赛，有上海、广东、江苏、国家青年队参赛，上海电视台实况转播，现场观众 2 万多人。1980 年代末，川沙被评为全国足球之乡。

浦东开发开放后，川沙撤县，浦东新区成立。川沙足球一度沉寂。然而没过多久，又迎来第二个春天。

1995 年 2 月 11 日，由民营企业富豪集团发起成立上海浦东新区足球俱乐部，同时建立浦东足球队（简称浦东队）。当年，浦东队参加全国足球乙级联赛，获得冠军后晋升全国足球甲级队 B 组联赛（简称甲 B 联赛）。浦东队由上海少体校队，再加上老上海队队员郑彦、唐全顺、邱京巍、贾春华以及部分上海青年队队员组成，主教练由原上海队教练王后军担任，主场设在具有“足球之乡”称号的川沙镇川沙体育场。

1996 年，浦东队参加甲 B 联赛，名列第九名；参加全国足协杯赛进入八强，成为当年进入 8 强的唯一一支甲 B 足球队，获得中国足协颁发的“黑马奖”。这年底，浦东队转由上海金桥出口加工区开发公司接手管理，并成立由金桥公司总经理杨小明任理事长的浦东足球俱乐部理事会。

1996 年至 1999 年，在川沙体育场成为全国足球甲 B 联赛浦东俱乐部队主场期间，川沙足球一时成为上海体育赛事热点。每逢浦东队比赛，川沙镇北门人满为患，一票难求。体育场内人山人海，喇叭喧天，热闹非凡。《新民晚报 · 体育版》曾经这样报道：“‘小绍兴’川沙分店恰好开在川沙体育场对面。昨天赛前人满为患。服务小姐在保证不误看球的承诺下热情地推荐菜肴，但由于人实在太多，不少球迷直到开场前 10 分钟也没有能吃完全部菜肴，只能匆匆离席。有些球迷倒挺大方地兜里还揣着一张所点菜肴的账单。”“这几天负责球票销售的申华球迷会会长邱治平成了大红人，人人都想‘雁过拔毛’，向他索要球票。昨天在去体育场的路上，他连自己的球票也被人‘搜刮’走了。结果被认票不认人的警卫拦住，死活不让进。”

川沙球市如此之热，大大出乎当时足球界管理层的意料。

1998 年，由浦东大桥集团公司接管浦东足球俱乐部的日常运作。大桥集团公司总经理卫平兼任俱乐部总经理。当年浦东足球队在甲 B 联赛中名列第七位。1999 年 1 月 19 日，由上海金桥（集团）有限公司、上海市足球发展总公司、上海有线电视台、上海东方明珠股份有限公司、上海体育场有限公司共同发起组建的上海浦东足球俱乐部有限公司挂牌成立。同年，浦东队与掉入乙级队的上海航星队合并组成浦东惠而浦队，并将主场由川沙体育场迁至新建的源深体育中心足球场。3 月 18 日，全国足球甲 B 联赛首场比赛——浦东足球队与江苏舜天队在源深体育中心足球场进行。是年，浦东队取得甲 B 联赛第四名的历史最好成绩，但是连年的冲 A 夙愿始终未能如愿。

2000 年 2 月 1 日，浦东足球俱乐部与新冠名商签定转让协议，浦东队冠名为“浦东联洋 8818 队”，并由曾经担任中国国奥队主教练的国际足联讲师英国人霍顿任教。然而，洋教练的带队成绩不尽人意。

巨大的投入，冲 A 的艰辛与无望，促使浦东队一再易主。2000 年 10 月，浦东足球俱乐部全部股权以 3 000 万元价格由上海中远置业和上海汇丽集团等 4 家公司共同收购，更名为上海中远汇丽足球俱乐部。挥挥手，浦东痛苦地、无奈地告别了中国足球联赛！

作为浦东足球的关注者，笔者于当年 11 月 23 日在《浦东新区周报》副刊发表《浦东足球》，文中这样无奈地写道：

> 一次又一次希望，一次又一次失败。在甲 B 路上徘徊了五个年头的浦东足球俱乐部队再也经受不起冲（甲）A 未果的打击，再

也承受不了上百上千万元的投入,终于在 2000 年 10 月的金色阳光里,以 3 000 万元的价格卖给了中远置业集团公司。浦东足球终于走完了一段伤心而艰难的道路,当年的豪言,当年的雄心,全都随着 3 000 万元的价格灰飞烟灭。

浦东足球实在有点无可奈何。一年又一年,眼看冲(甲)A 指日可待,然而总因为差了那么一点点而前功尽弃。这一点点曾经使你心存希望夙夜难眠,东奔西走招兵买马,一掷千金在所不惜;使你屡败屡战,卷土重来。一年又一年只要有百分之一的希望,就作百分之一百二十的努力,再苦再累也心甘。这一点点是妖魔的诱惑,是无底的鬼瓶,再多的汗水、再多的金钱填不满它的万丈欲壑。可恶的一点点,在耗尽了你的精、气、神之后,在你的一声长叹里,无情地离你而去。旋即改换门庭故伎重演,凭借这充满希望和失败的一点点再去诱惑另一个愿意大把大把花钱的阔(足球)人。

卖掉浦东足球俱乐部队就是卖掉失败和痛苦,卖掉劳累和煎熬。易手后的俱乐部总经理感慨万千:"自己的心情是复杂的",但"更多的是轻松","我把足球的压力交给了中远","我最大的遗憾是没有使浦东队冲 A,搞足球让我越来越疲倦","以后我要开始享受足球"。

可能一点点的阴魂还会缠绕我们,继续戏弄我们不死的足球之心。试想明年,如果易手后的浦东足球队顺利冲 A(冲入甲 A),那么我们是否又会被这一点点弄得后悔万分而怀疑今天的选择?是否会想起老人家的教导:"最后的胜利,来源于再坚持一下的努力之中。"①

浦东足球不会因一个"卖"字而了断。面对川沙体育场曾经响

① 从"卖掉"至"努力之中",因报纸版面有限而删去的。

起的震天号角，面对源深体育中心还未坐热的看台，我们有着许许多多难以抹去的片断。

果不其然，2001 年，以浦东队为班底的上海中远汇丽足球俱乐部队冲 A 成功。

时过境迁，今天在中国足球中超和中甲的联赛中，再也见不到冠名浦东的球队。面对川沙体育场围墙内的寂静，还有多少人在怀念：那些年震天刺耳的喇叭和此起彼伏的呐喊；还有多少人在期望浦东足球的再一次弹跳！

2010 年 10 月

百年川沙毛巾业

百年川沙毛巾工业史，
兴起于20世纪初，
式微于20世纪末。

川沙滨海，土质疏松，明代后农业生产以种植粮、棉为主。《川沙厅志》记载，清同治四年至七年(1865年至1868年)，年产土布90万匹左右。鸦片战争之后，上海通商门户打开，国外洋货充斥市场，农民赖以生计的土布生产难与洋布争夺市场。土布生产经营危机重重。

清光绪二十六年(1900年)，川沙镇文人沈毓庆(沈树镛子)另辟蹊径，出人意料地在自家宅院内史第开设了川沙第一家织造毛巾的工厂——经记毛巾厂。一时震动四方，书生开厂织造毛巾成为人们议论的话题。

沈毓庆出身书香门第，父亲是江南有名的金石书画收藏家沈树镛。1990年版《川沙县志》记述沈毓庆为："幼年歧嶷，沉默寡言。11岁辨音韵，习篆文，凡诗、古文之属无不能，家本富藏书，遂能博览群籍，17岁即以第一名考入南汇县学。常与同道者研究金石。书法深得其舅吴大澂笔意。"中日甲午战争爆发，沈投笔从戎于吴大澂幕下。不久，中日签订《马关条约》，沈满怀惆怅回到家乡。

沈毓庆开设的经记毛巾厂，只招收女工，共有织巾机30余台，并附设漂染工场。经记毛巾厂因时局和管理的原因造成亏损，只维持了两年多，就不得不关门。沈毓庆也于光绪二十八年去世，年仅 34 岁。然而由他开创的毛巾业事业，并没有因为工厂的倒闭，创始人的离世而停滞消失，相反川沙大地一时风气大开，城乡妇女竞相传习织巾技术。短短三四年间，就在川沙镇及四周村镇相继创办了 10 余家毛巾厂（毛巾作坊），川沙毛巾业从此形成，规模不断扩大。

毛巾业初创时期，一般为家庭作坊式，配备三五台织机，俗称“小机户”。经过了 20 年发展，到民国九年（1920 年），川沙地区已有大大小小毛巾厂 75 家，织机 2 500 台，从业人员 3 750 人。规模较大的毛巾厂有 12 家之多。上海三友实业社在川沙开设了 7 家分厂，织机 750 台，职工 970 人。当时三友实业社生产的“三角牌”、宝华毛巾厂生产的“川字牌”、德昌毛巾厂生产的“帆船牌”、恒华毛巾厂生产的“双喜牌”、天华毛巾厂生产的“宝塔牌”毛巾，已经能与日本的“铁锚牌”毛巾抗衡，并且销往东南亚各国。

抗日战争之前，在抵制洋货、提倡国货的反帝爱国热潮中，川沙毛巾业正逢其时，蓬勃发展，新办毛巾厂如雨后春笋一般地涌现。民国二十六年（1937 年），川沙地区有大大小小毛巾厂 202 家，织机 5 371 台，从业人员 8 600 多人，年生产毛巾 260 万打。八年抗战，川沙沦陷，盛极一时的川沙毛巾业濒临歇业状态，抗战胜利后才有所复苏。1949 年能维持生产的也只有 17 家工厂，年产毛巾锐减至 44 万打。

新中国成立后，川沙毛巾业在社会主义改造中，将众多的小企业进行了各种形式的合并，到 1962 年合并成公私合营厂 6 家，地方国营厂 6 家，年产毛巾 488 万打。1963 年，全国人大常委会副委员长、浦东川沙人黄炎培在视察了川沙毛巾工业后，写信给当时的纺织工业副部长荣毅仁：“上海川沙是我国毛巾生产的发源地，但到目前还是原始的手工生产方式，要改变这一落后面貌。”不久，纺织部很快拨出了一批自动织机装备川沙各厂，使川沙的毛巾工业从木机、铁机到自动织机。毛巾的品种、质量和产量也发生了极大的变化。毛巾品种名目繁多，不但有面

1900 年,经记毛巾厂织机的轰鸣声在内史第响起。

巾、枕巾、浴巾、方巾、毛巾毯等大类品种,而且款式多样有印花、提花、丝光等。东海毛巾厂生产的双船牌双股素色缎丝光毛巾,有 30 多万个毛圈,荣获国家银质奖。毛巾十九厂、二十二厂生产的各色提花毛巾有"提花巾大王"之誉,其中白鹭牌 8618 四尺半提花毛巾,1988 年被评为部级优质产品。20 世纪 70 年代,随着乡镇工业的崛起,在川沙涌现了一批社(乡)办毛巾厂,规模较大的有协成、宝成、益民毛巾厂。

任何事物总会经历一个由开始、发展、兴旺和衰落的过程,川沙毛巾业最终也不能逃脱这一规律的支配。1980 年代末,伴随着上海工业行业的结构调整,川沙毛巾业在与外省市毛巾行业的竞争中走上下坡

位于川沙镇三灶浜路上的浦东毛巾十九厂旧址(摄于 2020 年 1 月)

路。1990 年代末,川沙毛巾生产企业失去市场竞争力,被迫停止毛巾生产,大批工人下岗。许多工厂将厂房出租。原亚洲毛巾总厂厂址成为商品房开发基地和农工商大卖场。在原毛巾十七厂、宝成毛巾厂厂址上建起了现代广场和玛雅广场。

2019 年 12 月末的一个下午,笔者走进川沙镇,踏上三灶浜路。浦东毛巾十九厂厂房静静地竖立在目,织机的轰鸣早已停息在 20 世纪末。正在拍摄老厂房之际,巧遇原浦东毛巾十九厂挡车女工丁女士。丁女士年近六十,说起在当年在毛巾厂上班的往事感慨不已。

她告诉我,18 岁从厂技校毕业,进入十九厂,一直做到工厂关闭,下岗回家,最美好的青春时光流逝在震耳欲聋的织机旁。工厂实行三班制,最苦的是上深夜 12 点钟的班。那时年纪轻身体好,还能挺得住。我手脚快,一分钟能接 100 多个线头,常常被挑选出来,到上海参加市里的技术比赛。吾伲十九厂生产的毛巾质量邪气(很)好,特别是提花浴巾色彩丰富，立体感强，国内外消费者十分喜欢，为国家出口创汇做出很大贡献的。有件事丁女士说起来还十分自傲。1979 年对越自卫反击战胜利后，工厂加班加点生产面巾、枕巾、浴巾等慰问巾，支援中越边境解放军。由于伲厂里的毛巾柔软吸潮，所以深受坚守在闷热潮湿猫耳洞里的战士欢迎。往事虽然久远，丁女士依然得记得慰问巾上织的黄底红字"祝贺对越自卫反击战胜利留念"字样。

望着丁女士远去的背影渐渐消失在西市街头，三灶浜路上寂寥无声，人踪难觅。

哦，兴起于 20 世纪初，式微于 20 世纪末，这就是一部百年川沙毛巾工业史。

草于 2003 年 5 月，修改于 2019 年末

主要参考资料：

上海市川沙县县志编修委员会编《川沙县志》，上海人民出版社，1990 年。

上海市川沙县工业局编《川沙县工业志》。

川沙八景谁记取

南园古木北院钟，
层桥香雪碧堤曲。
绿杨观鱼芳渚帆，
欲问八景谁记取。

川城八景在何处？今天走遍整个川沙城已经找不到其中一景！只剩余下这个多么美丽而蕴含无限联想的名词。

有关川沙城内八景的记述，最早见于川沙历史上最早的一部地方志书——《川沙抚民厅志》。八景分别为南园古木、北院疏钟、绿杨饮马、白漾观鱼、芳渚归帆、层桥夕照、香雪城坳、碧阴堤曲。

旧时川沙城内曾相继建有梅园、青草园、南有园、遂生园、中山公园、河浜公园、涛园等一众园林，其中以明代王观光所建的南有园最负盛名。

南有园主人王观光祖辈王潭曾经与抗倭英雄乔镗共同倡议修筑川沙城墙。王观光担任过宁波通判，后官至王府长史，任上颇有政绩。明末，王面对朝政腐败，于是“避世金马门，孰若高卧羲王枕”，辞官回到家乡川沙，随即在今观澜小学处构建私家园林南有园。园成后，王观光时常在园内与当时的诗朋文友吟诗作赋。天长日久，园外架于署前港上的桥梁便谓之“集贤”。明人吴骐有《题南有园》诗曰：“卜筑对江城，江流抱槛清。幔开风蝶近，门掩雨鸠鸣。独坐书盈榻，高谈酒满觥。凭轩春水澜，点点白鸥轻。”勾画出一幅远离尘世、悠然致远的隐居画卷。其时园内有参天银杏一株，是以“南园古木”景致，遂成“川沙八景”之一，并居于八景之首。

王观光去世后，南有园无人料理，逐渐荒芜，一派萧条。清同治三年（1864 年）六月，银杏古木被狂风刮倒。清代张大经《访南有园故址》云：“落日来寻小辋川，分司遗址未全捐。葡萄石卧苍苔没，菡萏池荒翠荇牵。仕宦逢场原入梦，英雄末路只逃禅。平芜依约残垣在，犹占城南一角偏。”清初，王观光因抗清英雄陈子龙一案牵连入狱，释放后削发为僧，自号海岸和尚。故有“英雄末路只逃禅”之说。清末秦荣光《上海竹枝词》中有“南有名园赵佐图，图中十二景工摹。剧怜海岸为僧日，贤散桥倾园半芜”。其荒凉之状可见一斑。

北院疏钟位于城北门外种德寺。种德寺为川沙始建最早的古刹之一，咸丰十一年（1861 年）毁于兵灾。同治二年，里人蔡锡晋等重建，今已毁。今天，我们只能在心里默默地冥想种德寺的钟声，想象北院暮鼓晨钟的景象了。

绿杨饮马在小教场。其景波光粼粼，绿杨摇曳，婀娜多姿，抗日战争时期依然有迹可寻。

白漾观鱼在漕仓东，位于城东北一隅。其景为漕仓东边的南北向河流，为护城河相接处。时河水清澈，可见鱼悠然翔于水中，逐渐成为一景。

层桥夕照在西门三灶港处。每逢夕阳西下，登城内九如桥远眺，夕阳、桥梁相互映衬，景色奇丽。

香雪城坳在青草园，为黄绳华别墅，后归沈氏，位于城西南。青草园与梅园南北相连，时有梅二百余株。20 世纪初尚有梅百余棵。梅花盛开之时，雪色一片，冷香四溢，令人有孤屿西溪之想。清沈向荣诗描绘青草园：“东田别业蔼余晖，草色芊绵上野扉。日暖萝垣花竞笑，雪封竹径鹤知归。奚襄满贮新诗卷，小栏闲凭旧钓矶。却忆对床风雨夜，提壶共许典春衣。”

碧阴堤曲在花园沟口。花园沟口在乔家弄东，为乔氏别业，园中石刻甚多，现皆湮没，踪迹无寻。

芳渚归帆在东门街外整帆亭处，今天同样亭帆无觅，只有唤起后人无限的向往与想象罢了。

除了川沙八景，另有位于川沙城东端海岸的塘东八景，分别为海天浴日、岛屿澄波、秋塘玩月、沙碛观渔、柳岸听蝉、芦滩捕蟹、秧田唱晚和花市晓灯。

塘东八景是川沙农村生活的长卷，那从海波中升起的旭日、掉落在池塘里的月亮、芦苇滩上捕捉螃蟹的农夫、在水田里插秧歌唱的村姑以及河岸柳梢上传来的蝉声，无不是川沙农耕文明鲜活的写照！

惜哉，川沙八景、塘东八景只能永远留存在我们美好记忆中了。

2018 年 5 月

主要参考资料：

上海市川沙县《城厢镇志》编写组编《城厢镇志》，1987 年。

清何士祈总纂《川沙抚民厅志》。

九所庙宇十三座桥

三灶署前两水流，
来紫正阳集贤桥。
东南西北进香客，
城隍关帝财神庙。

小小川沙城，周长才四里余，面积不足 0.3 平方公里，然而“九庙十三桥”之说却流传至今。

“九庙十三桥”并非只是美丽虚幻的传说，而是真真实实的存在。在不同年代的川沙地方志书中，记录着的川沙城内庙宇、桥梁的数目，甚至多于“九庙十三桥”！

在《川沙抚民厅志》中，收录有城隍庙、关帝庙、五府庙、东岳庙、罗神庙、财神庙、猛将庙、火神殿、天后宫、观音堂、三官堂等庙宇。历经四百多年风风雨雨后，在今天的川沙城内只剩下西门街上的城隍庙、关帝庙和东城壕路上的财神庙，在历尽劫难，几经修缮后，今天还在继续点燃着缕缕香火。

说到十三桥，具体十三桥又分别架设于那条河上，那么首先一定得先弄清楚川沙城内的河流走向。从川沙筑城之日起，城内的主要河流为三灶港（浜）。三灶港从城东门水关进入后，从东向西流去。大约在今天的北市街处，转折往北，至今天的三灶浜路处，再折向西流进西水关，出城墙而西去。清楚了三灶浜在城区的流经，也就知道了三灶港上众多桥梁的位置。从东起第一座桥为明代乔氏所建牌楼桥。接着是来紫桥和四明桥。过了四明桥后，三灶港呈南北流向。这段南北向的三灶港，其位置大约是今天的北市街一段，即中市街至三灶浜路段。短短一二百米的南北向的三灶港上，由南至北依次架设着罗神庙桥（桥名因桥东有罗神庙而得之）、六安桥和太平桥。经过太平桥后，三灶港又呈东西流向。在这段三灶港上架设有三多桥。三灶港的川沙城区段共架设桥梁达到七座。

如果说三灶港上桥多的话，那么处于三灶港南与之并行的署前港也毫不逊色。署前港因位于川沙抚民厅署前而得名。它虽然比三灶港短了许多，却也架设着五座桥梁，从东至西第一座桥名集贤桥，架于观澜书院前。观澜书院址即为今日的观澜小学。第二为正阳桥，俗称苏家桥，然后是连着两座位于参将署西边的报升桥（两桥同名），最后为卫安桥。另外在在抚民厅署东、连接署前港和三灶港的河道上架有化龙桥。在太平桥东的河流上，分别由西向东建有九如桥和两座盐仓桥。两座盐仓桥一座建在仓南，一座建在仓北。后来有人在此段河道上又建至元堂后桥、青山桥，在署前港西段建了中山桥，在乔家浜上有过竹行桥。竹行桥不知何故又名“逃走桥”。如果再加川沙城东、西、南、北四座连通城内外的吊桥，整个川沙城的桥就远远超过十三座了。由此印证，那时的川沙城是一座名副其实的江南水城。

在川沙城众多的桥梁中，最著名的要数牌楼桥。牌楼桥原是一座普通石桥。为了颂扬抗击倭寇的明代本土英雄乔镗，在桥北侧建造了纪念乔氏的牌楼，渐渐地人们把这座桥叫做牌楼桥。明隆庆二年（1568年）乔镗儿子乔木及第进士，先后任安吉知州、井陉兵备、福建参议。明万历三十五年（1607年）乔木儿子乔拱璧进士及第，先后任海盐知县、南京兵部郎中、湖广参议、四川布政使参议。乔木、乔拱璧父子接连高中进士，在时为戍卒屯垦海疆的川沙实属难得，一时传为川沙佳话。因此在牌楼桥处又建“父子进士坊”，上刻阴文“文武为宪”。同治六年

(1867 年),城内发生火灾而毁之。民国二十年(1931 年),邑人陆仲超发起重修,同时建造了三层钟楼。抗日战争时期,“文武为宪”匾额被侵华日军掠去,因为其上记述着乔氏父子抗倭事略。

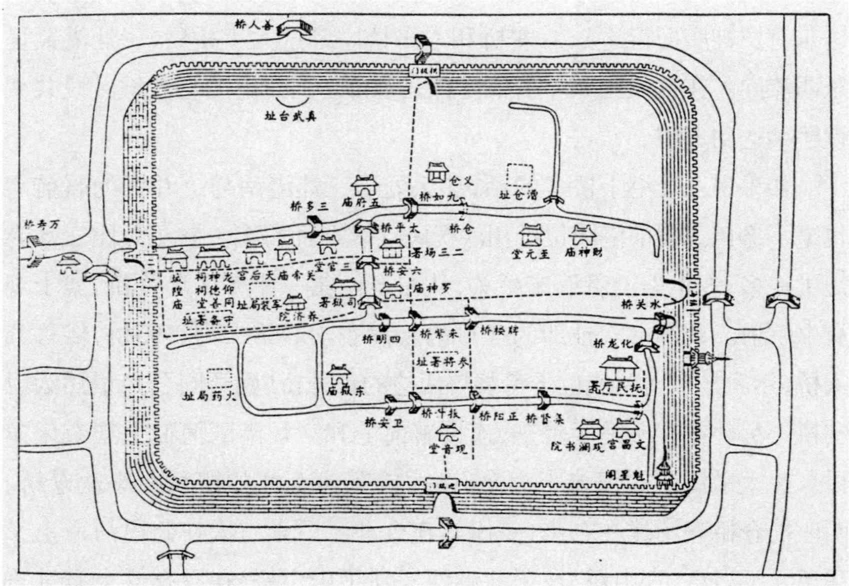

《川沙抚民厅志》中的川沙城内庙宇与桥梁分布图

1949 年新中国成立,川沙城内市政基础建设加速实施,大部分庙宇被拆毁或移作他用。绝大部分河道被填没,只剩下了护城河。1990 年代初护城河北段也遭填没,只是到了 2000 年末,北段才又重新挖开,恢复原貌。随着河道的消失,河上的桥自然也同时被拆除殆尽,唯有来紫、化龙、正阳、集贤等颇有诗情画意的桥名留给今人去联想回味!

主要参考资料:

上海市川沙县《城厢镇志》编写组编《城厢镇志》,1987 年。
清何士祈总纂《川沙抚民厅志》。

农业供销信用社

新中国初建，合作化运动兴起。
六十多个春秋变换，
三大合作社今剩一。

新中国成立不久，我国广大农村开展了以供销、农业、金融信用三种形式的合作化运动。希望通过合作化运动，让翻身的广大农民走上共同富裕的道路。

农业合作社

农业合作化运动由农业互助组开始。1949年以前川沙农村中历来有“伴工”习惯。1950年春，政府结合生产救灾，号召群众组织起来，当年组成临时性伴工组334个。1952年，川沙县互助组发展到5 345个，“三郊区”（指高桥、洋泾、杨思三个区）有互助组2 012个。

1952年底在互助组基础上，中共上海市郊区工作委员会在洋泾区试办“陆勤根初级农业生产合作社”，有15户农户加入。1953年春，川沙县顾路区民建乡建立川沙县第一个初级农业生产合作社——宋幼春初级农业社。开始只有9户农户，34个劳动力，土地59亩。1953年12月，中共中央发布《关于发展农业生产合作社的决定》，要求把全面推进农业生产合作、供销合作和信用合作，作为对小农经济进行社会主义改造的三种形式同步进行。同月，高桥区试办西新、镇南、周家桥、槐树头、星火5个初级农业合作社；洋泾区试办金心、星光、勤星、明星、陆家宅、新联、塔水桥、姚家宅 8 个初级农业合作社；杨思区试办同心、一心、艾东、三友、新民、黄家门 6 个初级农业合作社。1954 年，川沙县建成初级合作社 31 个；洋泾、高桥、杨思 3 区共建成初级 107 个，入社农户 2 198 户。初级社规模一般在 20 户左右，土地 100 亩上下。

1955 年 4 月，川沙县人民政府颁发有关农业合作社的布告，对土地入股、收益分配、入社的耕畜和农具以及生产资金等作出解释和规定。

1955 年，川沙县农业合作社发展到 130 个，1956 年增加到 244 个。经过合并川沙县农业合作社由初办时每个社 25 户左右，增加到每个社 100 户左右。

1955 年末，川沙县试办赵行、太平、民建、东兴、大众 5 个高级农业合作社。1956 年末，发展到 92 个，入社农户 30 857 户。1957 年底，川沙县有高级合作社 232 个，入社农户 60 445 户，占农户数 99.66%，其时初级社只剩 2 个。东郊区（由洋泾、高桥、杨思合并建立）有高级社 124 个，入社农户 33 717 户，占总户数的 99.2%，初级社只剩 5 个。

笔者出生于典型的浦东农家。农业合作化运动时，年轻力壮的父亲牵着自家的耕牛，另外赔上自家的水车、犁耙等全套农业生产工具和几亩地加入了合作社。他把青年、壮年献给了合作社、人民公社。20 多年后，父亲 60 多岁时，农村改革开放分田到户，此时留给父亲自己的已经是年老力衰的暮年。

1958 年 8 月，中共中央《关于在农村建立人民公社的决议》下达后，浦东农村由合作社进入人民公社。这年 9 月，川沙县在江镇、张江、虹桥 3 个大乡开始建社试点。不到一个月时间，全县成立了 11 个人民公社，分别是卫星（张江）、东风（北蔡）、幸福（顾路、中心）、星火（城镇）、跃进（江镇）、红星（施湾）、英雄（三房）；红旗（虹桥）、红光（殷浜）、东方红（龚路）、曙光（合庆、蔡路）。不久，11 个公社合并为城镇、江镇、张江、小湾、顾路 5 个大公社。1959 年，又划分拆为城镇、施湾、黄楼、江镇、蔡路、合庆、虹桥、孙桥、张江、北蔡、林家（后改名花木）、龚路、顾路、杨园14个公社。1961年11月14日又分出唐镇、六团2个公社。

在浦东县，1958年9月以洋泾、杨思、高桥3个大乡建成红旗、五一、东风3个人民公社。6月1日，3个人民公社分拆为杨思、六里、严桥、金桥、二塘、泾南、东沟、陆行、张桥、凌桥、高南、高东、海滨（后改高桥）13个公社。1960年2月，二塘并入金桥，陆行并入张桥后为11个公社，1961年，浦东县撤销，其农村地区并入川沙县后，全县共计27个公社。

人民公社强调“一大二公”优越性，逐级无偿调用生产队和社员土地、房屋、财产、资金，采用“大兵团作战”方式指挥农业生产，劳动组织采用营、连、排等军事体制。全县办起了2 140个社员食堂，家庭自留田被取消，部分家庭副业以及部分生产资料也改为公有。由于出现了高指标、瞎指挥、浮夸风和共产风等“左”倾错误，盲目提出粮食亩产保证2 500公斤，争取3 000公斤的高指标。

1959年春，人民公社实行两级核算，以生产队（即大队）为基本核算单位，停办食堂，恢复社员自留田和家庭副业，清退公社平调的劳力、土地、房屋、物资。1960年11月，党中央发出《关于人民公社当前政策问题的紧急指示信》，开展了整社整风，全县清退土地3 119亩，物资折价款1 179.32万元，平调的14 899间房屋也基本归还。到1961年3月退赔基本结束。1961年底至1962年间，实行以生产队（小队）为基本核算单位的三级所有制。只留下同心（严桥公社）、花木（花木公社）、南塘（高桥公社）3个经济基础好的生产大队为二级核算。1976年，有部分公社的大队实行公社、大队两级所有制，取消生产队核算。至1977年，全县有23个大队实行大队核算，造成人力、财力、物力巨大浪费，被群众称之为“过渡穷”。到了1983年，“过渡”大队全部恢复以生产队为基本核算单位。1984年春，重新建立乡人民政府，此时人民公社仅为乡的集体经济组织，实质只剩其名而已了。

在这场由合作化发展至人民公社的运动中，新中国初出生的人大多还会记得这样一首民谣：

单干好比独木桥，走一步来摇三摇；互助组好比石板桥，风吹雨打不坚牢；合作社铁桥虽然好，人多车稠挤不了；人民公社是金桥，通向天堂路一条。

凌桥乡大同村第一第二农业合作社选举社务委员会大会

供销合作社

1950年3月，松江分区合作总社派工作组到川沙县筹建供销合作社。5月27日，川沙县供销合作总社（简称总社）成立，主要业务为组织生产救灾，以工代赈，同时开始代国营公司购销粮食、油料，收购棉花。同年，先后组建了城厢、合庆、张江栅、顾路、西区5个农村基层供销社及蔡路、暮紫桥2个毛巾生产合作社和13个毛巾生产小组。1951年，总社已有14个基层供销社和1个机关消费合作社，2个毛巾生产合作社，4个棉花加工厂。1955年4月，总社所属毛巾生产合作社、毛巾厂、漂印厂、铁木竹生产社和土砖窑、缝纫、刺绣等手工业企业，与供销

浦东商场股份有限公司前身——三钢商店

社分离单独成立川沙县手工业生产合作社联合社。

1958 年 5 月，总社与商业局合并，成为全民所有制商业。1962 年 1 月，恢复总社机构，仍为集体所有制商业，设生产资料、农副产品采购、副食品 3 个经理部和直属加工厂、场、站 13 个，各人民公社供销社 27 个，共有商业人员 3 008 人（含合营商店）。合作商店 113 个，从业人员 1 445 人，合作小组 25 个，128 人。1968 年 9 月，总社再次与商业局合并成为全民所有制商业。1978 年 8 月 1 日，又恢复总社机构。1984 年，总社体制改革，改称“川沙县供销合作联合社”，基层供销社参加总社，恢复了集体所有制性质，推行经营承包责任制，到 1985 年底，总社实有股金额为 497.12 万元（初期合作社成立时每股股金通常为 2 元），占自有流动资金的 24.7%，已经实行个人定率承包的有 20 个商店。

1990 年，总社经营规模不断扩大，成为浦东地区最大的商业企业，有专业公司 20 家，基层社 24 家，商办工业企业 48 家，经营网点 1 000 余个，从业人员 1 万余人；全系统商品纯销售额 6.33 亿元，社会商品零售额 4.66 亿元；商办工业产值 7 174 万元，利润 3 636 万元，被国家商业部批准为国家二级企业。总社下属企业华美装饰材料厂的彩色发泡壁纸被评为国家优质产品银奖，钱万隆酿造厂生产的酱油被评为上海市名牌产品。

浦东开发开放后，总社制订实施“明珠系列工程”商业发展计划，参与浦东开发。1995 年底，总社拥有专业公司 20 个，基层社 23 个，中外合资企业 3 家，商办工业 4 家，商业中专学校 1 所，员工 1.18 万人。各类经营网点 1 200 个，其中新建扩建 2 万平方米以上商厦（城）3 个，大中型零售商场 16 个，构成以社会大宗商品零售批发为主，原副材料采购、生产、加工为副，兼有餐饮服务、商务酒店、房地产业、金融保险、旅游业等为一体的经营模式，并形成四大支柱业态。一是以锦丽华购物中心为标杆的营销性业态，二是以锦丽华大酒店为标志的服务性业态，三是以钱万隆酿造、华美墙纸为代表的生产性业态，四是以明珠房地产为龙头的拓展性业态。

1996 年起，内外部经营环境发生变化，发展势头受阻。浦东开发后总社前后动工土建项目 164 个，面积 2.83 万平方米，新征土地约 67 公顷，新立项目上百个，拟扩建商业设施面积 100 万平方米，后又提出“三个八”目标：新办八大经济实体，开拓八大经营业务，开发八大基建项目。庞大的计划和巨大的投入，超过企业承受能力。因此当企业出现经营亏损，银行贷款受到控制之后，总社出现资金链断裂危机，一批开工项目在 1996 年被迫下马，未开工项目全部撤销。为防止引发社会矛盾，总社将铁沙商城和川沙大厦（锦丽华购物中心、锦丽华大酒店）资产、业态一并转让，偿还了社员股金和筹资款 1.48 亿元；以转让、拍卖方式置换资产项目 83 个，涉及房屋面积 12.3 万平方米，土地 17.2 公顷，筹集所得资金 2.74 亿元，偿付各类负债 2 亿多元，将企业负债率由 1997 年底 81.9%降到 2001 年底 64.4%，化解了一批“老、大、难”问题及其可能引发的社会矛盾。对扭亏无望或隐患风险大的企业部门，通过破产、关闭、停业、兼并、剥离等方式，分步实施退出市场；对经营规模小、保本或微亏的门店推行抽资承包、风险抵押承包责任制；对 253 个门店实行了职工身份保留、集体经营执照转为个体经营执照。1996 年起至 2000 年底，总社共出资 1.17 亿元，分流安置 5 642 名职工下岗、转岗，其中办理协保 4 289 人，解除劳动关系 1 167 人，提前退休 187 人。实施一系列改革措施后，总社经营状况逐渐好转。2000 年，商品销售总额 19.54 亿元，社会消费品零售额 7.33 亿元，工业产值 9 107 万元，利润 6 105 万元。连续 5 年亏损之后总社第一年总体扭亏为盈。从 2001 年起，总社经营状况逐步回升。

2002 年，总社注册成立养和堂药业连锁经营有限公司后，连锁规模不断扩大，医药门店覆盖浦东各乡镇街道，并进入南汇、闵行市场，形成超百家门店的连锁网络。2002 年至 2004 年间，总社在 22 户企业中实行整建制的民营化改制。职工人数由 1994 年底 1.16 万人减至 2003 年底 4 200 人。发挥存量资产优势，将全系统分散的闲置资产（网点、厂房、仓库、办公楼）集中管理，由基层社对外招租。资产租赁经营保持在 4 000 万元年收入基础上，每年递增 10%的水平。发挥农资行业优势。登丰农资公司自建农资连锁超市 16 家，兴办村级综合服务站 3 个，“万村千乡”惠农事实项目 16 个，把化肥、农药、种子供应，科普兴农和服务直接送到农户家门口。

2004 年 4 月，浦东新区政府决定，浦东供销合作社总社由原浦东新区经济贸易局划转至浦东发展（集团）有限公司（简称浦发集团）托管。此后，总社关闭企业 23 户，下属医药公司总部、华美装饰材料厂搬迁至南汇三灶工业园区。2005 年，总社系统社会商品销售额 20.13 亿元，工业产值 1.1 亿元，利润 7 500 万元，各项经济指标超历史最好水平。

2006 年 12 月，浦发集团决定，总社与浦发集团管辖下的商业公司企业合为一体，组成浦东商业发展股份有限公司（简称商业公司）。总社整体入股，占控股地位。2008 年 3 月，商业公司股东结构由供销社、浦发集团、浦东国资公司三家组成。总社占 49%股份，股资来源以社有资产注入，按照人跟随资产走的原则，供销社共有 6 家企业，1 184 名职工整体进入商业公司。总社未注入商业公司的余下部分，包括人、财、物在内，由商业公司托管。

2010 年底，总社总资产 6.22 亿元，房地产 608 处，建筑面积 40.8 万平方米，土地面积 49.97 公顷。

1990 年起，总社几度更名。1991 年，供销社以县总社为龙头，由直属公司与工厂参加，组建成立“川沙县供销商业总公司”，实行“两块牌子，一套班子”的体制模式。1993 年，“川沙县供销商业总公司”更名为“上海浦东新区经济贸易总公司”，隶属浦东新区经济贸易局，实行“两块牌子，一套班子”的管理模式。1996 年，按照全国总社和上海市供销社改革思路，“浦东新区经济贸易总公司”再次更名为“上海浦东新区供销合作总社”。

信用合作社

在开展农业合作化运动的同时，按照自愿互利原则，试办信用互助组。1951 年 11 月，洋泾区高庙乡成立首个金家浜村信用互助组，入组农民 40 户。1954 年各乡正式建立集体所有制的农村信用合作社，实行独立核算，自负盈亏。次年，川沙县信用社发展到 109 个（包括高桥、洋泾、杨思三郊区 45 个），股金 12.4 万元。1958 年人民公社化后，信用社和农业银行营业所合署经营，组成公社信用部。1962 年又恢复信用社名称。为了方便农民就近办理存贷款业务，1965 年底在洋泾公社（乡）的大队（村）试办信用站。信用站不独立核算，资金由信用社统一调度使用。1966 年全县建成 58 个大队信用站，1971 年发展到 117 个站。1972 年后开始收缩，至 1985 年底，仅存洋泾乡的 13 个信用站，其储蓄存款共 82.74 万元，个体贷款 2.98 万元。

1980 年以后，农村联产承包户、农业专业户迅猛发展，信用社业务扩大。1980 年至 1984 年，信用社与农业银行营业所联合经营，利润按比例分配。1985 年 5 月，成立川沙县信用合作社联合社，改为自主经营，独立核算。当时川沙县共有 27 个信用社，社员 107 294 户，占总农户的 68.11%，并附设 1 个分社和 13 个信用站。1985 年底股金（信用社成立时每股金 2 元）、公积金和专用基金 3 项自有资金合计为 1 587.1 万元。

1990 年 8 月，中国农业银行上海市浦东分行成立，经农业银行总行批准，川沙县农村信用合作社与农业银行实行“二分六合”为主要内容的紧密型联合经营体制，即人员编制分开、行社核算分开、领导班子合一、人员使用合一、信贷计划合一、业务经营合一、指标考核合一、奖金福利合一的管理经营模式。1996 年，根据国务院关于农村金融体制改革的精神，决定农村信用合作社从农业银行中分离出来自成体系，成为具有独立法人地位的金融机构。同年末，浦东新区农村信用合作社联社在金张路（今为张江路）28 号成立，下有 28 家信用社（浦东新区每镇一家）和 4 家营业部。

2005 年 8 月，上海农村商业银行成立，浦东新区农村信用合作社联社改制为上海农村商业银行浦东分行（分行地址世纪大道 1500 号）。在此之前，1950 年代，农村信用社开办时入股的农民股份已被清退。此时，新中国初期在浦东农村开展的三大合作化运动，仅剩名誉的浦东供销合作社一家，然而就是这一家也已经脱离实际经营，初始时期的供销合作社股东也都完成清退。

回顾远去的合作化运动，农民永远是一块块默默无闻的铺路石！

2016 年 5 月

主要参考资料：

上海市川沙县县志编修委员会编《川沙县志》，上海人民出版社，1990 年。

《浦东年鉴》编辑部编《浦东年鉴》。

吕彦、潘跃《浦东新区供销合作总社 1990—2010 年》。

上海市川沙县顾路乡《顾路志》编写组编《顾路志》，1988 年。

几度易名铁沙城

曾经被誉为“浦东城隍庙”，
曾经改名“华夏旅游城”。

1990年4月18日，浦东开发开放。当时川沙县政府与川沙普通百姓上下一心，积极呼应浦东开发开放，提出“配合、服务、参与”六字方针，还在新川路上挂牌成立川沙县浦东开发办公室。

在这股开发热潮中，川沙县供销商业总公司(后更名为上海浦东供销商业总公司)更是一马当先投资参与浦东开发开放。规划总投资8亿元的开发蓝图，实施由十四个现代化综合性、多功能的宾馆、商厦(城)、办公楼等建筑设施组成的“明珠系列工程”，以此提升浦东商业设施的现代化程度。“明珠系列工程”项目分布于川沙、金桥、洋泾、外高桥、北蔡等地区，主要项目有位于川沙镇的川沙大厦、铁沙商城和明珠商厦，位于浦东大道与杨浦大桥出入口的银珠商厦，位于金桥的金珠商厦等。

其中位于川沙镇东北、华夏东路(时为川北公路)与上川公路处的铁沙商城是仅次于川沙大厦(锦丽华商厦、锦丽华宾馆)的“明珠系列工程”中的第二个大型项目。

1991年7月25日，铁沙商城动工建设。经过一年多时间，1992年12月26日，一期工程建成营业，是日举行了隆重的铁沙商城开业典礼，上海市副市长庄晓天和陈国栋、胡立教等市老领导，以及川沙县委、县政府领导出席了盛大的开业典礼。同日在此举行的川沙县最后一届大型迎春商品展销会为铁沙商城的开门大吉增添了浓郁的商业色彩。嗣后又经过将近一年的建设，于 1993 年 11 月，铁沙商城全面竣工运营。

铁沙商城占地面积 3 公顷，总投资 9 488 万元，总建筑面积 3.5 万平方米。整体建筑仿明清建筑风格，飞檐翘角，流金溢彩，既有亭台楼阁，又有画栋回廊。内部格局按不同功能分为主楼、购物街、风味小吃街、庭院小景和服务设施五大部分，被誉为浦东的“城隍庙”，一度成为 1990 年代中期浦东地区主要的商业旅游之地。

五年后，因上海浦东供销商业总公司内部经济状况不佳，历史遗留问题较多，加之铁沙商城本身经营也出现了问题。于是在 1997 年 3 月，铁沙商城全部资产和人员转让给上海浦东华夏文化旅游区开发公司。浦东华夏文化旅游区开发公司接盘后出资 1 亿元，整体规划改造铁沙商城，将其建成以餐饮、住宿、旅游、休闲等为主要业态的商业城。改造之后，铁沙商城改名为华夏旅游城，成为浦东最大的旅游点和娱乐场所。1997 年 10 月 1 日，华夏旅游城开业后，一度生意兴隆，每逢周末人流如潮，成为浦东旅游的一处热点。然而又是好景不长，没过多久就日渐冷清，直至门可罗雀。

又过了五六年，2003 年，华夏文化旅游区开发公司将华夏旅游城转让于浦东商场股份有限公司（简称浦东商场）。此后，浦东商场投资 2 亿元，再次规划设计改造（建造）华夏旅游城，从而彻底改变了原有铁沙商城的传统建筑格局与风格，并又一次易名为金汇商业广场。

金汇商业广场开业后，带动了川沙地区整个商圈业态的升级换代，除引进卜蜂莲花大型超市、莫泰连锁酒店、国美电器、屈臣氏和肯德基等品牌业态，浦东商场还自主经营面积约 1.5 万平方米、高 5 层的百货大楼（浦东商场金汇店），主要经营黄金首饰、鞋类、化妆品，以及服饰类商品。

2017 年春，浦东商场金汇店底层，接连开出“星巴克”和“早安巴黎”两家品牌店，成为川沙镇又一处休闲新场所。

主要参考资料：

《浦东年鉴》编辑部编《浦东年鉴》。

中共川沙县委员会宣传部编《川沙报》。

乡镇工业盛而衰

乡镇工业是20世纪八九十年代
川沙经济的支柱,川沙人聪明才智
的体现,劳动力集聚的高地。

浦东川沙县的乡镇工业起于1970年代,兴盛于1980年代至20世纪末。乡镇工业产业主要以轻纺工业为主,生产经营模式大多采用与上海国营大企业联营或配套的方式。主要工业产品为棉布、服装、皮革、毛巾、床单、塑料制品、墙纸、刃具、木制家具、液压件、低压电器元件、铝合金制品、水泥、标准砖、中小农具等。

1990年,浦东乡镇工业企业(包括乡、镇和村、队、居委办工业)3 198家(未统计三林乡),职工20.32万人,工业总产值39.05亿元,占是年浦东工业总产值22.08%,工业利润3.63亿元。这一时期县内的乡镇工业著名企业有江镇丝绸时装联营厂、上海申光毛绒实业有限公司、上海霞飞日用化工厂、北蔡绣衣厂、北蔡汽车空调器厂、上海外贸界龙彩印厂等。江镇丝绸时装联营厂出口创汇从1985年至1990年连续六年超过1 000万美元。1987年列全国乡镇企业出口创汇第一名,由农业部、外经贸部授予“飞龙奖”。1990年,江镇丝绸时装联营厂出口产品交货值9 399万元,获“全国乡镇企业出口创汇大户”称号。上海申光毛绒实业有限公司1990年产值达到6 139万元,利润1 000万元。上海霞飞日用化工厂1994年产值超过4亿元,利润3 743.97万元。

随着乡镇工业规模的扩大与发展，各乡镇从 1980 年代中期开始规划建设各自的工业小区。1991 年 6 月，川沙县政府就乡镇工业小区(一乡一点)建设的规模、布局等向上海市规划局请示，得到市规划局同意。全县规划 32 个工业小区。

1993 年，全区乡镇工业企业 3 834 家，职工 21.10 万人；工业总产值 144.38 亿元，占全区工业总产值的 23.89%；利润 10.74 亿元。1995 年，乡镇工业企业 3 446 家，职工 24.26 万人；工业总产值 218.37 亿元，占全区工业总产值的 22.56%。2000 年，乡镇工业企业 2 979 家，职工 20.40 万人，工业总产值 319.33 亿元，占全区工业总产值的 19.64%；工业税收 11.49 亿元，利润 18.48 亿元，产品出口交货值 57.26 亿元。是年，工业产值前 6 名的镇分别为北蔡镇 35.49 亿元、合庆镇 34.91 亿元、钦洋镇 31.49 亿元、曹路镇 27.58 亿元、川沙镇 27.38 亿元、金桥镇 25.52 亿元。

进入 21 世纪，随着城市化区域扩大，工业产业结构调整，镇政府职能由重经济管理转向社会民生管理。同时乡镇工业企业所有制由集体

上海江镇丝绸时装联营厂(1990 年)

逐步转制为民营所有制。乡镇工业在浦东工业中的比重逐年下降。2005 年，乡镇工业企业 3 704 家，工业产值 601.75 亿元，占全区工业总产值 14.18%（2006 年，下降到 13.65%）。2008 年，起步于 20 世纪 70 年代初、兴盛于 80 年代至 90 年代的浦东乡镇工业企业，基本全部转制于民营所有制。是年乡镇民营所有制工业企业 2 266 家，职工 11.32 万人；工业产值 334.71 亿元，占全区工业总产值 5.92%；上缴税金 8.70 亿元，利润总额 11.02 亿元。

川沙县一乡一点工业小区重新布局①

1985 年开始，为改变乡镇企业布局的无秩序状态，加快发展外向型经济，各乡根据相对集中、分步实施的要求，着手规划各自工业小区。经过几年建设，乡镇工业小区已具雏形。

六团工业小区是上海郊区的第一个乡镇工业小区，占地 10.2 公顷，至 1991 年底，已陆续办起 5 家企业，拥有固定资产原值 5 500 万元，职工 2 500 人，工业产值 1.9 亿元，实现利润 2 300 万元。上海市市长朱镕基在视察川沙县时，对工业小区的合理用地、节约投资、减少污染、方便管理等优点，甚为赞许。其时川沙县境内具有一定规模的乡镇工业小区除了六团外，还有江镇、顾路、张江、东沟、王港和高南等乡。

开发开放浦东之后，川沙县境内被先后划分为环线内外、川杨河南北、城市化地区、发展控制区和预征区等区域。外高桥、金桥等国家级重点开发区规划界定也先后明确。新区内码头、电厂、道路等大型市政基础设施工程相继开工。为了既符合浦东新区总体规划要求，又要考虑地方经济的发展和人民生活水平提高，川沙县浦东开发办公室、川沙

---

① 参考川沙县地方志编纂委员会：《川沙年鉴 1992》，上海社会科学院出版社，1992 年，第 27 页。

县建设局及各乡有关人员，会同上海市规划院，遵循“统一规划、合理布局、综合开发、配套建设”的指导原则，逐乡踏勘，实地测绘，在原有基础上，重新进行“一乡一点”工业小区的选点。上海市规划院依次绘制了全县工业小区图，县浦东开发办公室编写了说明。川沙县政府于 1991 年 6 月 3 日以 166 号文件《关于报批本县乡镇工业规划点的请示》上报上海市规划局。同年 6 月 25 日，上海市规划局以沪规综第 467 号文批复川沙县，在原则同意基础上，对工业点的布局、性质、用地规模等提出意见。

规划工业小区的具体要求：一要有利浦东新区的开发开放，不影响总体规划的实施；二要统一开发、统一管理，做到合理用地、节约投资、减少污染；三要靠近集镇、生产生活有依托，以加快工业小区的启动；四要位置适中，方便全乡务工农民上下班。按照四点要求，全县规划 32 个工业小区，每个小区面积在 15 公顷至 20 公顷，总面积约 500 公顷，由市规划院编制后报市规划局审批。第一批凌桥、高桥、张江、花木、严桥、六里、龚路、孙桥 8 个乡的详细规划于 1991 年末前编制完毕，拟带征土地 119.23 公顷。

然而所规划或经批准的 32 个工业小区，随着时间的推移，在实际操作中未能实施或建成。进入 21 世纪，四大国家级开发区的拓展、全区产业结构的进一步调整，加之乡镇行政区划撤并、市政和大型住宅区的建设等等，乡镇工业小区建设停滞萎缩，以川沙新镇为例，行政区划的变化对工业小区的影响颇大。

2005 年 12 月 31 日，川沙镇与机场镇（此前江镇与施湾镇行政区划已合并成机场镇，两镇工业小区随之合并）行政区划实施“撤二建一”，川沙镇与机场镇合并建立川沙新镇。2006 年 4 月，机场镇所属产业园、物流园划入，组建成立新的川沙经济园区（简称川沙园区）。新的川沙园区由北区（原川沙园区）、南区（原机场镇产业园区）和东区（原机场镇物流园区）三部分组成，总面积增至 6.92 平方公里，其中北区和南区

川沙经济园区内的国际精工园

属于上海市级开发区——上海浦东空港工业园区组成板块，东区属于上海市浦东空港物流产业带板块。

2011 年 12 月 31 日，川沙新镇、祝桥镇、六灶镇行政区划实施“撤三建二”，撤销原川沙新镇、祝桥镇和六灶镇，建立新的川沙新镇和新的祝桥镇，川沙园区范围随之相应调整。2012 年 3 月，六灶镇所属上海南汇鹿园工业区 1.99 平方公里划入川沙园区，同时川沙园区所属的南区产业园区、东区物流园区两大板块，共 3.95 平方公里，析出划入祝桥镇。由此，川沙园区规划面积调整至 4.96 平方公里。新的川沙园区又分为北区和南区两大部分。北、南两区相距 5.3 公里。其中北区仍为原川沙园区的北区，面积 2.97 平方公里；南区为原六灶镇的上海南汇鹿园工业区，面积 1.99 平方公里。

2019 年，浦东原川沙地区的众多乡镇工业小区仅剩合庆工业区、川沙园区、机场镇产业园和物流园。在这些园区的头上，还附加着另一个身份：合庆工业园区的另一个身份是张江高科技园区东区，川沙园区、机场镇产业园和物流园是上海浦东空港工业园区的组成部分。

2019 年 5 月

主要参考资料：

上海市人民政府统计局、上海市人民政府浦东开发办公室编《1991 年上海市浦东新区统计年报》，上海科学技术出版社，1991 年。

第一大厂今安在

当你走过曾经热闹奢华的世博园区，
看到那锈色斑斑的钢铁遗存，
看到“宝钢大舞台”招牌，
你是否会发问：时间都去哪了，
上钢三厂去哪了？

2010年5月1日至10月31日，世界博览会在上海黄浦江两岸举办。在历时184天的举办时间里，入园人数达到7 308.4万人次，平均每天约39.7万人次，成为世界博览会举办史上入园人数最多的一届，实现了在上海举办一届“成功、精彩、难忘”世界盛会的目标。热闹过后是平静，平静过后是冷静。

为了这一目标，浦东出资400多亿元，新建、拓宽道路25条；动迁居民10 765户，人口约2.8万人；动迁企事业单位188家，其中包含著名企业浦东钢铁集团公司（上海第三钢铁厂）。上海第三钢铁厂占地面积2.32平方公里，占到浦东世博园区3.93平方公里的59%。

今日，如果你走在往日的世博园区，稍加留意，还能看那锈色斑斑的遗存、“宝钢大舞台”牌子，可能你是否还想知道，上钢三厂最后去了哪里？

一

上海第三钢铁厂(简称上钢三厂)原址位于周家渡,地址是上南路300号。据《浦东新区1991》统计年鉴称,1990年上钢三厂有职工2万余人,是浦东单体工厂中占地面积和职工最多的工厂,也是20世纪众多浦东人心目中的第一大厂。

1913年,由留学法国的陆伯鸿开始集资创办和兴化铁厂。1917年,陆伯鸿选址周家渡西村,租、买土地20余亩建厂,同时委托西门子洋行向德国购入10吨炼铁炉1座,总造价7.2万两银。翌年8月18日投产出铁。当年售出铁1 048吨,收入铁价163 303两银,盈利80 123两银,使投资者信心大增。

1919年,工厂注册资本增加至16.55万两银。1920年3月,又向德国订购1座25吨化铁炉,大力扩展炼铁生产。然而就从这一年起,市场变幻莫测,工厂走上坎坷之路。工厂刚投产之时,正值第一次世界大战爆发,西方资本主义国家所产钢铁主要用于战争,销至中国数量锐减,因此和兴厂一投产,产品立即得到市场青睐,国内兵工厂以每吨190两银高价向其订购百吨木炭生铁。一战结束,西方国家生铁过剩,对中国实行倾销,价格大跌,每吨甚至跌到50两银左右,远低于和兴的成本价。和兴厂遭到沉重打击,转盈为亏,停产休整。至1949年上海解放时,这期间工厂遭遇二次停产,又两度重启生产。1937年,陆鸿伯遭人暗杀身亡,工厂又两度租赁他方生产。1946年租给由官商合办的上海钢铁股份有限公司,改名上海钢铁股份有限公司第三厂。1949年6月20日,上海市军事管制委员会接管上钢公司官股。8月8日,成为公私合营的上海第三钢铁厂。此时,工厂虽经几多曲折坎坷,但以其规模仍旧在上海钢铁工业领域是数一数二的大工厂。

二

从 1950 年代开始,上钢三厂进入快速发展时期,厂区面积不断扩大,由当初的 20 余亩,增加至 2.32 平方公里。职工由 1949 年的 343 人,增加到 1957 年的 4 800 余人,而其时上钢一厂才 2 800 余人。到 1990 年,浦东开发时,上钢三厂职工超过 2 万人。

新中国成立后,上钢三厂坚持走技术改造和自我发展的道路,进行一系列重大的技术改造,在工艺技术装备上缩短了与国际先进水平的差距。1989 年投资改建转炉,实现全连铸。建成 2 座 100 吨直流电弧炉、300 毫米厚板坯连铸机、3 300 毫米/4 200 毫米厚板轧机,组成国内最先进的双机架宽厚板生产线。1996 年 5 月,上钢三厂改制为上海浦东钢铁(集团)有限公司(简称浦钢公司)。至 1998 年,浦钢公司形成年产钢 250 万吨、钢材 200 万吨的综合生产能力,能冶炼 750 余个钢种,轧制 1 300 多个品种规格产品。生产品种有造船板、容器板、不锈钢宽厚板以及各类石油化工耐腐板、核电用板、高温合金板等。出口螺纹钢筋和 3C 造船板获国家金质奖,汽车大梁板和 16MnR 压力容器板获国家银质奖。1998 年底,浦钢公司生产的船板、不锈中厚板和包括军工各类特殊专用板占全国三类板比例分别达到 33%、24%、30%,其中高强度船板(32 千克级、36 千克级、40 千克级)、宽厚不锈板、耐海水和耐石油化工腐蚀板等产品为独家经营。产品广泛应用于三峡工程、海洋采油平台、远程运载火箭、导弹驱逐舰等国家重点项目。出口钢材逐步增加,1993 年至 1998 年出口钢材 114 万吨,产品远销欧、美、亚、澳等地区。1949 年至 1998 年,共生产钢 5 083 万吨、钢材 4 121 万吨,其中不锈钢板 58.1 万吨,上缴国家利税累计 96.47 亿元。

最让人难以忘怀的是 1958 年 7 月 14 日,国务院总理周恩来从对岸浦西乘船视察上钢三厂。历史的瞬间在三钢人心中留下美好的回忆。因此 35 年后，当上钢三厂庆祝建厂 80 周年时，上海电视台主持人叶惠贤在台上模仿周总理语气，对台下厂长张世芳、书记梁兆贤说："世芳同志、兆贤同志，工人们的工资加了没有，房子造了没有，奖金发了没有？"顿时台下职工报以热烈掌声。

1998 年 4 月，浦钢公司与德国克虏伯蒂森不锈钢有限公司合资组建上海克虏伯蒂森不锈钢有限公司。上海克虏伯蒂森不锈钢有限公司位于浦钢公司西南侧的通耀路 21 号，总投资 14.3 亿美元，2001 年 11 月，一期工程竣工投产；2006 年 12 月，二期工程竣工投产。上海克虏伯主要生产装备有 20 辊冷轧机 3 组、光亮退火线 1 条、热轧钢卷退火酸

周恩来总理视察上钢三厂

位于上南路与昌里路口的三钢里商业广场

洗线 1 条、冷轧钢卷退火酸洗线 1 条。主要生产 300、400 等系列品种的不锈钢薄(卷)板,年生产能力 40 万吨。至 2010 年底,上海克虏伯累计生产各类不锈钢板卷 147 万吨,公司职工 495 人。

1998 年 11 月,经国务院批准,以宝山钢铁(集团)公司为主体,吸收上海冶金控股(集团)公司和上海梅山(集团)有限公司,联合组建上海宝钢集团公司。浦钢公司由此成为上海宝钢集团一员。

三

2002 年末,上海申请举办 2010 年上海世界博览会成功后,浦钢公司厂区规划为上海世博会举办园区。此后浦钢公司生产设备逐步进入关停或转让阶段。

2003 年 5 月,始建于 1959 年的 630 开坯车间停止生产,生产设备转让给崇明康洋公司。同年 12 月,1964 年建成投产的冷轧薄板生产线关闭停产,设备转让给上海桦厦实业有限公司。是年,1959 年建成投产的 1 200 毫米热轧生产线关闭停产,设备转让给崇明康洋公司。

2006 年 9 月,1971 年建成投产的 2 350 毫米热轧中板生产线,关闭停产。至 2006 年末,始建于 1965 年的连铸设备(转炉连铸、电炉连铸、大电炉板坯连铸)全部关闭停产。

2007 年 7 月 18 日,1991 年 10 月建成投产的中厚板生产线关闭停产,主要设备搬迁至宝钢集团新疆八一钢铁有限公司。同年 10 月,浦钢公司世博园区完成搬迁(罗泾)拆迁任务,历时 89 年的上钢三厂画上了句号。

在搬迁的同时,浦钢公司在宝山罗泾建设新工厂。2007 年 11 月 13 日,浦钢公司罗泾新厂连铸生产线生产出第一块连铸坯。2008 年 3 月 18 日,浦钢公司罗泾新厂 4.2 米厚板生产线建成正式投产。

时过境迁,今天只有上钢新村的一幢幢工房,三钢里鳞次栉比的商业设施昭示着曾经有过的上钢三厂。

主要参考资料:

《上海钢铁工业志》编纂委员会编《上海钢铁工业志》,上海社会科学院出版社,2001 年。

上海市地方志编纂委员会编《上海市 · 工业分志 · 钢铁业卷 1978—2010》,上海辞书出版社,2017 年。

《浦东年鉴》编辑部编《浦东年鉴》。

霞飞沉沦扼腕叹

时势可以造就英雄，同样也可以毁灭英雄。
如今，霞飞厂区依然坐落川杨河畔，
可惜早已物是人非、门可罗雀。

20 世纪八九十年代，川沙县乡镇企业兴旺发达，在全国范围内也排得上号。著名企业有江镇丝绸时装联营厂、上海申光毛绒实业有限公司、上海霞飞日用化工厂、上海外贸界龙彩印厂等。然而名气最响的，还是要数位于川沙镇北边、川杨河北岸的上海霞飞日用化工厂。用现在的一句闲话来讲，就是："钱多、土豪！"那时的晚上，打开电视机，许多频道都在播放霞飞广告，躲都躲不掉。

从牛奶棚里起家

1994 年，是霞飞历史上最辉煌之年。全年产值超过 4 亿元，销售收入 4.5 亿元，创利 3 743.97 万元，位居国内化妆品行业首位。被经济界誉为"霞飞现象"。真是名噪一时，无出其右！创业不满十年，"霞飞"就以骄人的业绩谱写出中国化妆品民族品牌 20 世纪末最灿烂辉煌的一页。

霞飞除了工厂钱多，还数当时跑销售人员的钱包鼓鼓的。当年在城厢小学读过书、今年已近四十岁的王静在回忆时说：伊个辰光班里有个女同学的“阿妈”在霞飞厂里跑销售，放学时，伊“阿妈”常常会开着桑塔纳来接伊回转去。阿拉班里同学都羡慕得不得了。试想当时一个普通工人的月工资只有二三百元，川沙镇上的一套六七十平方米的房子只要七八万元，而一辆桑塔纳轿车价格接近天文数字，要十七八万元。

据说当年在霞飞厂跑供销的人，一年下来少则有几十万元，多的竟然上百万元。

广 告 大 战

纵观霞飞从创业、发迹到盛极一时，再从巅峰到衰落、沉寂，其轨迹几乎就是浦东川沙乡镇工业由盛至衰的一个缩影。

霞飞厂的前身只是一家位于川沙镇西部长丰村内由村民曹建华创办的福利村办小工厂，最初只有十几个人。曹建华办厂前，因经济问题有过牢狱之灾。在20世纪80年代初期，城镇乡政府为了鼓励这家村办小厂生产化妆品而将其转为乡办企业，并划出位于川杨河边上原来的奶牛棚作为生产工场。最初曹建华与一班小兄弟们在环境极其艰苦的棚舍内，靠仅有的五万元投资，用几只大水缸开始生产化妆品。现在五六十岁的川沙镇人大多还知道，霞飞厂创业初期，由于工艺不过关，大热天推销出去放在橱窗里的产品发酵外溢，弄得好尴尬好狼狈！所以川沙人、上海人一般不太会买霞飞化妆品。后来，霞飞高薪聘请专家，提高生产工艺水平，产品质量才有了提高和保证。

可以说，霞飞从一开始就遇上了一个改革开放的好时机。

那些年，国内化妆品市场除了上海的“百雀灵”“蚌壳油”“雪花膏”

之类几个老品牌、老产品外，几乎一片空白。霞飞化妆品在其诞生的那一刻起，就以新颖的包装外观、加上铺地盖地的广告扑向全国，刺激着消费者的眼球耳膜。全盛时期，霞飞一年的广告费用将近千万元。在大陆一二线城市的繁华路段，霞飞的大型广告牌随处可见。从中央到地方各级电视台，在黄金时段都会有霞飞广告播出。大打广告战，这是霞飞成功的一大策略。曹建华虽然出身农村，但他具有极强的市场意识。他知道化妆品没有广告的支撑是不能开拓市场的，所以一开始就以巨大的勇气和魄力，投入巨资大打广告战。后来还邀请当红影星代言，打造霞飞品牌形象。

在巨大广告效应下，霞飞品牌旗下的美容、护肤、护发、洗发等系列产品迅速打开市场，在全国的销售势如破竹。来霞飞进货的人要拿着钱排队，短者三个月、长者半年才能拿到货。真可谓"霞飞、霞飞，一飞冲天"！

暴富后的沉寂

一夜暴富的霞飞在原牛棚的东侧置地盖起了三万多平方米的白色厂房、购置了一流的生产装置，从而成为当时川沙最具现代化气派的厂区。曾经有人做过统计，当年中国 30 岁以上的女性每 100 人里面就有 60 人使用过霞飞的产品。

1991 年，在首届中国十大驰名商标消费者评选活动中，霞飞是唯一能够比肩茅台、凤凰自行车、青岛啤酒、海尔冰箱、中华香烟、北极星钟表等品牌的化妆品品牌。

1992 年，以霞飞日用化工厂为龙头，组建了包括中外合资"霞飞—罗兰娜"化妆品有限公司、霞飞二厂、霞飞三厂等 18 个分支企业在内的集团公司——上海霞飞日用化工总公司。

名噪一时的霞飞在1990年代上半期，无可争议地被认定为中国最有影响力的化妆品名牌。霞飞SP88营养霜荣获第七届国际发明博览会“国际成就奖”和“全国市场产品竞争力排行榜”两项第一；霞飞品牌荣获“中国家庭爱用品牌”，高居“消费者理想品牌”第一名。

霞飞化妆品广告

然而，由于霞飞本身的先天不足和快速发展带来的管理与技术的滞后，加上创始人曹建华的离开，进入1990年代中期后，随着市场的变化和主要经营者的离职，许多原本在高增长下被掩盖的经营管理、战略定位等各种问题逐步暴露出来，霞飞进入衰退期。此后霞飞被上海家化厂收购，管理层和管理模式大换血。然而国有企业的管理模式用在乡镇企业身上明显显得水土不服，更加剧了霞飞的下滑，不到两年就资不抵债，一下子从高峰砸入低谷。

其后，霞飞的几任经营者实在不甘心就此了结，试图通过新产品的开发和经营策略的调整力挽狂澜、重振雄威，但每次总是以失利而终结。霞飞一度还生产过电蚊香产品，但市场反应不佳。川沙民间为此还幽默地编了一段顺口溜：“霞飞，霞飞，霞飞电蚊香，蚊子邪飞。”（本地话“邪”念“ya”，“邪飞”与“霞飞”同音，意：飞得很多。）

再后来，随着洋品牌化妆品势如潮水般地进入中国市场，霞飞几乎到了山穷水尽的境地。尽管在一些小店和电商平台上偶尔还能见到霞飞品牌外，在主流市场早已销声匿迹。

位于川杨河畔、川沙路西侧的上海霞飞日用化工厂(1980 年代中期)

离开霞飞后的曹建华

说到霞飞的兴衰,就不能不说被业界视为中国国产化妆品教父的霞飞原厂长曹建华。曹离开霞飞,在办理了移民香港的手续后,又在上海创办起"奥丽斯""超天""家帝""超丽"等化妆品品牌。然而,此一时,彼一时,市场已不是当年创业霞飞时的那个市场。最终未能再现昔日霞飞景象,以失败而告终。2000 年,曹建华创设了中国第一个美容院连锁店——"超天"。2004 年 5 月,注册成立上海家帝美容保健用品有限公司,2007 年更名为上海家帝豪电子商务有限公司并开始涉足电子商务,一度似乎也搞得风生水起。此期,曹建华本人还接受过央视和香港凤凰台专访。但是,没过多久,曹建华又一次折戟沉沙,起因是"家帝豪”在其旗下的“我爱我买”网络购物平台上推出的“消费养老”项目涉嫌非法传销。可悲的是 57 岁的曹建华，于 2012 年，再次锒铛入狱（详见“网易”2012 年 8 月 7 日报道《“霞飞”创始人涉嫌网络传销被捕》），并于 2014 年被以犯有组织、领导传销活动罪终审判处有期徒刑 13 年（详见“新浪上海”2014 年 6 月 7 日报道《上海最大传销案家帝豪终审宣判曹建华判 13 年罚千万》）。

曹建华自离开霞飞后，到被判刑的二十年间，经历几次人生重大变故，数度浮沉，由峰巅步入坎坷，乃至每况愈下，直至第二次住进班房，不免令人扼腕感叹，唏嘘连连！

时势可以造就英雄，同样也可以毁灭英雄。如今，霞飞厂区依然坐落于川杨河畔，可惜早已物是人非、门可罗雀。

2017 年 10 月

护塘街接两文明

无情的岁月融化在斑驳的砖墙上、
破碎的瓦片里、开裂和钙化着的
木柱与椽子间。

出川沙镇中市街，跨东门石拱桥，缘行东门街约200余米便是南北走向的护塘街。护塘街因街市建于老护塘上而名之。《浦东新区地名》记："路面结构片弹石，长776米，宽约2米。"其实最初的护塘街并没有这样长，从北至南，约终止于今日新川路处，往南不远就是南汇县的十一墩了。1950年，南汇县北界部分地区划入川沙县，十一墩也随之归入川沙县境。之后随着行政管辖范围的统一、街区的延伸，慢慢地十一墩也就成为护塘街的一部分了。

一

倘若探究护塘街的渊源，不得不说老护塘。老护塘古称捍海塘，后称内捍海塘、里护塘。北宋皇祐年间华亭知县吴及墓志铭载："知秀州华亭，俱有能名。……在华亭缘海筑海堤百余里，得美田万余顷。岁出谷数十万斛，民于今食其利。"墓志铭中提到的海堤应该就在这一线。1997年出版的《上海水利志》更明确指出："今已查明系北宋皇祐四年至至和元年(1052—1054 年)吴及任华亭县令时所筑。”

随着时间的流逝,川沙海岸线向东推移。此后数百年,钦公塘的修筑,使老护塘的御水功能逐步退化,逐步演变成一条贯穿浦东东部地区的南北交通要道。随着行人的增多,老护塘上每隔几里便出现了一座座大小不等的街镇,护塘街就是其中之一。川沙南部地区江镇、六团、黄楼等居民进入川沙城,大多脚踩老护塘,途经护塘街,折入东门街而来。

翻开浦东历代水利图,可以看到老护塘(护塘街)居于两濠(河)间,东为“御寇河”,亦称“备难河”“东运盐河”,俗称“外护塘港”,为明代抗倭英雄乔镗为阻止倭寇骚扰而带领乡民所开凿。西是王安石曾孙王珏组织开挖的“西运盐河”,俗称“里护塘港”。明清两朝,老护塘一度成为国家海防要地。塘上筑起墩汛,以此举烽火而报海警。自南而北一墩、二墩、三墩……至黄家湾共计十七墩。星移斗转,有些墩汛逐渐集聚成市,出现了三墩、十一墩等街镇。至民国,这些突兀的墩址大多夷为平地。

伴随现代陆路交通发展,1920 年代,上川铁路建成通车。1960 年代初川黄公路修建,老护塘的交通功能日渐式微,护塘街也随之日益冷清。1977 年冬、1978 年春,利用东、西运盐河老河床,裁弯取直开挖南北流向的浦东运河,更是将老护塘多处挖断。从此在老护塘交通功能基本废除之时,护塘街的商业也随之一落千丈,走完了最后一程。

二

今日,走在窄窄的护塘街上,再也听不见海浪的轰鸣,嗅不到海风里充斥的咸味,难遇南来北往的路人与你摩肩而过。护塘街早已远离大海,远离尘嚣,沉睡在历史的河床里。走在凹凸不平的街石上,恍若走进一个被现代繁华所抛弃的角落,只有几处饱经风霜的木排门板(以前开商店用)还在提醒曾经有过的街市喧哗。无情的岁月融化在斑驳的砖墙上、破碎的瓦片里、开裂和钙化着的木柱与椽子间。

如果你有幸遇见从小居住在护塘街270余号、今年82岁的陈老先生,那么他可能会站在家门口向你描述他当年眼中的市井万象,清晰地说出家宅附近许多店铺的名号。顺着他手指指处,你会知晓这里是“徐义泰”米庄,那里是“德丰公”米庄,隔壁是“金风顺”染坊,北面是“姚福生”竹行,南面是“吴合兴”米庄,从而在你眼前浮现出一帧护塘街的商铺长卷。

以现代人今天的眼光和标准衡量,护塘街两旁的建筑是那样低矮。许多房舍从屋檐至地面大概只有二米左右。整条街道,除了低矮的平房,就是二层楼房相隔其间。由于许多住宅改建拓宽,街道变得越来越狭窄,有些地方宽度已经不足二米,连两人并肩前行都显得困难。然而一旦你沿着护塘街一直往南,跨过护塘街上的唯一一座桥梁后,在护塘街125弄弄口稍作流连,仔细察看,便会发现低矮的屋檐下,残存着一块白色的门牌,上面印有“十一墩街79号”字样。若你再仔细一点,还会有新的收获,不显山露水的79号竟是一座百年绞圈式老房子。老房子女主人姓陆,年届98岁。无独有偶,在这座老房子南边20米处(护塘街111号)又是一座毫不显眼的百年老屋,主人姓陈。两座老屋在“文化大革命”中遭到破坏,屋面上的各种建筑造型悉数被毁。

站在老房子的天井中央,与风雨销蚀的屋脊、烧制花纹的落水瓦,雕刻人物故事的栋梁相遇交流,一定会让你感受到护塘街昔日的家长里短、海风咸味,看到东、西运盐河里高扬的风帆,听到街市苍老的吆喝,抑或老护塘畔痛击倭寇的喊杀。

两座老房子里深藏着遥远的护塘街!

三

离开老房子继续往南，停留在护塘街 95 号处西望。离街数米矗立着几根高出地面一米多的水泥桥墩。经与附近居民核实，此桥就是架于西运盐河上的潘家桥。此桥原为石桥，1950 年代坍塌后，改建成水泥桥。

潘家桥，实在是一座十分普通的乡村桥梁。在开挖浦东运河时，因河道改道被废弃。潘家桥，又实在是一座悠久的历史之桥。上溯 462

今日护塘街(2017 年)

年、明嘉靖三十四年(1555 年)八月,一场抗倭的战斗就在这里打响。《上海县志》《分建南汇志》《川沙抚民厅》以及后来的民国《川沙县志》都记载了这次战斗。那年 8 月,一股 700 余人的倭寇从柘林出发,前来与盘踞川沙洼的倭寇会合。川沙乡绅、国子生乔镗获知后,率领 300 乡兵及南跄巡司弓箭手 70 人,在川沙东南边的潘家桥设伏阻击。700 余倭寇几乎全歼,只有 5 人侥幸翻塘渡河向东逃走。

熟悉明代江浙地区抗倭史者都知道,在川沙、南汇、奉贤、金山、上海等地都发生过抗击倭寇的大大小小战斗。可惜以上地名所涉及的范围广大(即大地名下还有许多小地名)。然而潘家桥的意义就在于它的指向和范围是那样明确,它就是一个点,是一个不能再小的小地名,并且保留至今未改名,再说这场战斗又是那样的辉煌。

四百六十多年过去,抗倭的喊杀早已沉寂、墩汛的烽烟也随之泯灭,那么在潘家桥址耸立一块抗倭的英雄碑,也许是纪念先人,教育后生的最好方式!

四

在三月末的一个雨日,当我又一次走在护塘街上,看着从屋檐上挂下的点点滴滴的雨水,又恍然觉得护塘街的意义不仅仅止于一座英雄的纪念碑,它分明是农耕文明的产物、最具浦东地理特性的标志。正是一条条向东修筑的护塘,拓展了我们赖以生存的浦东大地。脚下的老护塘又是上海地区毋庸置疑的最古老的海塘。因此在护塘街筹建一座海塘文化纪念馆,以此颂扬先人御水拓土的伟业、播稻植棉的劳作;追寻川沙人走在护塘街上,由田野走向城镇,由农耕文明走向工业文明的脚步,不啻是一件值得思考的文化事件?

1900 年,走在护塘街上的农人一定已经清晰地听到了百米之外川沙城内、内史第中第一台毛巾织机的轰鸣！

护塘街，犹如编织毛巾的一根棉线，串联起两个文明之间的尾端与开端！由此联想：前来川沙的人们，如果从护塘街一路走来，尔后折入东门街西行，跨越石拱桥进入中市街，最后从西门街走出川沙城，那么走在这狭窄而悠长的石街上，川沙这座明代古镇，给予他的印象又会如何？或许，这就是今日护塘街的价值与魅力所在！

2017 年 4 月

六灶古镇古戏台

街石静默，港水无语。
面对此景发问：当年有几座桥梁
连接起三里长街六灶镇？

六灶镇距离浦东新区人民政府驻地约 19 公里、距离上海迪士尼主题乐园约 3 公里。六灶之名源于浦东先民熬波煮盐——盐灶的编号。六灶成镇于明代，到了清朝初年俨然成为浦东川沙至新场之间颇具规模的乡村集镇。

可以说一条六灶港，孕育了六灶镇。今日眼中的六灶古镇是一条位于六灶港北岸、东西走向的沿水长街。街道两侧蓝底白字的门牌号上清晰地写着“向学街”三字。清雍正年间编纂的《分建南汇县志》记载：“六灶镇在新场北二十四里。明顾氏富有田园屋舍。自周浦（塘）开浚后，居民渐饶成市。东西约四里，居民约三四百家。市西凝秀桥，东（有）俗名周九石桥。东至六团湾十里，东北至川沙二十四里，西南至坍石桥（今名坦直）约十二里。”

150 多年后，光绪《南汇县志》再记六灶镇。除顾姓外，龚、马两姓逐渐成为六灶镇上的著名姓氏。其时“甲科蔚起，振兴文风”，镇内居民崇尚读书科举，“人知向学”。遭受兵灾后，“西市零落，转不如东市之稠密”。今天，当我们走在六灶古镇唯一的一条老街——向学街上，思量每户名牌上的“向学”之际，自然而然知晓了街名的由来。

大约到了民国年间，六灶镇逐渐衰微。“商业较昔已逊。惟向学街东起傅祠（傅家祠堂）前柏塔（民国初年已有十三塔，解放前已毁），西迄环桥，为镇之横街。油车街在东市聚秀桥南，约数十武（半步），为镇之纵街。合居民店肆，约一二百家”（据民国《南汇县志》）。街市主要有粮米、南货、烟纸、竹行、棉布、肉庄、鱼行、茶馆、中西药等店铺，颇具知名的有嵇义泰、吴新泰、鸿泰、永泰祥、长春堂等店号，另开设有碾米厂、油坊、针织等工厂或作坊。镇内的宗教场所众多，从东至西，有镇港庙、萧王庙、东关帝庙、西关帝庙、城隍庙，共计五处。

六灶还有一个美丽的故事。相传很久以前此地有条清澈的溪流。溪边有人以养鹿、驯鹿为生，故而名之鹿溪。抗日战争时期六灶还曾一度改名鹿溪。

20 世纪上半叶，镇内颇具知名而较为经典的建筑（民居），有俗称西市圈门、马家房子、典当房子、马进梅宅、傅家祠堂和“十三个半厅”。西市门圈建于清初，颇具规模，分东圈门、西圈门，内建紫石街，长 60 米。“十三个半厅”分别是东马家厅、西马家厅、东杨家厅、西杨家厅、张家厅、蒋家厅、龚家厅、徐家厅、傅家厅等厅屋的总称，其中徐家厅为“半个厅”。

1970 年代初，距离六灶老街北一百余米处修建周祝公路后，六灶镇商业开始向周祝公路两旁转移，老街店铺日益稀少。时至今日，老街上店铺几近无存，纯粹演变为居民聚居的弄巷。街上的百年老屋大部分经过改造，满眼已是水泥瓷砖、铝合金门窗。仅剩的几处老屋更加显得低矮甚至摇摇欲坠。唯有镇西关帝庙继续点燃着数百年来的香火，绵延着六灶镇的古风古意，更有城隍庙内的古戏台成为今日六灶古镇最长情的记忆，最发人幽思、遐想的舞台！

城隍庙位于六灶镇西市，南临六灶港，建造于清康熙初年。100 多年过去，到了嘉庆年间，庙房败落。道光初年，由当地人申锡璜、申锦华父子发起募捐,以予重建。庙房建筑一埭三间,两头各有附属房屋,东西两厢为楼房。庙殿有匾,上书“灵应公”。两旁对联一副,上联“将爱子心肠事父母便为孝子”,下联“以花费银钱济贫困即是阴功”。天井中建戏台一座,称之“照檐台”。台面高 1.85 米,宽 4.8 米,台口高 2.05 米,进深 4 米。其沿口上书“您来了吗”,好一个今日流行语语境。戏台飞檐翘角,飞檐下斗拱工艺讲究,别具一格。相传“灵应公”叫顾坤,死后被封为城隍。每逢农历三月十二日是城隍诞生之日。1949 年前,庙内香火甚旺。各地戏班来到六灶镇,都会在此登台演出。1949 年后,城隍庙成为五金厂厂房,庙屋由此遭受严重损坏。

2001 年,城隍庙古戏台列为南汇区区级文物保护单位。2009 年,南汇区划入浦东新区后,第二年古戏台列为浦东新区区级文物保护单位。

至于清雍正《分建南汇县志》和民国《南汇县志》分别记载的凝秀桥、聚秀桥,今日已经难觅踪迹。镇内上了年纪的居民在回忆小时候所看到的景象时,都说那时六灶港上有石桥,但是在破“四旧”中拆毁了。查阅 2003 年出版的《六灶镇志》,知道凝秀桥又称环桥,为石拱桥,横跨六灶港,由顾良方建于明代。清雍正年间重修。1969 年疏浚六灶港时拆除。该镇志又记:“东市油车桥(兴隆桥)也是横跨六灶港的石桥,清乾隆三十八年(1773 年)建。”1964 年同样在六灶港疏浚中拆除。估计志中所载的油车桥应该是聚秀桥不假。

2017 年 4 月,夕阳欲下之时,笔者走在六灶镇西市梢的街道上,留意眼前的景物,忽然发现,脚下的路面上相嵌着三块长条石板。有附近居民告知:“此处原来有石桥一座,三块石板就是当年石桥的桥面。”此刻,站在三块石板上,街石静默,望眼六灶港水,港水无语。面对此景,心底发问:当年有几座桥梁连接起三里长街六灶镇?

2017 年 5 月

主要参考资料:

《六灶镇志》编纂委员编《六灶镇志》,方志出版社,2003 年。

清雍正《分建南汇县志》、民国《南汇县志》。

松饼绒绣产高桥

千层玉屑压团沙，一捏酥贱纤指夸。
浴罢海滨归去早，土产双品带些些。
——高桥竹枝词

长江奔流，浦江入海。浦东名镇高桥位于长江口、东海边。镇上出产的松饼、制作的绒绣为人称道，家喻户晓，成为一地特色。有关松饼在高桥镇上至今流传着两个不老的传说。

相传明代，清浦镇上有施、黄两大姓氏。施家千金年方二八，容貌秀美，琴棋书画无所不能。黄家公子与施家女儿同庚，刻苦好学，学问渊博。青梅竹马两小无猜，双方家长有意做儿女亲家。时值黄郎赶考之际，施小姐得知黄郎即将启程，连夜赶做“油酥塌饼”。边揉面边思念意中人，不知不觉把酥油面揉了一遍又一遍。万万没想到，用这样的面做成的塌饼，层层松脆，吃起来满口溢香。施小姐为之起名“千层饼”。从此“千层饼”名扬浦江两岸。每逢农历三月廿八庙会之际，清浦镇街道两旁摆满了出售千层饼的摊子，来往客人争相品尝购买。后来清浦镇焚于倭寇，遂在清浦镇南二里许形成高桥镇。千层饼也由清浦镇传至高桥。

20 世纪初，高桥镇东街有一大户人家，男主人名叫赵小其。妻子心灵手巧，能加工制作各种精美点心。她所做的千层饼，尤为邻里亲朋赞许。可是丈夫赵小其不善生计，而且染上了抽鸦片烟的恶习。家境由此逐渐衰落，只得将妻子做的千层饼拿到商店和旅馆兜售，不料大家吃后一致叫好。因为这种饼吃口松酥，渐渐被人们称为松饼。于是一传十，十传百，赵小其妻子制饼的手艺和松饼的美名广泛传播，预订者日益增多。赵妻便邀来左右邻舍帮忙。日久帮忙者也熟悉了配料、烘烤等方法，各自做出松饼出售。

民国十四年(1925 年)，张家弄妇女黄金娣改良制作工艺，所制松饼皮薄、馅满、层多，比以往更酥更脆。不久黄金娣丈夫周百川在北街张家弄口开店，店名“周正记”，并以“起首老店，松饼专家”自傲。

这时，镇上有个叫张锦章的人发现松饼生意大有利润可图。于民国二十一年(1932 年)，在西街 55 号开设高桥食品公司，专门从事松饼的生产和销售。高桥食品公司出售的松饼首次采用纸盒包装，顾客携带极其方便。

时值高桥海滨开设浴场，上海市区来高桥海滨游泳人数日益增多，松饼生意一路畅销。张氏公司安装电话，招徕顾客，实施“电话订购，专人送货”的销售方式。还先后开设了海滨、东街、北街支店和福州路上的上海支店，几乎垄断了高桥镇上松饼的生产和销售生意。高桥竹枝词记其事：“千层玉屑压团沙，一捏酥贱纤指夸。浴罢海滨归去早，土产双品带些些。”

1956 年，高桥镇上的 10 多家以生产松饼和一捏酥、薄脆(一捏酥和薄脆同为高桥特产)为主的食品作坊合并成立了高桥松饼生产组，后来扩展为高桥食品厂。1983 年，高桥松饼获得上海市优质产品称号。1985 年被商业部评为全国食品优质产品，并被列入《中国传统食品大全》分册《上海传统食品》。2007 年，高桥松饼制作技艺列入上海市非物质文化遗产名录。

高桥特产除了松饼、一捏酥、薄脆外，手工艺品绒绣亦是颇负盛名。刺绣是中国劳动妇女的传统手艺。民国二十六年有家上海洋行的老板

1950 年代公私合营后的高桥食品厂在制作松饼

经过反复比较，认为高桥妇女心灵手巧，刺绣作品竟如此精美，于是在高桥开办绒绣习艺所，吸收当地妇女，免费教授绒绣技术。一时前去习艺者络绎不绝。绒绣逐步成为当地妇女劳作与谋生的主要方式和途径。民国三十四年(1945 年)，张秀涛、张鹤鸣父子受绒绣洋行老板委托开办“鹤鸣花边刺绣工艺社”，负责绒绣产品的收发、运送。新中国成立后，以工艺社为基础，成立了高桥刺绣合作社。1965 年更名为高桥绣品厂，后又改名为上海东方绒绣厂。高桥绒绣产品行销 40 多个国家和地区，还作为国礼赠送外国元首。

绒绣产品按主要用途分为艺术欣赏品、普及欣赏品和实用品三大类；按品种分有挂毯、沙发毯、靠垫、椅背套、钢琴套、凳套以及制作手提包、眼镜套、钱包、钥匙袋等用的花片。每个品种中的规格千差万别，达到 1.5 万余种。高桥绒绣工艺者先后绣出《东方红》《延安火炬》《决战前夕》《万里长城》等大型挂毯。幅宽最大的作品达到 7 米。高桥绒绣作品多次参加上海市和全国的工艺美术品展览和评比。《延安火炬》于 1963 年参加全国第二届工艺美术展览时，《人民画报》用 2 个版面刊登了彩色照片。《万里长城》挂毯获得全国旅游产品一等奖，《林间小道》获得全国工艺美术银杯奖。《上海夜景》《龙华寺》《富士山》《樱花》《琴课》《夫人》等数十幅绒绣作品曾先后在香港、横滨等地展出。

2009 年，高桥海派绒绣列入上海市非物质文化遗产名录。

主要参考资料：

《浦东今古大观》，科技文献出版社，1992 年。

上海市地方志办公室编《上海名镇志 · 江东名镇高桥》，上海社会科学院出版社，2004 年。

《高桥镇志》编纂委员会编《高桥镇志》，上海辞书出版社，2009 年。

一座跨越世纪的建筑

1993 年规划，1994 年奠基；

2002 年易地建设，2005 年竣工开业。

东方艺术中心（以下简称东艺）位于丁香路 425 号，是上海最具特色的标志性文化设施之一，由上海市政府和浦东新区政府共同投资 11 亿元兴建，法国著名建筑师设计师保罗·安德鲁设计，总建筑面积近 4 万平方米。2002 年 3 月 26 日，东艺开工建设，2004 年 12 月 31 日竣工并对外试营业。从高处俯瞰，东艺整体呈 5 个半球体，外形宛若一朵硕大的“蝴蝶兰”，依次为正厅入口、东方演奏厅、东方音乐厅、东方歌剧厅和展览厅。东艺共设座位 3 306 个，其中东方音乐厅 1 953 个，东方歌剧厅 1 020 个，东方演奏厅 333 个。

今天当我们走进东艺，观看演出时，谁能知道东艺曲折的建设过程。

1993 年 6 月 28 日，成立才 3 个月的浦东新区社会发展局召开在浦东建造一流音乐厅的座谈会。上海市副市长、浦东新区管委会主任赵启正，副主任黄奇帆和音乐界、建筑界 10 余位著名人士出席。会上，建造音乐厅成为浦东文化事业发展的一项重要议题。其时，浦东文化设施比较落后，社会发展局文体处就新区文化事业的现状和未来发展开展调查研究后，撰写了 7 万余字的《浦东新区文化事业发展的思路与对策》，提出 12 个系列研究课题，编制出 6 个文化设施建设项目建议书，其中有东方音乐厅、浦东新区中心图书馆、东方文化博览城、东方影城、东方文化艺术活动中心、潍坊文化中心等。1994 年 4 月 28 日，东方音乐厅方案国际征集活动拉开序幕。中国、美国、德国、日本、法国、加拿大以及中国香港等国家和地区的 9 家著名建筑设计事务所参加征集活动。赵启正、黄奇帆、浦东社会发展局领导出席了当天举行的东方音乐厅方案国际征集活动新闻发布会，并向各国和地区的建筑设计事务所发放了征集文件书。同年 7 月 29 日至 31 日，由埃里克森（加拿大）、夏邦杰（法国）、法索尔德（德国）、戴复东（中国）等 11 位中外著名建筑师、结构专家及建筑声学专家组成的评委会对所有应征方案进行评审投票，最终评出一、二等奖 3 个。日本丹下健三都市设计事务所设计的方案获得一等奖，日本设计株式会社和德国考夫曼 · 蔡里希建筑师事务所方案获二等奖，其他应征方案获鼓励奖。1995 年 6 月 29 日，东方音乐厅在东方明珠广播电视塔旁奠基。著名音乐家贺绿汀为音乐厅奠基仪式亲笔题词，丁善德、桑桐、周小燕、陈钢、曹鹏、钱仁康、江明淳、俞丽拿等沪上著名音乐家为音乐厅奠基发行的首日封欣然题签。赵启正、金炳华、龚学平、胡正昌、王生洪等市领导及全市音乐艺术家 300 多人参加了奠基仪式，为未来的音乐厅挥锹培土。遗憾的是奠基后，音乐厅项目脱离人们视线，犹如泥牛入海杳无音信。直至进入 21 世纪的 2002 年，易地花木行政文化区再次奠基建设，并改名东方艺术中心，从而成为名副其实的跨世纪工程。

2005 年 7 月，东艺正式开业。同年，举办柏林爱乐乐团首次访沪音乐会，被评为当年“上海十大文化新闻”之一；入选“上海十大时尚地标”，被誉为“上海最新的高雅艺术发布地”。2006 年，策划组织“我心目中的世界十大交响乐团”评选活动，同时邀请入选乐团全部来沪演出，该评选活动和演出被评为“中国十大演出盛事金奖”。同年 7 月，东艺在亚洲剧场中率先推出与国际接轨的跨年度演出季。

东艺成为中国大陆第一家举办过柏林爱乐乐团和维也纳爱乐乐

团(2009 年 9 月 27 日在东艺演出)两大世界顶尖乐团音乐会的剧场,建设起“中国作品世界首演、世界作品中国首演”艺术平台,是全国唯一一家常年保持每天同时售票的演出达 100 场以上的剧场。世界指挥大师祖宾 · 梅塔在考察东艺演出季内容和运营情况后说:“我对上海能有这样国际水准的剧院感到震惊!”《芝加哥论坛报》在评论东艺时写道:“这座剧院可以说是整个地区变革的重要文化推动力量。”

东方市民音乐会

2006 年 7 月 29 日,由浦东新区精神文明建设办公室、新民晚报社和东方艺术中心共同举办的“东方市民音乐会”首场演出在东方艺术中心举行。首场演出节目为“世界著名圆舞曲与波尔卡专场音乐会”。以后每月的最后一个周六上午,举办一次东方市民音乐会。东方市民音乐会坚持“高贵不贵,文化亲民”宗旨,以高品质、低票价(一般为 50 元、80 元)赢得数十万观众,成为大众音乐会品牌。

2006 年 10 月 28 日,率英国 BBC 交响乐团来沪演出的捷克指挥大师贝洛拉维克登台东方市民音乐会,指挥上海爱乐乐团演奏中国曲目《春节序曲》。陈燮阳、汤沐海、张国勇、许忠、张亮等一批国内最优秀的指挥家带领上海交响乐团、上海爱乐乐团、上海歌剧院、东方小交响乐团等先后登台东方市民音乐会演出。至 2009 年末,东方市民音乐会完成第 100 场演出,跻身当年“上海十大文化事件”。2010 年 5 月 1 日上午,著名指挥家罗杰 · 诺林顿爵士执棒德国斯图加特广播交响乐团献演东方市民音乐会,为上海世博会奏响“晨曲”。2011 年,东方市民音乐会入选文化部、财政部第一批创建国家文化部公共文化服务体系示范项目,并依托保利院线走向全国 9 省 14 市。2012 年初,升级推出以 80 元亲民票价为主、国外优秀演出团体为主的东方市民音乐会晚场版,致力于让市民以最实惠的价格,享受到高品质的晚间常规音乐会。2015 年 8 月 9 日,东方市民音乐会迎来第 500 场演出,累计观众突破 80

万人次。著名指挥大师祖宾·梅塔在了解了东方市民音乐会的情况后题词:“为上海常年拥有年观众达 10 万人次的音乐普及品牌演出而赞叹。”

2015 年 11 月 11 日

高桥中学三党组

“一切服从革命利益”“一切听从党的召唤”，
是他们闪光青春的真实写照和最好诠释。

1945年8月，经过8年浴血奋战，终于取得了抗日战争的伟大胜利。在胜利的喜悦中，上海滩三大亨之一、出生高桥的杜月笙和高桥区区长钟玉良请求上海市教育局在高桥镇上创办一所完全中学。不久，市教育局委派教育处处长徐则骧为高桥中学筹备委员会主任，国民党市党部委员陈月江、钟玉良，正始小学校长崔志明，高桥区文教科科长任委员。1946年3月10日，上海市市立高桥中学成立。首任校长陈月江，其时还担任国民党高桥区区党部主任。

初创之时，全校共有5个班，其中2个班的生源为原“市一中”及“清溪中学”的部分学生，经过编班和考试合并而成，另外3个班为新招生班级。5个班级分为初三下、初二上、初二下和初一上、初一下。秋天，学校扩大招生，除在本区招生外，还向上海市区招入寄宿生。首次秋季招生共招入4个初中班、3个高中班，并择优招入若干名插班生。

创办之年，学校就达到一定规模。13个教学班，学生五六百人，其中市区寄宿生有200余人。

抗日战争胜利后的太平景象没有维持多久，国民党即发动内战。在隆隆的解放战争炮声中，以国民党区党部主任委员身份兼任高桥中学校长的陈月江，在学校执行“党化教育”的治校方针。为了控制学生的思想，学校设立训育处，实行“训育制度”。各年级开设公民课，灌输“一个领袖、一个主义、一个政党”的思想。在初中建立中国国民党童子军，提倡“智、仁、勇”“日行一善”等教育，以适应国民党培养人才的需要。对寄宿学生则设舍监加以监督。绝对禁止师生参加任何进步活动，甚至利用政治上幼稚、思想上落后的某些学生为耳目向校方提供情报。要求学生“两耳不闻窗外事，一心只读圣贤书”。

此时中国共产党组织开始渗入高桥中学，与国民党的统治展开了针锋相对的斗争。至 1949 年 5 月，高桥地区解放之时，高桥中学已经在中教系统中享有“浦东民主堡垒”的称号。

从建校初期到上海解放，该校师生中的地下共产党员近 20 人，而团结在党组织周围的进步分子，人数则更多。在临近解放的日子里，高桥中学的党组织领导广大师生“反饥饿，反内战”，用实际行动迎接上海解放。

当时在高桥中学有着 3 个共产党的地下组织，分属于 3 个系统。教师中的党组织属教委，学生属学委，地方党组织属于高桥地方系统。

1947 年 9 月，陈锡良、潘骥来校任教，是为高桥最早的地下党员。1948 年春天，共产党员金声穆老师经组织安排，通过关系来校任教。金老师在高桥时期发展了外语教师钟日照、会计龚德明加入党组织。

在学生中间，共产党组织的力量相当强大，尤其在高三(丙)班更加突出。到高桥解放，学生支部已有汤德奎、朱保玛、虞承源、王村民、方毓凤、刘惠民、李敦、朱坚、陆景明等 10 多人。

国民党军队在战场上节节败退，革命形势鼓舞人心。学校党组织为配合上海解放，在广泛发动群众的基础上，采取秘密与公开、合法与违法相结合的形式向反动派开展斗争。高桥校园内的革命波涛一浪高过一浪。

金声穆老师在上地理课时结合国内外形势，暗示蒋军必败、革命必胜的道理。介绍“农村包围城市”的正确性、科学性。进步教师与学生打成一片，打球、唱歌、演戏、谈天说地，以先进思想影响学生。现年届70的当年高桥中学学生张悌至今对金老师的地理课印象极其深刻。1949年初开始，上海的社会秩序比较混乱，人心惶惶。金老师在上地理课时就说：“不要看现在外面很乱，用不了几个月，一切都会恢复正常。”在讲解中东地理时，他给我们讲中东形势，记得最清楚的一句话是“中东从此不会太平”。算来金老师说这句话已经有54年了，中东局势也正像金老师所说，动荡不安了50多年。“我佩服共产党人不但对于中国革命形势的判断，更佩服对于世界局势的把握。”

传唱革命歌曲在当时的国民党统治区属于非法行为。上海解放前夕，少数进步同学秘密传抄，二三人私下低声吟唱革命歌曲。先后唱过《古怪歌》《茶馆小调》《跌倒算什么》《你是灯塔》以及《团结就是力量》等歌曲。由此寄托了革命的理想，激发起战斗的豪情。

在学生党支部的领导下，组织学生阅读苏联小说，学习革命理论，传阅党的秘密刊物。阅读的小说有高尔基的《母亲》、绥拉菲摩维支的《铁流》，理论书籍有斯大林的《论列宁主义问题》、毛泽东的《中国革命问题》(即《中国革命和中国共产党》)和《新民主主义》，以及学联出版的报刊等。经常参加阅读讨论会的近10人都为学校学生运动的骨干分子。

为了宣传进步思想，扩大党的影响，在校进步同学以墙报为阵地，先后刊出《扶》《火车头》为名的墙报。《火车头》隐含革命的火车开进高桥中学之意，由李敦、刘惠民和方毓凤等同学主编，刊登评论、杂感和针对时局的文章及传达工运、学运的信息。有一篇文章由于讽刺了特务走狗，震动了校方。训育主任潘鼐亲自出马找主编学生训话，追问办墙报的还有哪些人？希望同学不要过问政治，同时指使亲信学生另办《育我》为名的墙报，宣传反动思想。

1948 年,四位教师在高桥中学校园合影,右二为金声穆老师

1949 年 4 月 1 日,国民党特务与军警悍然镇压南京大专院校"反饥饿、反内战、反迫害"和平游行的学生,打死 2 人,伤及多人,酿成了震惊全国的"四 · 一"惨案。消息传来,高桥中学学生无比愤怒。高二(丙)班先后刊出三期墙报,揭露国民党反动派假和平的阴谋,声讨血腥镇压爱国学生的罪行。在校地下党组织发动下,一些班级召开了声讨会,并酝酿罢课游行。学校当局慌了手脚,在校内贴出淞沪警备司令部大幅布告,严禁罢工、罢课。在白色恐怖笼罩下,为了避免不必要的牺牲,决定开展义卖捐献活动,资助南京事件受难学生。高三(丙)班学生刘惠民写出"我们热血沸腾了!"的大字报。各班进步同学积极响应,节衣缩食,解囊相助,最多的捐助 7 到 8 块银元,这在当时是一个不小的数目(当时一个教师月薪才三四个银元)。通过义卖总共募集银元 100 余元,如数送到上海学联转交南京"四 · 一"惨案善后委员会。

解放战争时期,中国共产党人在高桥中学播下的革命种子,在新中国成立后的头几年中,迅速地生根、开花、结果。

1949 年 6 月,高桥中学学生积极报名参加“人民解放军华东随军服务团”。87 名学生被批准加入服务团,居全市中学的第二位。同年,10 余位同学分别参加了“上海市青年干部训练班”和“上海市郊区青年干部训练班”。

1950 年,先后有两批同学报考华东人民革命大学,共录取 20 余人。年内朝鲜战争爆发,高桥中学响应“抗美援朝,保家卫国”的号召,参加“军干校”,有的高中班百分之一百的学生报了名。此次“参干”人数近 200 人。在短短的两年时间里,有近 300 名高桥中学学生以满腔的政治热情积极响应党的号召踏上革命道路,而当时高桥中学学生总数才 700 人。

“一切服从革命利益”“一切听从党的召唤”是那个时期高桥中学学生的精神风貌,是他们闪光青春的真实写照和最好诠释。

2003 年 5 月

春节时光最思乡

一张张或窄或宽的车票机票背后，
是故乡的老宅炊烟、明月古道，
是村头、场角母亲苍老的背影
和翘首盼望的等待。

一

小时候，乡愁是一枚小小的邮票，
我在这头，母亲在那头。
长大后，乡愁是一张窄窄的船票，
我在这头，新娘在那头。
……

2017 岁末，《乡愁》作者余光中在“一湾浅浅的海峡”彼岸孤身远行，却未带去一丝乡愁烟雨，一片萋草晚霞。

诗人已逝，余音犹存！

撕下 2017 年最后一页日历，眺望窗外树梢上飘零纷飞的黄叶，悄然无声中，岁月已经将我推进了 2018 年的第一天。

好喜欢哟，2018 年的元旦。太阳竟然那样温暖明媚，似乎春光早来。

二

节后第二天走进办公室，入职不久、老家是历史文化名城河北邯郸的小伙赵君与古都洛阳的女孩小美已经开始议论回家的车票机票。

电脑屏幕闪烁："2018 年春运火车票预售时间表出炉了！"好事的小编招呼着："漂泊在他乡的小伙伴们，你们还能保持淡定吗？请跟我来，一起围观抢票吧！"

一张张或窄或宽的车票机票背后，是故乡的老宅炊烟、明月古道，是村头、街巷母亲苍老的背影和翘首盼望的等待。

春节，在漂泊异乡者的紧张抢票中离我们越走越近。

三

世事变幻，潮流弄人。

面对滚滚返乡过节的洪流，走在川沙城内一日比一日冷清的街巷，今日六七十岁的本地人怎么也想不到，不知从何年起，春节由儿时的炮竹声声热热闹闹，渐渐反转成为一份难得的安安静静。耳根清净了，道路畅通了，小巷小街似乎变宽了！每年春节有多少人离开上海，离开川沙，没有人能够正确地回答。春节期间我们看不到川沙路上的人潮、妙境路上的车流，听不到川沙公园里震天的高歌，广场上声不扰人誓不休的翩翩舞姿。

静了上海滩，静了川沙城。

四

与今日春节的往外走不同，20 世纪 50 年代至 70 年代末，每逢春节来临之日，一大批支援外省市建设的上海人、川沙人从祖国的四面八方陆陆续续回到家乡过年。就在我出生的张江杨镇村一队的小村子里，就有在北京、西安、福建、长沙、洛阳、大连、包头工作的男人，总计不下十来人。他们大多是有着一技之长的木匠或泥水匠。据《川沙县志》记载：1950 年代初，川沙有 1 万多名建筑工匠奔赴祖国各地支援新中国 156 项重大工程建设。在十年动荡时期，又有一万九千九百多名川沙知识青年前往东北、内蒙古、云南等地插队落户，接受“贫下中农再教育”。

遥想当年，在一列列驶往春节的火车上，挤满了多少从北国、从南疆归来的上海人、川沙人！在上海北火车站，又有多少接站的父母盯着

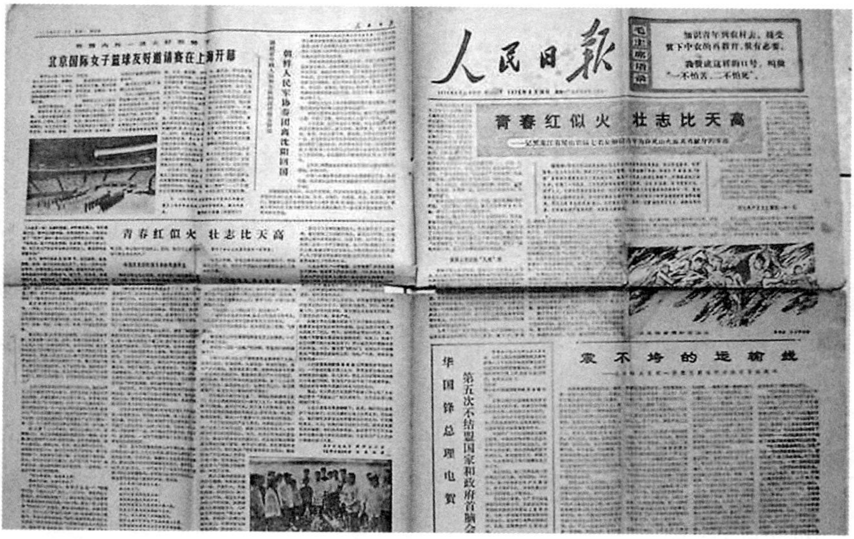
人民日报

青春红似火　壮志比天高

北京国际女子篮球友好邀请赛在上海开幕

朝鲜人民军协奏团离沈阳回国

华国锋总理电贺第五次不结盟国家和政府首脑会议

《人民日报》刊载檀文芳等七名女知青事迹

出口处的人潮，搜寻自家儿女渐渐变得有些陌生的身影。接站的、到站的人们除了相见的兴奋拥抱，还有难以割舍的追思：邻家的儿女、同去战友有的再也不会走出上海北火车站。

1976 年 3 月，川沙城东门护塘街女知青檀文芳为了保护国家财产，在扑灭山火中壮烈牺牲，长眠在北大荒的黑土地下。1976 年 8 月 16 日《人民日报》第一版以《青春红似火，壮志比天高》为题刊登长篇通讯，介绍黑龙江省尾山农场七名女知青杨淑云、檀文芳、施宝慧、李桂芬、汪贵珠、朱慧丽、朱慧娟为扑灭山火英雄献身的事迹。

2008 年 2 月 1 日下午至 2 日晨，浦东普降大雪，图为 2 日早晨华夏公园雪景

回家之路有时异常艰辛，不要说三千年前那位解甲退役的士兵返乡途中的吟唱："昔我往矣，杨柳依依。今我来思，雨雪霏霏。行道迟迟，载渴载饥。"（《诗经 · 小雅 · 采薇》）就是在高度现代化的今日难免也会陷入行道阻滞，关山难越，饥肠辘辘的境地。

2008年春运期间，冰雪肆虐中国南方。供电中断，供水中断，机场关闭，高速雪封，近亿人滞留车站、道中。党中央、国务院领导亲临现场指挥，才得以疏解困局、游子归来。

五

清晨，出了小区大门，慢步林荫道上向南，蜡梅正艳，暗香浮动。红艳的山茶花点缀在绿叶间。忽然想到，鄙人居住川沙城内已经35年。

川沙，我的第35个春节，愿您轻风扑面，阳光灿烂，百花盛开！

2017年2月

金石之富甲东南

杨守敬:“碑第一则南汇沈树镛。”

俞樾称沈树镛的收藏:“金石之富,甲于江南。”

浦东川沙城内有座十分有名的江南民居——内史第。主人沈树镛(1832—1873年),字韵初、号郑斋,清咸丰九年(1859年),考中举人,官至内阁中书,娶姑苏名门吴大澂①之妹为妻。沈氏博学多才,对秘笈、书画、金石、碑帖研究颇深,尤以碑帖最负盛名。家中收藏极其丰富,不仅在川沙一带首屈一指,而且“富甲东南”。清代著名学者俞樾曾称沈树镛的收藏:“金石之富,甲于江南。”沈一生著有《汉石经石丛刻目录》《汉石经室跋尾》《书画心赏日录》《补寰宇访碑录》(与赵之谦合撰)等。

从青少年时代起,沈树镛就对中国悠久的碑刻文化产生了浓厚的兴趣。他既重视丰碑巨石,又独具慧眼搜集造像文学小品,长期辛勤耕耘在考订碑帖这块广阔的土地上。在不断发现、不断进取中丰富着自己的人生。同治二年(1863年),获得宋拓《熹平石经》127字。此石经原本由“西泠八家”之一的黄易收藏后重新装裱过。上有翁方纲、毕秋帆、武虚谷、孙渊如、王念孙等名家手书的跋语。不久,沈又觅到孙承泽研山斋藏本《熹平石经》残字,内容和黄本参差不同,唯其中的《今文尚

---

① 吴大澂,清代著名官员、学者。吴氏收藏古物甚丰,善于研究金石文字。著有《愙斋集古录》《说文古籀补》《恒轩所见所藏吉金录》《古玉图考》等。

书·盘庚篇》只多4字。沈树镛喜出望外,遂名其寓所为“汉石经室”。此举,不禁使人想起乾隆四十二(1777年)黄易在收藏《熹平石经》后,将自己书斋改名“小蓬莱阁”的往事。《熹平石经》亦称《汉石经》或《一字石经》,是中国历史上最早的官定儒家经本。东汉灵帝熹平四年(175年)由蔡邕用隶书书写“六经”文字,立于洛阳太学门外讲堂前,由此诏示天下读书人,以校正传抄中的错误。后遭战乱,荡然无存。至宋代才有碑石陆续出土,可怜残缺不全。沈树镛收藏的《熹平石经》拓片,为世间罕见孤本,弥足珍贵。其书法精美绝伦,历来被金石家、书法家推崇备至。众多学者对沈的《熹平石经》进行考证、题咏,实为川沙文化史上的一件盛事。一时间,川沙城中内史第高朋满座,群星灿烂。“汉石经室”之名不胫而走。

沈树镛喜欢以文会友,从中增长学问见识。一次,陶锥庵、夏之仪、吴语樵、周荔轩等江浙名士光临川沙沈宅作客。席间,陶锥庵秉笔《东海停云图》,余人赋诗作词。沈树镛即兴一首:“寥落天涯孰主宾,东南满地是荆榛。相逢萍水成知己,各有文章证夙因。歌唱自存真意气,飘零原不溷风尘。他时出岫为零雨,回首鸿泥记海滨。”诗意豪放旷远,知己相惜溢于言表。沈树镛广结文朋,以文会友于沈宅,可谓川沙文化史上不可多得的风流雅事。1898年,沈树镛母亲寿辰。吴大澂雇汽船从上海出发赶至川沙。汽船从黄浦江经白莲泾,转三灶港后驶入川沙城,停靠在沈家大门前的署前港。吴氏一行弃舟登岸直入内史第祝寿。吴氏的光临,倾动一城,观者如云,沈家风光无限,众口相传。

沈树镛的才华不仅表现在对金石的收藏上独具慧眼,他的书法艺术造诣也非同寻常。《川沙县志·艺文志》收录了沈的《张桓侯破张郃铭题字墨迹》:“桓侯千古快人,破张郃千古快事。事在汉献帝建安二十年,铭勒于四川绥定府渠县八濛山。或以疑作,过矣。扶正气,表奇功,正宜大书特书,乌得訾议哉!”此幅墨迹,纵横恣肆自如,配字巧拙相济。整幅作品浑厚雍容,意境幽远。上海陈行秦锡田曾有诗称赞沈树镛博学多才:“江南赏鉴家,第一推沈叟。交游多胜流,收藏尽精品。不独汉石经,秘之鸿室枕。书法藏秀锋,诗才织艳锦。东海停云图,佳宾常夜欢。雪泥留爪痕,墨洒金壶渖。”同治十二年(1873 年),沈树镛不幸英年早逝。噩耗传出,学界震动。俞樾挽联:“一载卧沉疴,李贺床头呼阿奶;十年向奇字,扬云门下失侯芭。”随着岁月的流逝,汉石经室的藏品逐渐流散。最为珍贵的《熹平石经》聚散无常,令人叹息。光绪二十三年(1897 年),在川沙内史第珍藏了三十余年的《熹平石经》被汉阳万氏收藏。沈向前所藏的精品大多散佚,其中三箱碑帖于光绪三十一年(1905 年)转到《老残游记》作者刘鹗手中。这位甲骨文学家兼小说家在他的日记中写道:“沈韵初帖三箱,计汉碑五十余种,六朝造像七八十种,唐石刻百余种,宋石刻三百余种。”这仅是沈树镛毕生收藏的一部分,从中亦可窥见他的收藏之丰富。后人黄炎培(曾任新中国人大常务委员会副委员长、政务院副总理)在谈到沈树镛“石经汉室”时,称之为川沙近百年来的“文化中心”。

沈树镛书法作品

难能可贵的是沈树镛在收藏的同时,潜心于藏品的考证评述,写下了许多研究性文稿。其文清新隽永,观点独到,时有新见,体现着历史文化的传承和创新。可惜除论述汉石经文集外,大多没有汇集成册传世,从而使一代金石收藏大家的研究成果淹埋在历史的重重尘埃里,不免令人扼腕叹息。

沈树镛是晚清最具影响力的碑帖收藏家之一。光绪七年（1881年），兼具地理、金石、目录版本、书法的文化大家杨守敬，在笔谈中与日本书家日下部鸣鹤说到中国的“好古家”时写道：“碑第一则南汇（南汇县曾辖川沙）沈树镛。”吴大澂在为沈树镛的遗稿《汉石经室跋尾》作序中写道：“数十年来，大江以南，言金石之学者，前有嘉兴张叔未（名廷济，字顺安），后有川沙沈韵初，收藏之精，且富甲海内，尤非张氏清仪阁比。”可见沈在晚清碑帖收藏界的地位之高，得到普遍认同。

沈树镛子沈毓庆，开设川沙第一家毛巾厂，是为川沙毛巾工业的发端。

2016年6月

川沙，胡适的第二个家

川沙，埋藏在胡适心中的，莫非还
有明城墙上的晨雾旭日，魁星阁下
少年时代的捧卷诵读……

在浦东川沙城内有座建于清末的江南民居——内史第，现为上海市文物保护单位。走进内史第参观的人们往往会惊异于内史第丰富的人文内涵。除了沈树镛的“石经汉室”“富甲东南”，川沙毛巾业的第一家工厂在此诞生之外，日后担任全国人大常务委员会副委员长、政务院副总理的黄炎培在此出生，1894年宋氏家族在此开始长达十年的租居生活。然而今天，如果你跨入内史第大门，站在第一进院落环视，你立即会有新的发现，东厢房辟有胡适求学时居住的房间（展室）。

一

胡适与川沙，与内史第竟然也有这样紧密的联系？大大出乎许多参观者的意料。

请看胡适在他的自传中是怎样说的：

我家一百五十年前，原是一家小茶商。曾在上海附近一个叫川沙的小镇，经营一家小茶叶店。高祖时，又在川沙开了一家支店。祖父时，从川沙本店拨款，在上海华界（城区）又开了另一个支店。在汉口还开了一爿“两仪”酒店。家乡还有一些土地出租。幼年时，常随庶祖母去“监割”。

从中我们可以清楚知道，川沙是安徽绩溪上庄胡氏家族向外发展的一个十分重要的支点，在胡氏家族的经济生活中有着举足轻重的地位，更是胡适成长道路上不可或缺的组成部分。

时光上溯至 100 年前的 1917 年 7 月 10 日。那日上午 11 时，胡适在美留学 7 年，取得博士学位后，在上海十六铺码头踏上了祖国的土地。第二日下午（1917 年 7 月 11 日），还未洗去漂洋过海的旅途劳顿，胡适又从十六铺码头搭上驶往川沙的小火轮班船。

是难忘那里的水和桥，难忘内史第（胡家因茶庄遭火灾曾借居于此）里的石经汉室，还是学步时摔跤的石头街路？

今人已经无法知道川沙在胡适心中的位置：是什么原因去国七年后，回国第二天他急着就要赶去川沙，川沙究竟给他怎样的记忆？

在翻阅他的自传文字中，我们能够找到并不圆满的答案：

我生于光绪十七年十一月十七日（1891 年 12 月 17 日）。那时我家寄住在上海大东门外。我生后两个月，我父亲被台湾巡抚邵又濂奏调往台湾。江苏巡抚奏请免调，没有效果。我父亲于十八年二月底往台湾。我母亲和我搬到川沙住了一年。

可见，川沙是胡适人生之路上的第一个驿站。在川沙城内，胡适牙牙学语，蹒跚迈步，喊出第一声爹和娘，迈出人生的第一步。

二

一年后,胡适离开川沙随母亲去了台湾。1895 年 2 月,胡适回到了安徽绩溪老家。1904 年 2 月,胡适跟随三哥又来到上海求学,先后进入梅溪学堂、澄衷学堂、中国公学学习。在上海六年的求学生活中,川沙是胡适的第二个家、第二故乡。每逢节假日或寒暑假期,胡适就会乘坐小火轮前往由二哥照管的茶庄小住。青少年时代,胡适的足迹就这样深深浅浅地留存在川沙的明城墙上、护城河畔,

据徐文昶《川沙钩沉》记载:说到(川沙)中市街的"胡万和"茶庄,是清代乾隆年间,有个姓胡的安徽绩溪人到浦东川沙开的店。开店的胡氏就是大学者胡适的先祖。茶庄取名"胡万和"意为"万事和为兴"。……"胡万和"是胡适一家四房老幼二十多人的衣食来源。胡传,字铁花,16 岁随父亲到川沙,先在"胡万和"经商,同时专心学业。同治四年(1865 年)考中秀才。胡适是胡传的第四个儿子。

100 年前,从上海到川沙的交通都为水路。从十六铺码头搭上小火轮后,往南折入白莲泾,一路经过六里桥、北蔡镇、牛角尖后,进入长浜至横沔港向南转东,驶入三灶港,直抵川沙城。

在往来于上海与川沙间的水路上,在居住川沙的时光中,童年的胡适慢慢地熟悉认识了川沙。随着年龄的增长,笔端流淌出川沙之心,仰慕之情。

光绪三十四年(1908 年)16 岁的胡适在《竞业旬报》第三十四期上发表了颂扬上海现代建筑业领袖人物、川沙人杨斯盛的文章——《中国第一伟人杨斯盛传》。他写道:这人姓杨,名斯盛,字锦春,是江苏川沙厅人氏。从小父母双亡,无力读书。不但无力读书,差不多连饭都没得吃了。后来只好做一个泥水匠。……杨斯盛先生有几种本事:第一样

天资极高，他原是没有读过书的，后来不但能读中国书，并且能说英国话了。第二样见识甚好，办事极有决断。有了这二种本事，办事自然容易，再加以一种坚忍的气概、独立的精神，自然天下无难事了。于是乎不上三十年中，杨斯盛已成了大富翁了。

文中称颂杨斯盛富贵后，不忘幼年失学之苦而“破家兴学”，先后创办了广明小学(附设师范讲习所)、浦东中学。这位杨先生……一生一世，遇了什么天灾人事，务必捐出巨款，赈济受害的人；遇了什么公益事业，务必出钱捐助。他生平捐钱造的马路也不知多少条，救活了的人也不知多少人了。他所做的事业，最为人所最崇拜的就是那“破家兴学”一事。

纵观胡适一生的为人处世、君子风范，那时的杨斯盛或许早已成为少年胡适心中的楷模，并将他推崇至中国第一伟人的高度。25 年后的 1933 年，胡适还是没有忘记这位川沙人，他为杨斯盛捐资建设的浦东中学题词：“杨公发愿为国家造人材，诸位同学应该发愿把自己铸造成器。”

三

再说 1917 年 7 月 11 日傍晚，华灯初上时分，胡适在乘坐的小火轮停靠西门码头后，住进了“胡万和”茶庄。此时的胡适，已经不是昔日往来于上海与川沙间的青年学生。半年前(1917 年 1 月)他在《新青年》上发表《文学改良刍议》，犹如一颗冉冉升起的文化新星，成为新文化运动的主将。

在拜访老邻居、走入内史第、整理了父亲的遗物后，胡适立即返回上海。他必须回安徽绩溪老家探望久别的母亲，八月底还要按期赶至北大履职(此前已经收到了陈独秀邀请他担任北京大学教授的信函)。

阅读朱洪著的《努力人生》，也许可以从另一个侧面了解胡适的此次川沙之行：“拣茶叶的女工一天拣到晚，只能得五六十钱至两百钱。店里的伙计每天十六七个小时，一个月只拿两块钱。胡适感叹：他们的生命真不值钱，自己到北大任教，少说两百多元，是他们的一百倍呢。”

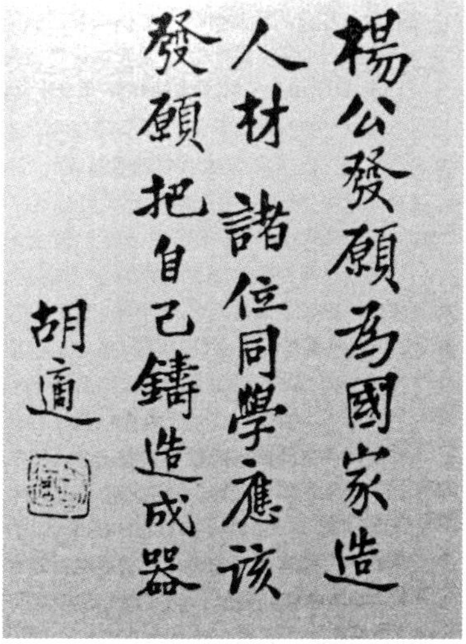

胡适为浦东中学题词

来也匆匆，去也匆匆，怀着对女工和伙计的同情，胡适告别川沙，不过他没有走远，反而更加系紧了与川沙不能分离的纽带。

一年后的 6 月 19 日晚上，位于北京的胡适家中，蒋梦麟来了，还带了一位客人。问起，始知是江苏教育总会会长黄炎培。听说黄炎培明天到东三省去，胡适说，先君曾在吉林做官，又到边界上勘界。黄问先君名字。胡适说单名一个“传”字。黄大惊道，原来先君就是铁花（胡传字）老伯。胡这时才知黄父与其父曾同在一处为官，而且颇为相熟。此时，两人方知是世交。黄说，常常听得父亲说起胡传的学问和才气。还说，铁花老伯应该有适之兄这样的后人。次日，胡在给母亲的信中颇有些得意：“我在外面人家只知道我是胡适，没有人知道我是某人的儿子。今次忽闻此言，觉得我还不致玷辱先人的名誉。”

此后，胡适和黄炎培关系日近，在美国学者杜威访华、办学和《申报》稿约的等事情上保持着书信往来。

胡适牵挂着川沙。婚后携夫人江冬秀多次前往川沙。在北大任校长期间，还对外甥说，暑期你到上海如果去川沙，应该在定海桥乘摆渡轮，上岸后在庆宁寺坐小火车前往（此时上川铁路已经通车）。

关于川沙，埋藏在胡适心中的，莫非还有明城墙上的晨雾旭日，魁星阁下少年时代的捧卷诵读，岳碑亭里那首有待考证的诗篇（传说是岳飞所作诗篇），还有那深巷中迷迷蒙蒙飞飞扬扬的细雨？

四

1949 年，胡适第二次从大陆来到台湾，旋即又远赴美国。

1962 年，胡适从台湾到了天堂。

2017 年 7 月 11 日，晚霞正红，杨柳蝉鸣。笔者伫立西门桥头、三灶港畔西望。

魂归来兮，胡适！

百年西望，此时无人胜有人；

满目生情，一港夏水向东流！

中西贯通陆渊雷

学生回忆："陆先生中西医理论无不通晓，又有独到见解，听别人的课时同学们常常要打瞌睡，而先生的课却引人入胜。"

沪上中医界流传着这样一段佳话。

陆渊雷

20 世纪 40 年代，苏北革命根据地缺医少药，伤病围绕着根据地军民。新四军医务人员在阅读了陆渊雷的《伤寒论今释》《金匮要略今释》等著述后，得益匪浅。陆氏理论通俗易懂，切合实际，从中他们找到了利用当地中草药治病的疗方；又以陆的著作为教材，培训出许多医务人员。因此当 1949 年上海解放之时，来自苏北的上海军管会领导没有忘记陆渊雷的贡献。五月末的一个下午，在上海牯岭路一幢幽静的石库门房内，他们拜访了正在悬壶济世的陆渊雷，表示感谢。

如今陆渊雷离开我们整整六十一年了，故乡川沙镇那条印满他童年屐痕的弹石街，也早已成为高楼大厦的基石，然而陆渊雷的故事依旧不能忘怀。

陆渊雷（1894—1955 年），别名彭年。1894 年出生川沙镇。自幼聪慧好学，记忆过人。少年时代师从朴学大师姚孟醺治经学、小学，遍览诸子百家，工书法、金石，对于天文历算造诣尤深。

民国元年(1912年)，陆渊雷就读江苏省立第一师范学校。毕业后先后在武昌高等师范学校、江苏省立师范学校、国学专修馆、暨南大学、持志大学、中国医学院等处任教。授课之余阅读大量医书，研究中医各家学说。民国十四年(1925年)恽铁樵创办医学函授学校，陆渊雷拜恽氏为师，协助办校事宜。

在研究祖国传统医学的过程中，陆渊雷受西方近代医学影响，提倡中西医融会贯通，主张中医应该积极吸收西医学说，并在临床和研究中身体力行。民国十八年(1929年)他与徐衡之、章次公创办上海国医学院，以"发皇古义，融会新知"为办校宗旨。聘请章太炎为校长，陆自任教务长，亲自制订教学大纲，将理化、解剖等西学课程列入教育大纲。另外自己编写《伤寒论今释》《金匮要略今释》等教材，亲自任课讲授。《伤寒论今释》《金匮要略今释》两书以近代西方医学理论评述中医经典，不乏独到见解，有令人耳目一新之感。虽然医学界褒贬不一，但对陆氏勇于创新的精神，大多表示肯定：给古老中医注入了向前的动力，看到了中医学发展的方向。

可以说《伤寒论今释》是陆渊雷最主要的医学著作，凝聚着他对张仲景学说的深刻理解和深入浅出的阐述。书中综合前人注疏，参考今人学说，用比较浅显的文字予以分析、归纳和诠释，选注精要切当，并试图用近代西医学理论加以融会贯通，不失为颇具价值的中医学理论新著。

民国二十一年(1932年)起，陆渊雷在上海牯岭路145弄内开业行医。临床以西医方法诊断疾病，运用中医经方治疗，取得了较好的治疗效果。在临床实践中，陆渊雷擅长治疗伤寒等流行性热病和慢性肝炎、肿瘤等难治病症，因而慕名前来求医者甚众。期间，应各地学者之请，陆渊雷创办起"遥从部(函授部)"，函授中医理论知识，报名参加者甚众,学员遍及国内与南洋诸地。1933 年前后,陆渊雷担任中央国医馆学术整理委员会委员。1934 年,创办《中国新生命》杂志,自任主编。

1950 年,陆渊雷创办中医进修学校。其后历任上海市卫生局中医顾问、上海市中医学主任委员、中医门诊所所长、上海市卫生工作者协会副主任委员、中国红十字会上海分会理事、上海市科学医学研究会副主任委员等。1954 年,受委托主持编纂中医学教材。同年当选第一届全国各界人民代表大会代表。1955 年,担任上海中医学院筹备委员会主任委员。正当陆渊雷构画上海中医学院蓝图之际,因患肺气肿导致心脏衰竭,不幸于 6 月 1 日与世长辞,年仅 61 岁。

陆渊雷长期致力于中医临床实践与中医理论的教学研究工作。一生著述颇丰,成为沪上一代中医名家。除《伤寒论今释》《金匮要略今释》外,另著有《陆氏医论集》《中医生理术语解》《中医病理术语解》《流行病须知》《伤寒论概要》《脉学新论》《舌诊要旨》等一批中医学著作,从而自成体系,自成一家之说。

陆渊雷在祖国医学事业上的主要贡献是:提倡中西医学融会贯通,主张中医应吸收西医先进的科学技术,并亲自在临床上加以实践创新,取得了令人瞩目的成绩。可以说,陆渊雷是中医、西医相结合的提倡者实践者,更是祖国中医学事业的捍卫者。

1928 年,在与废止中医派的代表人物余云岫、汪企张等人论争中,陆渊雷在各种医学刊物上发表数 10 余篇文章,并在《金刚钻报》上开辟“小闲话”栏目,连篇累牍地发表有关中、西医学的见解和评论,与余云岫等“废止中医派”作针锋相对的斗争。人们赞誉其论“乃渊博而雷声”,被推为“中医界之打手”。陆渊雷在《医界春秋》第 3 期发表《西医界之奴隶派》,被称为抨击余云岫等的重拳,文字尖刻,对“奴隶派的西医”大加攻击和讥讽:“现在有少数的西医飞扬跋扈,不可一世,好像要把中医一口气吞得的样子。他们的学说是从日本学来的,日本的学说又是从西洋学来的。论起辈分来西洋好比是祖父,日本好比是父亲,这些少数的西医不过孙子罢了。人们的人格望财轻义的很多，贪图人家的遗产，谓他人父，做人家义子、义孙原算不得稀罕。不过既得了他家遗产反而把亲生父母的遗产拼命破坏，那就不免丧心病狂了。如今这些少数西医拼命地要消灭中医。他们自己是中国人，所用的武器又是中国文字，所要消灭的又是中国医学。在日本一方面呢，收着这些孝顺义子总算是眼力不错，可是这些义子昊天罔极地孝顺他义祖义父，不佞倒要预先替他们议定个谥法，叫做奴隶派的西医。"

斯人已逝，然而陆渊雷无论在祖国传统医学理论上，还是在培养中医人才上所做出的贡献为人所铭记。

陆渊雷的学生、川沙中心医院退休中医师闵志华在 1992 年回忆时说："陆先生中西医理论无不通晓，又有独到见解，阐述病理、药理极其清晰。听别人的课时同学们常常要打瞌睡，而先生的课却引人入胜。先生身高 1.65 米，待人和善，吃素信佛。"

主要参考资料：

上海市川沙县县志编修委员会编《川沙县志》，上海人民出版社，1990 年。
《浦东今古大观》，科技文献出版社，1992 年。

女装之王金鸿翔

推陈出新，妙手天成，

国货精华，经济干城。

金鸿翔

金鸿翔，浦东川沙孙小桥人。1907 年，13 岁的金鸿翔进入中式裁缝铺当学徒。后因中途变故，改拜当时上海滩知名红帮（西式）裁缝张凤岐为师，改学西式服装手艺。

有关金鸿翔的师傅张凤岐和张凤岐自己师傅的故事有着许多颇为神奇的传说。19 世纪末的一天下午，一位年轻的修女走出董家渡天主教堂大门，穿过冷冷清清的小巷，转入一条悠长狭窄的小弄后，站在了一家中式裁缝铺前。修女在裁缝铺门口的出现，惊动了年轻小裁缝。他连忙放下手里的活计，赶紧迎接。不料修女进屋说出的一番话，让小裁缝惊讶不已。她说，她今天不是来做衣裳，她是来教人做衣裳。上海太缺少能够缝制西式服装尤其是女式西服的裁缝，现在来到上海的外国商人和传教士越来越多，他们需要西服。我虽然会缝制西服，但是不能成为我的职业，所以我想不如将我的西服技艺传授给你。告诉我，年轻人，你愿意学吗？小裁缝疑惑地望着修女慈祥的面容，一时手足无措。他嗫嚅着嘴，问修女为什么要无偿将这门技艺教给他？

修女温和地说，想必你在怀疑为什么我一定要传授给你？不瞒你说，我了解这一带裁缝铺的情况，我知道你待人和气，做人本分，刻苦肯学。就这样，来自董家渡天主堂的修女成了小裁缝学习西服技术的老师。小裁缝叫赵春兰，浦东川沙唐墓桥人。凭着他的聪明刻苦和老师的细心传授，赵春兰逐步掌握了缝制西服的技艺。

赵春兰学成后，带了奚阿根和张韵洲两个徒弟。两人学成后，又各自在虹口、南市开设了西式裁缝店。张韵洲又将这门技艺传给了儿子张凤岐。张韵洲告诫儿子，希望他以后也能将这门技艺，传授给值得你信赖的徒弟，以此告慰祖师。张韵洲所指的祖师，就是那位董家渡天主堂修女。

时过境迁，当张凤岐开始考虑再传这门技艺于他人的时候，首先想到的是出身浦东川沙孙小桥的徒弟。回想三年前的一天，刚开店门，张凤岐的一个朋友领着一位少年出现在他面前。朋友告诉张凤岐，少年是浦东同乡人，父亲在上海美华书馆当刻字工人，母亲在家种田。小家伙在一家中式裁缝店当过一年学徒，不巧那家中式裁缝店关了门，他父亲托这位朋友为他再找家裁缝店继续学手艺，想让张凤岐收为徒弟。说到这里，朋友加重语气说，“小家伙用心，肯吃苦，人聪明。”

张凤岐是一个非常自信的人，当时，他对朋友说，同意收下少年，不是因为朋友将他介绍得“花好稻好，样样好”，而是一眼看出他的面相好，肯定“学得会、学得好”。

1914 年，金鸿翔学成满师，前往哈尔滨跟东北师傅学习设计制作冬装，尔后辗转海参崴学习俄式服装制作技术。此时，他在西服制作方面已具备开阔的视野和精湛的技艺。

第一次世界大战爆发后，金鸿翔返回上海，在悦兴祥西服店任西服技师，一边进一步研修技艺，一边学习服装营销知识，夜晚还常常去夜校学习英文。不久，学贯中外服装技艺的金鸿翔逐渐萌生开设一家新型女子时装店，闯出一条中国服装发展新路的念头。

民国六年（1917 年），金鸿翔听说静安寺路（今南京西路）683 号张家花园旁有一处三开间门面房要出租，便前去洽谈。房东提出每月租金25块银元，租期15年，并且得先交600元保证金。金鸿翔觉得房东所提条件虽然十分苛刻，但是此处地段确实非同一般。觉得机不可失，时不再来。于是当机立断，四处筹资。除自己有点积蓄外，向亲朋好友借了300元，拼凑满600元，终于租下了南京西路的门面，在上海滩创办了第一家由中国人开设的西式服装店。

为店铺冠名时，金鸿翔颇费了一番心思，最后定名"鸿翔"二字，寓意"鸿运高照，飞翔全球"。令人称绝的是在挂出的店招里除了中文名之外，还有英文名"Dong Zang Ladies Tailor Shop"。中英文对照的店招取名方式在当时上海滩众多裁缝铺中颇为新奇独特。据说，金鸿翔此时还叫金毛团。后来因为鸿翔创出了牌子，出了名，才干脆把自己的名字也改名鸿翔。

创业总要走过一段艰苦奋斗的路程，鸿翔服装店也不例外。初创期间，只有金鸿翔、胞弟金仪翔和两位工人。白天，金鸿翔走出店门在外面揽"生活"。每到夜里，他有时检查缝纫质量，有时苦心研究设计服装款式，揣摩人们对于服装款式的喜好，总想着如何才能使鸿翔做出的服装在上海滩不断出新独树一帜。

有一天，一位摩登女子进入店堂，从包里拿出一本杂志，指着上面照片上女子的时尚服装，要求按样定做。接待师傅面露难色，一时拿不定主意。金鸿翔见了，一口答应，并亲自设计制作。后来女子对金凤翔制作的服装十分满意，感觉比杂志上的更加新颖时尚。这时她才说，在来鸿翔之前，已经去过多家服装店，但是没有一家愿意接她的活。后来得知这位女子是汇丰银行一位高级管理人员的千金、上海滩社交界的名媛。试想在当时，仅凭杂志上的一幅照片为社交界名媛设计制作令人满意的时新服装，其广告效应可想而知。从此鸿翔时装在上海滩渐渐出名，业务日益拓展。

1928年，金鸿翔盘进升发时装公司，改名"鸿翔公司时装部"，即后来的鸿翔时装公司。同时翻建了楼房，扩大了店面。金鸿翔一跃成为

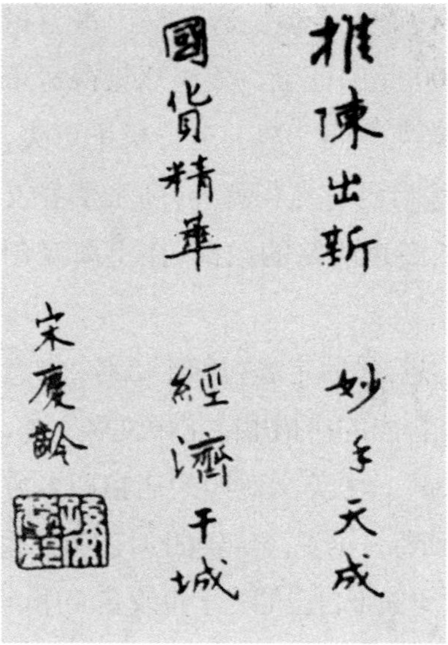

宋庆龄为鸿翔公司题词

中国女子时装的创始人。1932 年，又在西藏路开设分店，后迁往南京东路 750 号，即鸿翔时装公司（东号）。那年月，能在中华商业第一街上同时拥有两家“高大上”的服装公司，可以说是绝无仅有，但是金鸿翔做到了。

为了紧跟时代潮流，金鸿翔以高价订阅法国、美国时装刊物，聘请犹太设计师，引进国外流行款式，从而使鸿翔服饰与时俱进，引领潮流。他要求店员学外语，用外语接待国外顾客，为顾客当好参谋。公司从来料、设计、制作，到成衣出售，形成一条龙服务模式。他开创立体裁剪法，成衣贴体不走样，获得“天衣无缝”之美誉。业内人士甚至把这一时期称为“鸿翔时代”。

1935 年 11 月，“电影皇后”胡蝶与商人潘有声成婚。金鸿翔知晓后，按胡蝶身材特点和她喜爱的颜色，设计制作了一件缎底为白，面上精工刺绣 100 只蝴蝶的结婚礼服“百蝶裙”相赠。在结婚典礼上，胡蝶穿上鸿翔公司的“百蝶裙”，光彩照人，美艳夺目，四座皆惊无不称奇，从而成就了鸿翔服装品牌营销的又一段佳话。

鸿翔公司还将目光投向国外。1946 年，英国女王伊丽莎白二世即将大婚，金鸿翔闻讯后，意识到这是一个绝好的营销机会，立即精制一件大红绣金线短袄和一条绣金线百褶裙相赠。当女王收到来自中国上海的礼物后既惊讶又高兴，嘱托英国驻沪领事馆转交由她签署的印有白金汉宫字样的答谢帖。金鸿翔将答谢帖置放在公司门面橱窗中最显著的位置展出。一时引得众人驻足观看，上海滩大大小小报刊纷纷报道此事。“金剪之王”“女服之王”等溢美之词扑面而来。

鸿翔时装出名后，赢得社会各界关注。周瘦鹃、严独鹤、郑逸梅等一批文化名人纷纷撰文评论其品牌。蔡元培为鸿翔公司挥笔题词“国货津梁”，宋庆龄赠墨：“推陈出新，妙手天成，国货精华，经济干城。”

说到宋庆龄，川沙民间还保留着这样的传说。一次，川沙镇上一位大家闺秀出阁（出嫁），指名要金鸿翔师傅为她制作一件新式而别致的新娘礼服。当时年仅18岁的金鸿翔从一张照片上看到慈禧太后穿的那件直筒式满族女袍而获得灵感，制作了一件大红织锦缎、凸显身材曲线的新式女袍。婚礼上，新娘子穿上这件新式礼服，人人称赞，出足风头。这件事还惊动了一对中年夫妻。丈夫叫宋耀如（宋庆龄父亲），正在川沙传教。妻子倪桂珍，出身川沙城东北倪家宅。倪桂珍得知镇上裁缝店有个小裁缝会做新式女袍，便拉着丈夫去看个究竟。那天金鸿翔按照师傅吩咐，做了一件翡翠色织锦缎女袍挂在店堂内做样子，正巧被倪桂珍一眼看中。宋耀如赞不绝口：“夫人如果你穿上这件新式衣服，一定会更加端庄漂亮。”倪桂珍更是十分满意：“我喜欢这件改良式旗袍！”说者无心，听者有意，金鸿翔和他师傅听到“旗袍”两字，不约而同地叫起来。从此这由满洲女袍演变而来的汉族女式服装就有了“旗袍”这个正式名称。

从20世纪30年代起，金鸿翔长期被推举担任上海时装业同业公会理事长。1952年起，因病不能从事繁重的工作而退居二线。社会主义改造，鸿翔公司公私合营后，担任上海市服装鞋帽公司顾问。1969年，金鸿翔去世，享年75岁。

今天，鸿翔公司的招牌依然高高矗立在上海南京路上。

2016年5月

主要参考资料：

邹文主编《张江钩沉》，大众文艺出版社，2008年。

父子创办协大祥

在老上海人心目中，
协大祥即是布店的代名词。

改革开放前，人们日常的穿衣大多由裁缝师傅量身定制，所以上布店买衣料（以前叫剪洋布）后，再叫裁缝师傅做衣裳是长期以来的生活老习惯、老传统。现在年纪六七十岁的人都晓得，上海滩最有名的洋布店为协大祥、宝大祥、信大祥，俗称“三大祥”，而其中实力最强的当数浦东川沙人孙琢璋、孙照明父子开设的协大祥绸布店。1949 年，新中国成立时，协大祥门店销售额占全市 400 多户零售绸布商店的 18%。在老上海人心目中，协大祥已成为布店的代名词。

孙琢璋

孙照明

孙氏父子在上海滩创业的成功,是浦东张江人的骄傲。然而每个创业成功者的背后,都会有一段艰难曲折的历程。

毅然跳槽任经理

1882年,孙琢璋在孙小桥出生。13岁离家前往横沔北德泰糟坊当火工,14岁又到北蔡杂货店当学徒。此后来到上海金陵路协祥洋货行当店员。

孙琢璋既有浦东川沙人吃苦耐劳的精神,又十分聪明能干、勤奋好学。一把算盘打得啪啪响,在业内有"铁算盘"之称。渐渐得到老板周叔元的赏识,不久被聘为二掌柜(相当于现在的营业部副主任)。

协祥洋货行有八个合伙人,除了丁丕山、柴春年是宁波人外,另外六人都是浙江海盐人。宁波人在协祥受到海盐人排挤,想寻找机会创业,自己开一个专卖洋布的商店。他们晓得洋货中的洋布销量最大,利润丰厚。1912年,这两个宁波人在小东门外大街盘下一家门面,开出一家新洋布店。他们要在协祥的基础上做大做强,因此取名"协大祥洋货行"。此时,丁、柴两人都已年届五十,而且又不想放弃协祥原来的职位,于是看中了孙琢璋。决定将他挖出来担任协大祥经理。

一天店里打烊后,他们约孙琢璋到上海老饭店吃夜饭。酒足饭饱之后,丁、柴两人面对孙琢璋说出跳槽之事。孙听后十分为难:"承蒙两位如此器重,但我在协祥已是二掌柜了,老板对我也不薄,贵店如果诚心聘请我去协大祥,不知如何安排?"丁、柴两人忙说,请你出任协大祥经理,送你干股两股,年终还有重奖。孙琢璋听后回答:"既然如此就让我试试看,但是我有两个要求不知可行?""依讲,依讲。"丁、柴俩人连忙说。孙琢璋提出:一是经理要有全权,股东不得无端干涉;二是经营管理要打破常规,要有特别做法。丁、柴两人认为只要有钱赚,就一口答应。

孙琢璋非常珍惜这个机会，出任协大祥经理后，运筹帷幄，将全部心思投入到经营中去。没过多久，孙以严格的管理制度、出奇的营销手段，把协大祥经营得有声有色，销量节节攀升，业务蒸蒸日上。年底总有不菲的红利分给各位股东。大小股东庆幸找到了一位经营有方的好经理。同业中为遇到这么一个强劲对手而大呼倒霉。在协大祥开张以后的几年中，小东门的“福和”“长泰昌”“元昌祥”“万成祥”“鼎丰”等经营每况愈下，有的转业改行，有的关门歇业。

孙琢璋有哪些高招能使协大祥生意日隆？原来多年的商海历练，早练就了孙琢璋的经营才能，只是在协祥当职员时没有施展才华的机会罢了。现在当上了协大祥经理，自然到了一显身手的时刻。

“足尺加三”显身手

当时上海滩的洋布店都有一个规矩，顾客上门买布问价，营业员报出的往往都是虚价，顾客总要还价。一笔生意常常要经过多次讨价还价后才能成交。顾客一方货比三家跑来跑去费心费力，营业员做成一笔生意也很费时费劲。孙琢璋决心打破这种陋俗旧规，在店堂里挂上“真不二价”的金字招牌。每个品种都实行明码标价，颇受顾客欢迎。孙琢璋还首创自选模式。当时布店的商品都放在柜台内，顾客站在柜台外，看货相当不方便，营业员将货搬出搬进同样吃力。孙琢璋将布匹放在玻璃橱窗和“样盘”内，让顾客在店堂内任意看货挑选，营业员则有问必答，充当参谋。这种销售模式大受顾客欢迎。

在孙琢璋一生经营中，在上海滩产生最大影响力的是“足尺加三”的销售模式。所谓足尺是相对虚尺而言。棉布零售按尺论价，可是那时棉布店用的是虚尺，有的一尺只有九八折、也有的只有九五折，顾客买了布回家复量，往往尺码不足。面对棉布市场恶意低价竞争，孙琢璋坚持薄利多销，用足尺还加放三厘（简称为足尺加三）的方式销售经营。

孙琢璋的“足尺加三”策略在上海布业销售中引起强烈反响，其他布店纷纷效法，但是因为没有协大祥那样雄厚的经济实力，也没有孙琢璋全面的企业管理才能而始终无法逾越协大祥。一时间，孙琢璋在上海滩纵横驰骋，春风得意。随着时间的推移，孙琢璋渐渐萌生了自己创业当老板的想法。

此时，协大祥总账房先生姚大枫不务正业使孙琢璋颇为头痛。姚大枫是个赌鬼，常常出去搓麻将，有时彻夜不归，造成店里账目经常无人管理。孙琢璋数次劝说他要以工作为重，但是姚大枫我行我素不予理会。1922 年中秋节，孙琢璋终于忍无可忍向姚大枫发出警告。姚大枫仗着他是丁丕山的亲戚，又是受命大股东负责监视孙琢璋的，现在反倒受孙琢璋指责，岂肯罢休，于是争执起来，双方言辞激烈，大有誓不两立之势。姚大枫写信给各股东指控孙琢璋在协大祥独揽大权、居功自傲、多派店款等等不是。在宁波的柴春年和丁丕山的遗孀等大股东闻讯后特地赶到上海调解。此时，孙琢璋坚持自己主张：有姚无孙，有孙无姚。大股东毕竟都是姚大枫方面的宁波人，在姚的鼓动下各股东决定退股，但又不忍心将协大祥关闭。看在孙琢璋为股东已挣了这么多银子份上，他们愿意在退股撤资的同时将协大祥廉价转让给孙琢璋继续营业，只是在协大祥前加上“同记”两字变为同记协大祥。这时的孙琢璋有点骑虎难下，他既知道这是股东向他施加压力，又深知这是自己做老板的最好机会，但苦于一时拿不出许多现金支付股东本息，只能极力拉拢柴春年，要他在同记协大祥做股东。柴春年却说，丁、柴两家重义气，丁家撤股，我不能不撤。孙琢璋求他能否迟缓一年，经过好说歹说，柴春年勉强应允。孙琢璋又去动员职工穆湘珪、陈维贤为新股东。1923 年农历正月初十，终于签订下老股东退股新股东拼盘的转让合约。

“三国”商战上海滩

宁波帮大股东退股，协大祥改为“同记协大祥”，孙琢璋继任经理。改换门面之日，孙向股东和职工表态，过去的协大祥只协力而不同心，所以闹撤股，今后要既协力又同心，把协大祥经营的更加好。为此孙琢璋制定了入股新规定，以后股东要退股时只能将自己的股权让给别人，不得对企业提出撤股要求。

没有了宁波帮的掣肘，孙琢璋决定扩大营业面积，重新装修店堂。1924 年，孙琢璋到孙桥老家联系建筑装修工人事宜，同时也想放松一下紧绷的神经，就在孙桥老家多住了几天。

孙琢璋原以为丁、柴大股东已赚足钞票回到宁波去了，没想到对方岂能善罢甘休，暗中发誓要挤垮协大祥。就在孙琢璋回孙桥的日子时，宁波人乘虚而入，拉开了棉布业三大祥争雄上海滩的帷幕。

对方挂帅的主将叫丁方镇，是协大祥创始人柴春年的女婿，也是姚大枫姻侄。丁比孙琢璋小 14 岁，原来也是协祥学徒。

丁方镇乘孙琢璋回浦东孙小桥老家之际，迅速以高价租得协大祥隔壁的理发店和肉庄门面，用于开设绸布店“宝大祥”，以此与协大祥叫板。十多天后，孙琢章从孙桥返回，发现隔壁就要开出宝大祥，不禁暗暗吃惊，预感来者不善。孙琢璋自然不甘示弱，暗中出巨资，指使他的学生丁大富在宝大祥对面开设“信大祥布店”。丁大富任信大祥经理，秉承孙琢璋的旨意摆开架势和宝大祥展开竞争。从此，在上海滩不断演绎出“三大祥”布店老板各显神通，明争暗斗的一幕又一幕惊心动魄的商场版“三国演义”。

孙琢璋虽以顽强拼搏的精神、坚忍不拔的毅力，将协大祥经营成为三大祥中的老大，但终因操劳过度，于 1930 年英年早逝。三大祥争斗的“三国演义”角之一,从此换上孙琢璋儿子孙照明。

子承父业建大业

孙照明继承父亲遗志,一面精心打理业务,一面时刻关注宝大祥动态。1933 年 5 月,孙照明获知宝大祥五开间门面南号中的两间房屋租赁合同即将到期,于是不动声色,约请宝大祥新号房东到酒家一聚,言明准备租赁宝大祥合同到期的门面房,租金要比宝大祥出高出许多,并预付订金。房东自然高兴。孙照明同时提出要他保密预定租房事宜,也不要去宝大祥催收房租。再说宝大祥丁方镇等到房屋租赁合同到期准备续签时,房东对他说,此房已被协大祥孙照明租去。丁方镇听后犹如五雷轰顶。

孙照明在挖下宝大祥南号两间房子的同时,将毗邻的广丰火腿店两间也一并盘下,开设为四开间门面的协大祥新号。而宝大祥南号则由原来的五开间缩小为三开间门面。新号开业之日,同业好友前来祝贺,都说孙照明这一招厉害。孙照明却说:“我不过是效法宝大祥九年前的做法而已。”

宝大祥老板丁方镇虽然气得直跺脚,但并未退却。在小东门方浜路德安里口,租到四开间门面后,增设宝大祥新号,总算又把协大祥比将下去。

1936 年底,宝大祥新号对门有两间门面的铺子出让,宝大祥以廉价盘下欲开新店。股东们在商讨用什么店号时,对协大祥怨气未消的老股东提出新开店号用老协大祥或老协大,以标榜他们是正宗的协大祥创始人,以此来打压孙照明的同记协大祥。老股东翻出当年协大祥退股单子说:“当年孙琢璋用协大祥牌号时只加上同记字样,没有收过他的招牌费,现在我们即使用协大祥加记名亦不为过。”他们聘请律师向

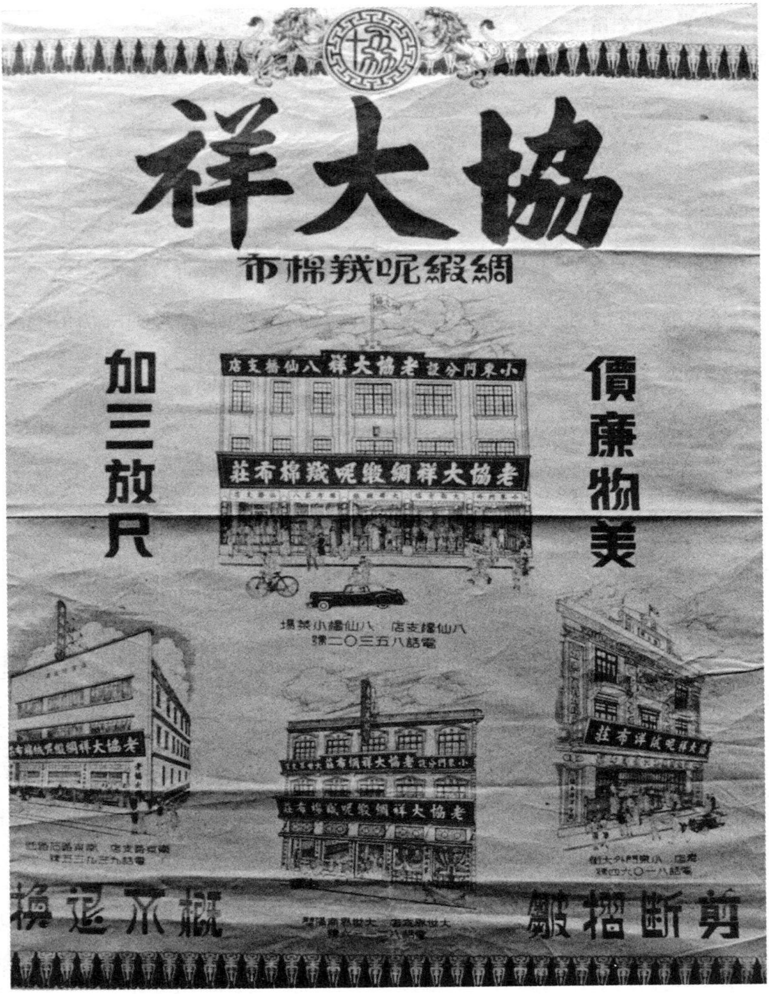

协大祥专用包装纸

南京政府实业部阐述理由，申请注册老协大。孙照明听到这个消息后，马上也请律师到南京反对宝大祥新店用老协大牌号，同时将店面上“同记协大祥”的“同记”字样去掉，改为老协大祥。再请张志让、戴凝瑞、严齐宽三律师登报向宝大祥提出申请注册老协大是侵权的警告。次日，宝大祥也请律师在报上向同记协大祥孙照明提出抗议。这样，协、宝两家你来我往,拳来脚去,好不热闹。官司旷日持久,纠缠了八个月也没有结果。沪上大小报纸也乘机搅局渲染,推波助澜。南京政府实业部又两面敷衍,始终没有定论。结果自然是协、宝两家费力劳心、两败俱伤。最终宝大祥用“协号”名义开业,一场店名风波才告收场。

1937年秋,日本侵略军纵火焚烧上海南市。小东门商业凋敝,棉布市场一片萧条。协大祥老店半开半闭,新号也难以为继。孙照明盘得在法租界金陵东路德润祥棉布号两开间门面开设协大祥临时支店。宝大祥闻讯后,紧随其后,也在金陵中路盘得状元楼菜馆门面,将新号、协号合并后迁来开设宝大祥新号。新号店面前面三开间、后面五开间,规模远胜过协大祥,营业额也超过了协大祥。孙照明见状,岂肯俯首称臣,于是找关系,寻方向,终于盘得西藏路大世界下面的大利春菜馆五开间门面,开设协大祥第二支店,门面比宝大祥还要大,地段比宝大祥还要好。于是宝大祥与协大祥的包围与反包围之战越打越热闹。

1938年4月,孙照明又盘下金陵中路宝大祥西面万顺丰棉布店及隔壁一家蜡烛店,打通为五开间门面,将临时支店移来后开设为协大祥第一支店,形成包围宝大祥的夹击之势。为了防止宝大祥扩展门面,孙照明将宝大祥贴邻的鞋帽店房子买下,阻塞了宝大祥门面扩充的后路。

宝大祥为此一直耿耿于怀,多次寻找机会要突破协大祥的包围。1948年,宝大祥获悉南京东路580号新凤祥银楼有出盘消息,丁方镇数度与对方接洽,眼看将要成功,却走漏了消息。孙照明获悉后,抢在宝大祥之前,以高价硬是从宝大祥手中夺得此楼,在南京路上开出了又一家协大祥支店。

直到1950年,宝大祥终于在南京路先施公司对面的北云庆银楼盘得店面。在这年的4月里,宝大祥将小东门两支店移到了南京路。至此,协大祥、信大祥、宝大祥“三大祥”在南京路上形成三足鼎立之势,真所谓“不是冤家不聚头”,三大祥激烈竞争的战场从小东门摆到了南京路上。

其时，协大祥在小东门、金陵路、大世界、南京路有四家之多，宝大祥在小东门、金陵路、南京路有三家，信大祥有小东门、南京路两家。三大祥中，孙照明的协大祥无论在规模还是营业额上终胜一筹。不过此时上海临近解放，“三大祥”竞争进入尾声。

协大祥在激烈竞争中能够称雄，除了孙照明的经营才能和不断增添、完善父亲留下的企业管理制度外，还有一个秘诀是实施产销一条龙战略。采用包机包织的方式组织货源，对某些商品几乎达到了垄断的程度。孙照明倚仗雄厚的资金实力，自己投资办厂，生产各类纺织产品。先后开设了鸿新、鼎新、瀛洲、美一染织厂和天翔骆驼绒厂。

“九·一八”事变后，孙照明积极振兴民族纺织工业，集资 1.4 万银元，在上海陆家浜创办裕新染织厂（后改名鼎新染织一厂）。1934 年，孙照明偕族人孙心祖等人赴日本考察纺织工业，并购买全铁手野织布机、铁木动力整经机等纺织机械设备 131 台，在浦东老家孙桥创办鼎新染织二厂，第二年建成投产。不久跻身于上海三大染织厂之列。鼎新厂生产元色哔叽、鼎新呢、中华绉等 10 余个产品。除在上海销售外，还远销至广州、东北等地。孙照明紧盯市场变化，店厂紧密配合，及时推出一批批色泽入时质量上乘的新布料，迎合了不同阶层消费者的需求。

作为土生土长的浦东人，孙照明特别关心老家的鼎新染织二厂。新中国成立之初，鼎新染织二厂有职工 450 人，产品除呢绒、哔叽外，又增加了龙头细布、条格子衬绸和白坯布等产品。1954 年 2 月，鼎新染织二厂实行公私合营，1955 年，棉布年产量达到 570 万多米，总产值超过 535 万元。1959 年，上海联谊染纱厂并入鼎新染织二厂。1966 年鼎新染织二厂改名为上海色织五厂。1977 年以后，鼎新厂的产品远销日本、意大利、美国、德国、加拿大等国家和地区。

孙照明不仅在棉布业大显身手，还涉足地产、建材、机械制造、银行等行业。同时注重企业文化建设，在自己的企业里成立篮球队、足球队、军乐队、清音班等文体组织。增加了企业的凝聚力，提高了知名度。

新中国成立后，孙照明历任上海市政协委员，中国民主建国会上海市委委员，上海市纺织品公司副总经理，上海市棉布业公会主任委员，上海市工商联常务委员、副秘书长等职。1990 年 8 月孙照明因病去世，享年 79 岁。

孙琢璋、孙照明两位从浦东孙桥走出的上海商界巨子虽然已经淡出了人们的视线，但是父子两代呕心沥血铸就的协大祥品牌仍在南京路上展示光彩和魅力，依然是浦东的骄傲与宝贵财富。

2017 年 6 月

主要参考资料：

邹文主编《张江钩沉》，大众文艺出版社，2008 年。

黄河长江系万里

短短58字遗嘱，写尽一个中国知识分子的良知与坚守，为此他耗尽了毕生心血，受尽了苦难与委屈。

浦东是一块从大海中涨起来的土地，从长江挟带的泥沙在长江口长年累月地积聚，升高拓展，才有了上海，有了浦东，有了川沙平坦的大地。因此川沙人对于祖国的大江大河有着特殊的感情，其代表人物非黄万里莫属。

1911年8月20日，黄万里出生于上海浦东川沙镇。1924年，入无锡实业学校学习。1927年，考入唐山交通大学，1932年毕业。1933年，任杭江铁路见习工程师。1934年，赴美留学，先后在康奈尔大学、伊利诺伊大学获得硕士、博士学位。1945年，在南京出任水利部视察工程师。1947年至1949年4月，出任甘肃省水利局局长兼总工程师和黄河水利委员会委员。1949年，出任东北水利总局顾问。1950年，任教唐山交通大学。1953年，调配至清华大学任教直至退休。黄万里一生对中国的大江大河有着至深的感情，以一个科学家的独立精神，在黄河三门峡水利工程规划和建设

黄万里

中孤身一人坚持自己的学术观点，并随着时间的推移逐渐被证明其准确性。黄万里被誉为“20世纪中国知识分子的脊梁”，主要学术论著有《洪流估算》《工程水文学》和《论治理黄河方略》等。

1957年6月，国家水利部在北京饭店召开由70名学者和工程师参加的“三门峡水利枢纽讨论会”，给苏联专家的方案提意见、谈看法，给两个月前已经开工的三门峡水利工程出主意、想办法。奇怪的是在会上，除了温善章提出由高坝改修低坝水库和泄洪排沙的方案外，大部分专家学者不说话，其余的人一致认为，三门峡大坝建成后，黄河就会变成清河。面对一边倒的形势，黄万里站了出来。他不屈从当时的政治气候，不迷信苏联专家的权威，与主张修水坝者争辩了七天。黄直言，三门峡水利枢纽工程是建立在一个错误设计思想上的方案，它违背了“水流必须按趋向挟带一定量泥沙”的科学原理。“黄河清”仅仅是一个虚幻的政治愿望，现实中根本不可能实现，这水坝一定不能修。他不计自己荣辱升降，大胆直谏：“一定要修三门峡水库，将来是要闯大祸的，历史将会证明我的观点。”会上，许多人反驳他的观点。这时黄万里深深感到人微言轻，强烈的责任使这位耿直的科学家变换了一种口气说，“如果一定要修，就请别将河底的施工排水洞堵死，以便那年意识到需要冲刷泥沙时，可以重新在此处开洞。”当时，与会者对黄万里的这一建议都表示同意，同时得到了国务院的批准。可惜在现场主持施工的中国“水利专家”，还是按照苏联专家原来的设计将6个施工泄水洞全部堵死，就此也把多少能挽回一点三门峡工程的错误和巨大损失的最后一点希望也给堵塞了。

原本与苏联专家的不同观点纯属学术和技术问题，可是在20世纪50年代的政治环境中，被视作重大政治问题，是“反党反苏反社会主义”的罪行。当时某领导看到黄发表的《花丛小语》后说，这是什么话，把美国的月亮说得比中国的圆。结果被定性为“大毒草”，在中国最具影响的媒体上进行大批判。在宣布他划为右派分子决定时，黄万里的回答空谷足音令人动容："伽利略虽被投入监狱，但地球仍在绕着太阳转。"

打成右派分子后，黄万里被剥夺了上讲台的权力，来到密云水库工地劳动，与普通民工一样同吃同住同劳动。晚上就住在半地下的地窖里，直到 1960 年才返回北京。1969 年，又被下放到江西劳动。1971 年，从江西回来后，更是被贬到他所反对建设的三门峡水利工程那里打扫厕所，以示对他反对修建三门峡水利工程的精神惩罚。接踵而至的肉体和精神折磨，没有摧垮黄万里的意志，也没有为所遭遇的不公正待遇甚至侮辱而后悔当初的直言争辩。他始终相信自己的观点总有一天会被证明是正确的。

他说，如果我不懂水利，我可以对一些错误的做法不作任何评论。别人对我无可指责。但国家用公款培养了我学了水利这一行，而且搞了一辈子水利，我不说真话就是犯罪。国家养士为什么？就是要为国分忧，为民担忧，不然要我们何用！治理江河涉及的可是人命关天、子孙万代的大事！

事实不幸证实了黄万里观点的正确、三门峡水利工程修建方案的错误。1958 年 11 月，三门峡水利工程完成截流。从此，黄万里从泥沙运行原理说明三门峡水利工程错误的观点，开始一一被证实。1961 年下半年，15 亿吨泥沙全部沉积在从潼关到三门峡的河道里，使得渭河平原地下水位升高，从无水患的渭河两岸也不得不修起防洪堤，导致关中平原地下水无法排泄，田地开始盐碱化甚至沼泽化。听闻黄河中游淤塞，三门峡水库不能蓄水，黄万里百感交集写下《念黄河》诗：

廷争面折迄无成，既阖三门见清水。
终应愚言难蓄水，可怜血汗付沧溟。
徙薪曲突非求泽，烂额焦头自上鬓。
肠断秦川陇水咽，艳阳遗照此精诚。

1964 年，潼关以上淹地几十万亩，居民 29 万人迁往宁夏。因此，改建三门峡工程的资金超过原建工程总费用，被迫移民总计 70 余万人。

1978 年十一届三中全会后，清华大学有关组织找黄万里谈话，准备给予平反摘除右派帽子。黄万里对来人明确表示，我不承认我有什么右派帽子，给我戴帽子和给我摘掉帽子，都是别人给我搞的，反正我一概不承认。最终，黄万里成为清华大学最后一个被平反的右派分子。可惜直至离世，没任何组织或个人向黄万里因坚持反对修建三门峡水利工程而所受到的不公正待遇、并被实践证明其正确向他道过歉。

平反摘帽后，黄万里被允许在有关专业会议上讲述自己的治黄方略，相继撰写或发表了《论分流淤灌策治理黄河》《论黄河断流及其对策》《论黄河海河的治理与华北平原的整体开发》《我看“黄河治理开发纲要”》《论江河淮海综合治理》等学术文章，并且对当时国家准备规划修建三峡水利工程，向国家决策部门多次提出自己的看法，可惜最终被排除在外，没能参加有关会议当面力陈。

1998 年，长江流域发生了特大洪灾，黄万里感到以前在水利授课上有着不足之处，于是向系里呈书申请，列出讲义，要求上课。系领导同意了他的请求，为他安排了一堂给研究生班和教师的课。那年，他已 88 岁高龄，并且身患癌症。上课那天，他穿上白色西服，打上红色领带、戴着黑色领结。他觉得重返讲台讲课来之不易，觉得十分神圣，必须穿戴整齐，才能提高学生注意力。课堂上，他坚持站立讲课，自己书写板书。

2001 年 8 月 20 日，清华大学水利系为黄万里举行 90 周岁生日祝贺会。之前，他曾表示希望自己能坐着轮椅到会场，可是 19 日那天，他开始发高烧，没能赴会。8 月 27 日，黄万里与世长辞。临终前，这位将一生奉献给中国水利事业的科学家，在遗嘱中没有自己只有祖国的大江大河：

治江原是国家大事，“蓄”“拦”“疏”及“挖”四策中，各段应以堤防“拦”为主。汉口段力求堤固。堤临水面宜打钢板桩，背水面宜以石砌，以策万全。盼注意，注意。

万里遗嘱　2001年8月8日。

短短58字遗嘱，写尽一个中国知识分子的良知与坚守，是黄万里留在世间最后的话，为此他耗尽了毕生心血，受尽了苦难与委屈。毫无疑问，作为一个知识分子、一位科学家，一般都能够在顺境中做到为国为民服务，然而，一旦身处逆境，能实事求是，不畏权贵、忧国忧民者又有几人？黄万里做到了。因此，在黄万里去世之后10余年间，人们始终没有忘记他。

有的人活着，他已死了；有的人死了，他还活着。黄万里永远屹立在黄河长江之畔，他被誉为“20世纪中国知识分子的脊梁”。

有人甚至不无伤感地说，“世间再无黄万里”！

2016年4月17日

一代数学家龚升

1959 年，龚升晋升为副教授，时年 29 岁，是当时全国最年轻的副教授之一。华罗庚高兴地叫他“教授”。

龚升（右一）

1930 年 1 月 16 日，龚升出生于浦东北蔡镇。龚升兄弟四人，他排行最末。1937 年，举家搬到上海市区。1938 年龚升进入上海美德小学学习。只用了三年时间，龚升就学完了全部小学课程。1941 年，龚升就读崇实中学，一年后转入培真中学。在培真中学，龚升遇到了正在那里教书的吴文俊（著名数学家、中国科学院院士）。与吴文俊的相遇，为龚升今后走上数学研究之路产生了极大的影响。那时，课堂和教材上的数学已经不能满足龚升的求知欲望。他后来回忆说，我的童年时代，吴先生对我的影响非常大。我在中学时代就把微积分学完了，学的是吴先生送给我的 R.Courant 所著的《微积分》，而且是英文版。1944 年初中毕业，龚升考入复旦中学，并且直接进入高二年级学习。1946 年，他以全校第一名的成绩从复旦毕业，被保送至复旦大学。从中可以看出龚升的学习天赋。他从小学到高中，只用了 7 年时间，小学三年、初中和高中各二年。那时，龚升对数学产生了浓厚的兴趣，加上此时上海交大数学系名师汇集，于是放弃复旦保送。1946年秋，通过考试，龚升进入上海交通大学数学系学习。

在交大数学系，龚升相继听了朱公谨和武崇林等先生的课，受益匪浅。朱先生的微积分思想对龚升产生了很大的影响，使他从中学时代的数学观念中转变过来，懂得数学并非是单纯的做题，而是在宏观上把握数学的逻辑思想。在交大期间，龚升加入中国共产党。

1950 年 7 月，龚升从交通大学数学系毕业，统一分配到重工业部。此时，中科院正在筹建数学研究所，经苏步青、陈建功努力，便将他改派到数学所筹备处。当时因为成立数学所尚需时日，于是便派龚升去浙江大学跟随陈建功继续学习数学。

陈建功在浙大招了 2 名研究生，一是龚升，另一位是从山东大学毕业的夏道行。在浙大龚升跟随陈建功学习几何函数论，并开始做研究工作。从此几何函数论成为龚升一生中重要的研究领域。后来他所从事的比贝尔巴赫猜想研究就是建立在几何函数论系统上的。同时，龚升还学习傅立叶分析，这对他后续的复变函数论研究帮助极大。龚升在回忆那段浙大的学习生活时说，如果当时没有在陈先生那里受到傅立叶分析的训练，就没有后来跟随华罗庚先生做数学研究工作了。

1951 年春天，龚升的第一篇论文在《科学记录》上发表，标志着他正式走上了数学专业研究之路，这一年，龚升才 21 岁。

在龚升的心目中，陈建功不但学术精湛，治学严谨，而且人品高尚，教书育人一丝不苟。“他用红笔给我修改的稿子，我一直保存着，但是文革中抄家时抄走了，非常可惜，这是我对导师的一种怀念，也是尊敬，我带学生也应该像他那样对待自己的学生。”

1952 年 3 月，龚升患肺结核病住院治疗。4 个月后回到上海家中继续养病。同年秋季，全国高等学校院系调整，浙大数学系并入复旦大学数学系，陈建功和苏步青在浙大的学生转入复旦大学学习。1953 年4 月，龚升病情好转后，到复旦跟随陈建功继续学习。1954 年 11 月，龚升结束学业，回到位于北京清华园的中科院数学所工作。此时，陈建功建议龚升跟随华罗庚继续深造，跟华学习多复变函数论。1958 年，中国科技大学在北京成立，华罗庚先兼任科大数学系主任，后又任副校长。龚升也调入科大工作，筹办数学教研室，同时协助华罗庚办数学系。不久任数学系副系主任，实际上主持日常教学工作，成为科大数学系创建人之一。1959 年，龚升晋升为副教授，时年 29 岁，是当时全国最年轻的副教授之一。华罗庚高兴地叫他“教授”，于是“教授”成为他的外号。后来在科大数学系，说到“教授”就是指龚升。1984 年至 1989 年，龚升任中国科技大学副校长、研究生院院长、数学研究所所长、学术委员会主任等职。2002 年，龚升荣获作为终生成就奖的华罗庚奖，以表彰他对数学研究与教学的贡献。

龚升从事科研教学 50 多年，在多个数学学科领域做出了突出的贡献。1950 年代后期，龚升在酉群上的调和分析上，研究发展了一整套的思想、概念与方法，奠定了中国群上调和分析研究的基础，成为该领域的奠基人。

1960 年代中期至 1970 年代末，龚升与其合作者进行了多复变数奇异积分方向的研究。研究中，龚升指出了多复变数的奇异积分与传统的考尔德论 · 济格蒙德(Calderon Zygmund)奇异积分的重要差异，发展了一套与国外同类研究不同的新的研究方法，开创了多复变数奇异积分新的研究路线。龚升和他的合作者因此项工作荣获 1996 年度中国科学院自然科学一等奖。

1988 年开始，龚升教授带领他的学生与国外合作者开展了多复变数几何函数论的系统研究，将古典几何函数论推广到多复变数中去，开拓了多复变数几何函数论研究的新领域。在比贝尔巴赫(Bieber bach)猜想研究中，也取得了重要成果，并总结撰写专著《Bicbcrbach Conjucture》。

2011 年 1 月 10 日，龚升因病医治无效，在北京逝世，享年 81 岁。

龚升一生，共发表学术论文 100 余篇，出版专著 9 部。在美国学术界出版发行专著，同样颇得好评。其主要论著有《典型群上调和分析》、《简明微积分》、《多复变数的奇异积分》、《简明复分析》、《勃洛赫常数与薛瓦兹导数》（与余其煌、郑学安合作）、《线性代数五讲》等。在长期致力于数学研究的同时，不忘教书育人，为国家培养出一批青年数学人才，其中有许多人成为学术带头人。

2015 年 3 月

开创楚学张正明

读张正明文章，能在感受其渊博学识，
同时，惊叹他深厚的文学功底：
洋洋洒洒，大气磅礴，充满诗意与哲理，
给人以美的享受。

张正明

1994年3月，国学大师季羡林在参观了武汉、荆州的历史博物馆后，惊诧于长江流域出土的编钟等文物，于是撰写了《中国古史应当重写》一文。文中强调："黄河流域确实是中华文化发源地，但是最晚到了周代，楚文化或南方文化已经勃兴起。再弹北方中心论的老调，已经不行了，已经不符合实际情况了。"为季老此话作诠释的正是著名楚文化史专家、浦东人张正明。

1928年12月24日，张正明出生于上海南汇县汇北乡杨家镇北侧的张家宅（后为浦东新区金桥镇张浜村）。1948年，20岁的张正明以上海市第一名的成绩考入清华大学社会学系民族学专业，师从吴景超、吴泽霖、潘光旦、费孝通等教授。1952年从清华毕业后，先后在政务院民族事务委员会、全国人大民族委员会办公室、全国少数民族社会历史调查研究办公室工作。回忆起在北京的这段日子，张正明十分开心地说：

“住单身宿舍，每周都会拿着单位的介绍信到北京图书馆借书，每次借的书装满一个翻斗车，在图书馆一排排地拿书，可谓横扫千书。”这段单身住宿，大量阅读、广泛涉猎的岁月，为张正明以后的研究工作打下了扎实基础。1955 年起，张正明开始在《历史研究》《政法研究》和《民族问题研究辑刊》等学术刊物上发表论文。

正当张正明开始走上学术道路之际，1958 年，被打成右派，发配北大荒劳动改造。右派帽子一戴就是 20 年。期间做过仓库保管员、伙食管理员和中学教师，还南下在广东民族研究所工作过一段时间。20 年中，他没有被北大荒的寒冷、南方的酷热所压垮，沉下心来做研究。1979 年他的第一本专著《契丹史略》在中华书局出版，从而奠定了张正明在中国民族史研究方面的地位，并担任了中国民族史学会副会长。

可能有人会问，张正明后来的研究方向为什么发生了变化，专注于楚文化研究，成为这一领域的开拓者？说来，这与我国在 1970 年代考古领域的两次重大发现有着密切的关系。1978 年，在河南淅川 25 座楚墓中出土了大量异常精美的铜器，其中最大的王子午鼎高 76 厘米，口径 66 厘米，侈口、束腰、鼓腹、平底、三蹄形足，口沿上有两外侈的长方形耳，旁边攀附 6 条龙形兽，腹部布满浮雕攀龙和窃曲、弦纹；内腹与盖、底内均刻有相同铭文。该鼎主人为楚国令伊（宰相）王子午（又名子庚）。同年在湖北随州擂鼓墩曾侯乙墓出土的大型编钟更是蔚为壮观，令人叹为观止。编钟全套六十五件，青铜铸造，设计精妙，重 2 500 多公斤，虽然在地下埋藏了 2 400 多年，出土时音乐性能良好，被誉为“古代世界的第八奇迹”。两处楚地出土的文物造型优美，工艺精湛，题材浪漫，充分展示出楚人丰富的想象力和生命力，引起学术界广泛关注，也极大地震撼了年届五十的张正明：“我们的祖先创造了我们无法想象的文化业绩，而我们并没有完全了解和接受。我们需要了解过去，这是民族文化的再造，意义重大。庄子说‘知观于远近’，正是这个道理。”从此他走进楚文化研究领域，直至生命的最后时光。

为了近距离更好地研究楚文化，1981 年，53 岁的张正明怀揣研究楚文化的强烈使命感，毅然决定离开首都北京调入湖北省社会科学院，开启人生的又一段攀登之路。一到湖北，很快与同仁发起成立湖北楚史研究会，夜以继日埋头于楚文化研究之中。五年后的 1987 年，楚文化研究的扛鼎之作《楚文化史》出版。书中，张正明把楚文化比作一只凤凰。他说，楚人的性格，像他们的生活一样多姿多彩，他们写下的历史，他们留下的文物，使我们后人看到，他们不仅有筚路蓝缕的苦志，有刻意求新的巧慧，有发扬蹈厉的豪气，有谄神媚鬼的痴心，而且他们有顾曲知音的才情。周谷城先生评价《楚文化史》是“文辞俱佳”之作。读张正明文章，能在感受其渊博学识的同时，惊叹他深厚的文学功底：洋洋洒洒，大气磅礴，充满诗意与哲理，给人以美的享受。“言而无文，其行不远”，是他写作的一贯风格。“做学问要兼顾外行和内行，走向群众，走向社会，多写理趣兼备、雅俗共赏的作品。”

1988 年，由张正明主编的《楚文化志》出版，全书分为 18 章，依据门类深入评述，所分门类比《楚文化史》增加不少，内容则更加详赡，是在《楚文化史》基础上的拓宽加深。在 1995 年至 1996 年间，由张正明主编的《楚学文库》出版，此套丛书共分 18 册，更是分门别类展示两千多年前中华江汉大地数百年的楚国文明。从中可以看到，自从《楚文化史》奠定楚文化研究基础以来，近 10 年间楚文化研究突飞猛进的一系列研究成果。《楚学文库》的《楚史》由张正明独立撰写完成。在《楚史》中，他第一次提出了“楚学”这一概念，并把楚学放在中华民族历史长河中进行考察，展现出楚文化的兼容性、独创性、中介性、集成性等文化特征。该套丛书也因此获得“第十届中国图书奖”“第三届中国国家图书奖”。

2002 年，张正明受聘华中师范大学教授，博士生导师。在学校支持下，与蔡靖泉、顾久幸等老师一起创办了楚学研究所，并出任顾问，指导和规划楚学研究所的学术研究和发展方向，奠定了华中师范大学在全国区域文化研究中的重镇地位。

2004 年起，张正明开始难度很大的《秦与楚》的写作。他将秦、楚看作两股交缠的线，“从头到尾”条分缕析。另一方面，在秦与楚的布局上突出族源、两国发展轨迹、性格趋向（心理定式）异同、二者的最终“和解”融合等若干关键点。由于张正明有着对秦、楚文化的长期思考和学术积累，写作进展十分顺利。当《秦与楚》写作进入最后阶段，2006 年秋天，张正明不幸罹患直肠癌。起初他接受医生建议，准备尽快手术。不久他又决定延迟开刀，直至完成该书最后一章，还将全书校对了一遍，才上了手术台。手术前，他将出版事宜托付同仁，并当着夫人和女儿的面说，如果他在手术台上下不来，要把自己毕生所藏图书全部捐给学校。不虞 10 余天后（2006 年 12 月 3 日）张正明与世长辞。

斯人已逝，风范永存。华中师范大学的讣告中写着：

著名历史学家、为楚文化研究做出突出贡献的学者，华中师范大学历史文化学院教授、博士生导师，原湖北省社会科学院副院长、研究员，中国共产党党员，第六届全国人民代表大会代表张正明先生因病医治无效，于 2006 年 12 月 3 日在武昌逝世，享年 78 岁。张正明先生系上海市人，1952 年毕业于清华大学社会学系民族学专业，分配在政务院民族事务委员会工作，1954 年冬调至全国人民代表大会民族委员会法案组工作。1956 年夏至 1958 年夏，兼任全国少数民族社会历史调查研究办公室业务秘书。1981 年在湖北省社会科学院工作，创办了楚文化研究所，曾先后任副院长和顾问，当选第六届全国人民代表大会代表。2002 年受聘于华中师范大学，去世前为华中师范大学历史文化学院教授、博士生导师，中国民族史学会副会长，中国屈原学会副会长，湖北省屈原学会会长。张正明先生是我国著名的楚文化、民族学研究专家，曾著有《契丹史略》《楚文化史》《长江流域民族格局的演变》等重要学术专著，主编了《楚学文库》《楚文化志》《湖北通史》等著作，为楚文化、民族学研究做出了重大贡献。根据张正明先生生前的嘱托，丧事从简，不举行遗体告别仪式。张正明先生的遗体已于 12 月 5 日上午 9 时在武昌殡仪馆火化。

第二年，张正明遗著《秦与楚》由华中师范大学出版社出版。这部体大思精、在中国早期区域文化比较方面具有开拓性的著作所蕴含的学术真知，以及成书过程中折射出的治学精神，都是学界宝贵财富。

张正明在学术的贡献有目共睹，其严谨的治学态度以及与同事学生的相处亦为楷模，至今为后学者称道。

1996 年 7 月的一个周末，68 岁的张正明步行 30 多公里在南漳县考察。为了赶回武昌第二天给学生上课，当晚他谢绝接待，买了成都至武昌的站台票上车。在列车上，有位武警战士给他让座，但是他幽默地说："我一生坐的比站的多。"凌晨 5 时在武昌站下车后，对同行的学生刘玉堂说："给我买份报纸、买瓶水，不要麻烦司机，等公交车来。"乘着公交车，张正明提前出现在讲台上。事后，他对刘玉堂说："玉堂，对你不公平，辛苦了。但这是做老师的职责，不能让学生迁就老师。"这让今天已为博士生导师的刘玉堂感慨不已："张先生一生严谨，所有手稿均为标准魏碑体，从不潦草，可为书法。"

上海财经大学副教授、博士左鹏对此深有感触："我写的第一篇文章，交到先生那里，先生看过后，用红笔勾出其中的得失，把我叫到他的办公室里，一一详细说明，让我注意文章内在结构、行文气势、文辞色彩，甚至一些文字的写法，比如我写'荆'字，过去总是将边上的'刂'写在'艹'的下面；写'梁'字，往往将右上部写成'刃'，让我受益终生。"

2014 年 10 月

光学领域奠基人

“是空白，那我就去填补!”

来自《人民日报》《光明日报》的报道

1981年11月9日，《人民日报》第四版载文报道：“我国著名光学专家、中国科学院学部委员(院士)龚祖同教授，最近荣获美国福托—苏尼克斯1981年度成就奖，得金质奖章一枚。这种奖在世界范围内评选，每年只把一枚金质奖章授予在应用光学方面有突出贡献的科学家。龚祖同教授今年76岁，担任西安光学精密机械研究所所长，是中国应用光学的创始人之一。早在30年代，他就组建了中国第一个光学工厂，生产出中国第一批光学仪器……1962年以来，指导设计了10多种高速摄影机，为满足国防建设和经济建设的需要作出了贡献。”与此同时，《光明日报》传出了同样的信息：“福托—苏尼克斯奖评定委员会，经世界著名光学专家的推荐和评议，决定将1981年度的金质奖章授予我国著名科学家龚祖同，以表彰他数十年来在光学材料和高速摄影仪器的研制方面所做出的重要贡献。”“……所

龚祖同

授予的金质奖章上面铸着获奖者的姓名。”

翌年 3 月,《人民画报》用两个页张的通栏标题——《应用光学专家龚祖同》,图文并茂地介绍了他在光学领域里的成就。

出身贫寒　学习刻苦

在今天的浦东新区张江高科技园区的北侧,源起黄浦江的张家浜,由西向东横卧于浦东大地。潮起潮落,它曾经淹没了多少故事。然而,1904 年 11 月 10 日,一个男婴诞生的响亮啼哭却永远地在历史的长河里回响,这个男婴就是日后成为中国著名科学家的龚祖同。

龚祖同的家坐落在张家浜畔。父亲龚建纲是一位私塾教师,全家生活全靠父亲“传道、授业、解惑”维持。童年的龚祖同不但天资聪颖,而且学习刻苦,有着强烈的求知望欲。经济拮据的家庭不可能购买课外读物,于是他常常利用读书的余暇,跑到学校附近的花边公司阅读报纸,日积月累,报纸上的各类知识丰富了他的思想,开阔了视野,树立起人生的奋斗目标。这段课余读报的往事,至今还被家乡的同辈老人传说着。

1920 年,龚祖同背上行李,告别家乡的亲人,渡过黄浦江,进入当时名闻江、浙两省的江苏省立第一师范学校求学。位于姑苏城的省立第一师范学校有着优美的环境、良好的教学设备、高水准的师资队伍。这一切,使刚从农村来的龚祖同感到陌生而又新奇。在这个崭新的天地里,龚祖同更加如饥似渴地发奋学习。从宿舍到教室,从教室到食堂,他过着三点连成一线式的学习生活。几十年以后,他对自己的儿子龚焕明(原上海激光技术研究所所长)、女儿龚谦(留学美国,获博士学位)回忆那段求学生活时说:“那时只知道多学一点知识,多掌握一些本领,除此什么都不想。”

“是空白，那我就去填补！”

1926 年，龚祖同以优异的成绩从江苏省立第一师范学校毕业，是年考入清华大学物理系，师从周培源、吴有训教授。10 月的北京，秋高气爽，景色迷人，龚祖同却被实验室里奥妙无穷的物理现象吸引了，学科考试，门门功课成绩名列前茅。1930 年大学毕业后，他留校担任助教，不久进入清华大学研究生院继续深造，在赵忠尧教授指导下研究核物理。其时他还带教日后成为我国著名科学家的钱伟长、钱三强教授。

一天，物理系主任叶企荪来到龚祖同面前，对他说：“应用光学技术在军事上十分重要，目前世界强国都在研究，可惜在我国还是一个空白。今年要选派一位留学生到国外学习应用光学……”叶主任的话还没有说完，龚祖同就站起来毫不犹豫地说：“是空白，那我就去填补！”

放弃“博士”学位　筹建光学工厂

1934 年 9 月，龚祖同毅然中断了他心爱的核物理研究，登上了远渡重洋的甲板。经过了一个多月的海上航行，来到了在应用光学领域处于领先地位的德国柏林大学。两年后，龚祖同从德国工业大学毕业，荣获优秀毕业生和特准工程师称号。之后他到一家光学工厂工作，在此期间，他一边实践，一边继续钻研光学理论，并开始撰写博士论文。一年多过去，他不但熟悉了整个光学仪器的生产工艺，而且写好了博士论文，只要通过答辩，龚祖同就可以获得博士学位了。此时“七七”事变爆发，国内捎来信息：国家急需筹建一座光学仪器工厂，希望他尽早回国。博士学位，这是多少莘莘学子苦苦追求的目标。在当时，有了这个头衔伴随而来的是职位和优厚的待遇,何况对于含辛茹苦、经济贫困的龚祖同来说更是多么需要和迫切。然而龚祖同深深懂得是祖国和人民养育了自己,给了自己公费留学的机会,现在祖国有难,人民遭殃,怎么能为了名位而滞留异国他乡!

1938 年,龚祖同没有来得及通过博士论文的答辩,就告别了挽留他的德国导师,匆匆返回祖国。

惊涛骇浪,风雨兼程。一回到上海,龚祖同没有去浦东老家探亲,就直奔昆明,投入创办中国第一座光学工厂的紧张战斗。

当时中国只有磨制眼镜片的技术,更没有所需的光学材料和制造精密光学仪器的技术工人,要想制造前方急需的军事望远镜谈何容易。一切只能从零开始。龚祖同招收了一批青年学徒,亲自给他们作技术培训。他自己出钱,在工厂里设立了"龚祖同奖学金",鼓励青年人刻苦学习技术。白天,他冒着日寇飞机空袭的危险,在车间里和工人一起磨制一块块镜片;晚上,拖着一身的劳累继续光学研究和产品设计。历时半年的艰辛劳动,终于制造出了我国第一批军用双目望远镜,同时也培养出了我国第一批光学技术工人,开拓了中国的应用光学事业。

制造第一块光学玻璃

制造光学仪器离不开光学玻璃。可是那时使用的光学玻璃只能依赖从国外高价进口,因此,龚祖同总梦想着有一天自己能为国家制造出各种各样的光学玻璃。

1940 年,龚祖同在老同学的帮助下,在上海创办了一家小型的光学玻璃试验厂。有一天,他刚离开住所往工厂走去,突然上来几个日伪特务把他绑走了。他们给龚祖同安上了一个"跟内地勾结,购买军火"的罪名,声言要严加惩办。在亲朋好友的多方营救下,他才脱险获释,可是工厂遭到查封,制造光学玻璃的试验夭折了。

抗日战争胜利了，龚祖同满怀希望跑到秦皇岛，准备接收日本人留下的一家光学工厂，继续光学玻璃的试制工作。此时，内战爆发，刚刚开始的试验又停止了。

1949 年 10 月，中华人民共和国成立了。我国的另一位光学专家、校友王大珩（清华大学 36 级）主持筹建中国科学院长春仪器馆。他热情邀请老学长龚祖同到馆里负责光学玻璃的试制工作。龚祖同高兴极了，英雄终于有了用武之地。试制光学玻璃的项目很快就上马了，他自始至终身在试验的第一线。试验经历了无数次的失败。每一次失败后，他都仔细分析，反复琢磨，一遍又一遍地寻找原因，然后满怀信心地重新开始，如此循环往复二年多。1953 年春节，是龚祖同一生中过得最有意义的一个春节。这一天，他没有休息，因为，中国的第一块光学玻璃在他的手中诞生了。看着透明晶亮的玻璃，回顾十多年来为它奔波的艰辛，龚祖同的眼眶里泛出激动的泪光。

在以后的岁月里，龚祖同组织和指导了我国第一台电子显微镜、第一台红外望远镜、第一根光学纤维、第一台高速摄影机的研制工作。用龚祖同研制的高速摄影机，成功地拍摄了我国第一颗原子弹爆炸时珍贵的技术分析资料。

应当说，在应用光学领域里，此时的中国与外国相比，已经没有多大的距离。龚祖同和光学界的广大科技工作者瞄准世界先进水平，开始向着已经看得见的目标冲刺。

这时候，“文化大革命”爆发了，龚祖同的光学研究工作不得不停了下来。

烈士暮年　壮心不已

1976 年秋天，共和国领袖毛泽东在北京逝世。龚祖同突然接到北京发来的紧急通知。到了北京,才知道召他入京的原因是研制安放毛主席遗体的水晶棺。在京的一个多月里,他与王大珩,以及上海复旦大学的冷光源专家蔡祖泉一起,查阅资料,核对数据,分析所用材料的化学成分,终于如期圆满地完成了这项政治任务。

“文化大革命”结束后,有几个在运动中因受蒙蔽而侮辱过他的人向他承认错误。龚祖同摸着稀疏的白发笑了笑说,“我怎么记不得了,如果有这样的事,认识了就好,‘四化’建设正等着我们,过去的事就算了吧!”他觉得剩下的时间不多了,得抓紧工作,把“文化大革命”中造成的损失夺回来。他在自己办公室的门上贴了一张作息时间表:“星期天,照常上班,每晚七点至九点照常办公。”

1978年,龚祖同参加在东京召开的第十三届国际高速摄影与光子学会议。会上他宣读了使用自聚焦微透镜陈列与高速铍转镜获得高速摄影的著名论文。星期天参加会议的同行结伴游览宇宙博览会。龚祖同却独自一人前往大阪参观天文台。归国时,他购买的唯一物品是一本《和英辞典》。

烈士暮年,壮心不已。龚祖同最早搞光学材料,后来又搞光学机械。80多岁高龄时,他用以前学过的核物理知识,又开始了光子学的探索。其时还指导了当时国内最大直径2.16米天文望远镜的研制工作。逝世前一年,还二次回到家乡,为上海的青年光学工作者讲课。

1986年6月26日,龚祖同走完了人生的最后旅程,这一年他82岁。身后,这位曾经担任过陕西省政协副主席、第三届全国人民代表大会代表、中国科学院西安分院副院长的浦东人,留下了《高速摄影概论》《锥形自聚焦(变折射率)纤维在高速网格摄影中的应用》《高速摄影总论与间歇式高速摄影》等专著和数十篇极有价值的论文。他在光学领域里的杰出建树,谱写了中国光学史的光辉一页。

1994年9月

本文资料大多由龚焕明先生提供,在此表示感谢。

陆门姐弟两院士

川沙城内，不仅有声名显赫的黄氏家族，还有在科技领域成就卓著的陆门两院士。

川沙临海，又名铁沙。此地人杰地灵，尤以黄炎培为代表的黄氏家族声名显赫，在政治、教育、音乐等领域独树一帜，高山仰止。川沙是藏龙卧虎之宝地，群星灿烂之天空。在编纂《川沙名人》的过程中，笔者发现川沙陆氏亦是星光耀眼，在中国科技界卓尔不群，贡献巨大。陆婉珍、陆钟武姐弟分别成为中国科学院院士和中国工程院院士。陆门两院士，再次书写出川沙人才新篇章！

陆婉珍

陆钟武

这一对姐弟出生于川沙镇的书香门第。曾祖父陆雪香、祖父陆舜卿先后任教于川沙县内。父亲陆绍云是著名的纺织技术与管理专家。

童年求学川沙县立高等小学。青年东渡日本，攻读纺织专业。学成回国后，先后在上海宝成、天津宝成、常州大成、重庆维昌、上海英商纶昌等纺织企业任厂长或总工程师等职，编著有《纺织日用手册》《化学纤维纺织法》。1988 年逝世。

陆婉珍于 1924 年 9 月出生。从小接受良好的教育。先后在常州读完小学，在重庆南开中学完成中学学业。中学时期接受了系统全面的素质教育，为她以后的成长打下了扎实的基础。日后回忆起在南开中学度过的学习时光，陆婉珍总是说中学阶段是一个人受教育过程中承上启下的很重要时期。1942 年夏，陆婉珍以优异成绩考入重庆中央大学化工系。在中央大学，陆婉珍幸运地遇上了杜长明、张江树、倪则埙、赵廷炳、高济宇等一流学者。名师的启发与训导，奠定了陆婉珍扎实的化学专业知识，接触到学术领域前沿课题，激发了她立志化学科研事业的志向。

1946 年，陆婉珍从中央大学毕业。1947 年初，23 岁的陆婉珍作出了一个让家人十分震惊的抉择。她不顾家人和亲友们的相劝，执意一人赴美国求学。最放心不下的是陆婉珍的祖母。临别前，祖母送给她一枚金戒指。祖母说："你这次远行，可能再也见不到我了，这点东西也许当你在远洋那边无助时有用。"五十多年后陆婉珍提起这件事时感慨地说："想想，我那时的胆子还是够大的。只想读书，就去闯美国。"经过 1 个多月的海上航行，1947 年 9 月，陆婉珍来到了位于美国芝加哥郊外的伊利诺伊大学。在美国，陆婉珍先后在伊利诺伊大学取得硕士学位、俄亥俄州立大学取得博士学位。1952 年至 1953 年在美国西北大学从事博士后研究工作。

1955 年 10 月，陆婉珍与丈夫闵恩泽放弃在美国的优越生活和科研条件，克服重重困难辗转香港回到祖国大陆。陆婉珍被分配在石油部石油炼制研究所筹建处，具体负责油品分析研究室的筹建工作。随着筹建工作的深入开展，陆婉珍逐渐认识到，她的任务就是建立一个能够对石化产品及各种催化剂、添加剂进行质量控制和质量保证的平台，这需要招揽高素质的人才和引进高水平的仪器设备，还需要有针对性地研发高效的分析方法。从此，陆婉珍千方百计从人员培养、仪器购置、项目安排等诸多方面入手，在短短几年时间内建成了门类较为齐全、人员配套完整的分析研究室，组建了原油评价、重油组成、轻油组成、气体组成、光谱分析和元素分析等课题组，搭建起了较为完整的油品分析技术平台。从20世纪60年代初开始，在分析研究面向经济建设和分析为工艺和生产服务的思想指导下，该平台在喷气燃料会战、配合炼油技术的研究开发，以及原油加工方案的制定等重大科研工作中发挥了重要作用。期间，陆婉珍亲自参加了中国第一套自行设计的催化重整工业装置在大庆开工和中国第一套硫化催化裂化工业装置在抚顺开工，并主持其分析工作。她利用气相色谱技术发现并解决了第一套催化重整工业装置开工期间遇到的重大产品质量问题，为装置的顺利投产起到了关键的作用。在此基础上，她主持编制了《近代仪器分析在石油工业中的应用》《重整分析方法汇编》和《石油化工分析方法汇编》等著作。

由于石油化工样品的特点，气相色谱技术从一诞生就与石油工业有了不解之缘。1979年，国外发表的一篇制作石英毛细管柱的报道，引起了陆婉珍的高度关注。与传统的玻璃色谱柱相比，石英色谱柱具有无可比拟的优点。多年的色谱研发工作经历让陆婉珍意识到，这是一项有前途和实际应用价值的技术，将会给色谱技术带来一场重大技术革新。1980年，陆婉珍带领科研人员在中国首次开发出了弹性石英毛细管色谱柱，这是中国气相色谱技术发展的一个里程碑。针对复杂炼厂气和汽油中不同烃类组成，她又指导研制出了多孔层毛细管柱和填充毛细管柱，为国内的重大新型炼油工艺的开发及时准确地提供了分析数据。20世纪80年代中后期，她带领科研人员解决了液相色谱中定量检测的问题，可对分离所得的各类烃类直接进行定量分析，之后又在液相色谱柱研制方面做了大量有创新性的研究和应用工作。

原油评价是石油炼制加工流程研究的“龙头”，是炼油科研工作的基础。陆婉珍长期主持原油评价工作，逐步建立了完整的原油评价体系，并对中国发现的各种原油进行了科学系统的评价，组织汇编了8册《中国原油评价》，其系统、完整的评价数据为合理利用我国原油资源发挥了重要作用，被列入国家重要科技成果。结合原油评价过程中遇到的新问题，她指导科研人员和研究生开展了具有前瞻性和实际意义的基础研究工作。对于原油及其馏分油中的非碳氢元素定量分析问题，成功研制出电量法测定硫、氮、氯、水、盐和痕量砷的分析技术，为工艺过程的控制作出重要贡献，填补了我国的技术空白，其中的不少方法都具有创新性，处于当时国际先进水平。1991年9月11日，国际石油炼制和石油化工学术会议暨展览会（Interpec China 91）在北京召开。500多名中外学者、专家与会。陆婉珍受邀作了题为“Evaluation of Chinese Crudes（中国原油评价）”的报告，系统回顾、总结了中国原油评价走过的近半个世纪的历程和成绩，尤其介绍了我国新疆原油资源情况及其性质特点。陆婉珍自豪地告诉国外友人，中国凭借自己的技术实力已经建立了从天然气到渣油的整套组成和性质分析方法。这一年，陆婉珍当选为中国科学院院士。

1995年，71岁的陆婉珍决定组建一支新的研发团队，开展近红外光谱分析技术的研究工作。凭借对油品的认识、炼油工业对分析技术的需求，以及对光谱结合统计学理论的掌握，她认为近红外光谱是一项极具发展和应用前景的技术，尤其是在石化分析领域，极有可能掀起一场分析效率的技术革命。当时国外已有较为成熟的近红外光谱仪器，但是陆婉珍经过深思熟虑，还是决定基于国内的研发力量，开发成套的近红外光谱分析技术。她根据当时国内仪器研制水平和实际应用需求，组建了研发团队，采用产、学、研、用相结合的方式，完成了该技术必备的硬件、软件及油品分析模型的研究和商品化，研制出了成套的实验室型和在线型近红外光谱仪，并在蒸汽裂解、催化重整和汽油调合等工业装置上得到了实际应用。在她的指导下建成了包括原油在内的较为完备的油品近红外模型数据库，不仅用于炼油企业，在国防建设上也得到了应用。陆婉珍的团队申请发明专利 50 余项，发表国内外学术论文近百篇，出版 6 本专著，获省部级科技进步奖 10 余项。

在近红外光谱研究中，陆婉珍主张“研以致用、以用促研”。她总是告诫慕名而来的拜访者，研究基础理论本身不是目的，研究的目的是开发用于生产实际的新技术和新产品，从而促进生产力的更大解放。陆婉珍情系国产分析仪器，崇尚“工匠精神”。她生前曾多次表示，愿意出资设立分析仪器研制方面的奖励基金，鼓励更多有才华的人把分析仪器的关键器件做精做透。今天，我国在近红外光谱技术研发和应用领域呈现出的欣欣向荣局面，与陆婉珍的辛勤开拓和耕耘密不可分。

陆婉珍淡泊名利，一生鲜有几个高级别的奖励，大都是部级的二等和三等科技进步奖。对此，陆婉珍淡然处之。她也常常劝一些焦躁的年轻人：“科学成绩是常年的累加，不是一朝一夕的辉煌，要在大环境中找到自己安身立命的地方，不要为了追求某些不值得的东西花太多的精力。”“年轻人要懂得宽容，与人交往时要知道合作的重要性，只有这样才能团结别人、融入集体，共同努力。”正是陆婉珍的宽容、豁达、有原则、有远见和淡泊名利的品德，使她能把一大批志同道合的同事、学生团结在一起，形成了特别有战斗力的科研团队。

1986 年，陆婉珍不幸罹患肾癌，住院期间积极配合医生治疗。她对前来看望的领导和同事们说，“切了一侧肾，我还有另一侧呢，没什么大碍。”在以后很长一段时间内，尽管经常感觉腰部不适，但在生活和科研工作中她仍保持着从容淡定的心态。为了不让家人和同事有思想负担，陆婉珍丝毫未流露出任何的不适“迹象”。科研和日常工作没有受到影响，很多人都感到不可思议。

2001 年，陆婉珍又不幸被查出患了肺癌，但她依然是遇险不惊，处之泰然。大家看到的还是她习惯的微笑。经过半年的治疗，她又一次成功战胜了病魔。2015 年 11 月 17 日，陆婉珍在家中平静安详地去世，这位为中国分析化学和石油化学事业作出突出贡献的女科学家，享年 91 岁。

值得一提的是陆婉珍的丈夫闵恩泽不仅是中国科学院院士、又是中国工程院院士、英国皇家化学会会士、2007 年度国家最高科学技术奖获得者，感动中国 2007 年度人物之一，是中国炼油催化应用科学的奠基者，石油化工技术自主创新的先行者，绿色化学的开拓者，被誉为“中国催化剂之父”。2016 年 3 月去世。

陆婉珍弟弟陆钟武于 1929 年 10 月出生。1946 年毕业于重庆南开中学，1950 年毕业于大同大学(前三年在中央大学)。1953 年毕业于东北工学院研究生班。曾任东北工学院院长，沈阳市科协主席，中国金属学会副理事长，东北工学院冶金热能工程学科博士生导师。1997 年当选为中国工程院院士。

陆钟武在我国的冶金热能工程和工业生态学领域做出了杰出贡献。在炉窑热工方面，率先参照势流理论研究了竖炉气体力学，用高炉炉身静压成功地判断了炉内的主要变迁。建立了火焰炉热工基本方程式，查明了普通平炉改为内倾式后指标下降的原因。改造后的加热炉热效率达国际先进水平。在系统节能方面，提出载能体概念和产品能耗的 e-h 分析法，以及物流对能耗的影响分析法，创立了系统节能理论和技术。在工业生态学方面，明确了我国钢铁工业废钢资源严重短缺的主要原因是钢产量持续高速增长；揭示了资源效率等指标与物质循环率及产品产量变化等因素之间的关系。以穿越“环境高山”为比喻，阐明了新型工业化道路在资源、环境方面的基本特征。陆钟武多次获得国家及省部级奖励，1985 年获国家科技进步奖二等奖，2004 年获光华工程科技奖。发表学术论文 210 余篇，专著 10 本。2017 年 11 月，陆钟武去世，享年 88 岁。

2017 年 6 月

主要参考资料：

《陆婉珍院士：石油分析领域的先驱》，《中国科学报》2016 年 3 月 7 日。

褚小立著《新青胜蓝惟所盼：陆婉珍传》，上海交通大学出版社，2015 年。

中国工程院官网。

盛利，技术的王者

"刹——"的一下，一根精光
铮亮的轴就车好了。人群
里发出一阵惊叹声。

1992年3月10日，《文汇报》第3版登载了《"技术大王"今安在》一文。文中提到的金属切削大王盛利正是浦东花木人。

盛利，1921年4月出生于江苏南汇花木界沟村（今浦东新区花木街道）。3岁时，父母双亡。靠着亲属的帮助幸存人世，从小饱尝了人间的炎凉心酸。

12岁这年，为生计所迫，小小的盛利背井离乡前往湖北汉口公记机器厂当学徒。站在逆水而上客轮的甲板上，盛利紧握拳头，决心争一口气，闯出一条生路来。

到了汉口，小盛利足不出厂，一边为师傅端汤盛饭洗衣服，一边忙里偷闲潜心琢磨师傅的一招一式。正式操作车床不久，周围的老师傅看着他加工的物件，纷纷夸奖这孩子有灵气，是块做技术工的料。

学徒满师后，盛利开始了历时10年的流浪式的打工生活，先后在重庆金勤机器厂等12家工厂当车工或钳工。由于这段时间经历的工厂多，接触的金加工活又各个不同，盛利的车、钳工技术大有长进，为日后创造发明奠定了扎实的基础。

1946年5月，盛利携妻儿回到阔别13年的上海，进入中国农工机械公司(上海机床厂前身)工作。这时他的家庭生活仍然极度贫困,上无瓦片,下无立足之地,只能暂住军工路难民招待所。

1949 年 5 月,上海解放后,盛利怀着强烈的翻身感,全身心地投入新中国的社会主义建设中去。1952 年 6 月,盛利加入中国共产党。1953 年,他发明了“硬质合金阶台式车刀”,大大提高了车床加工效率,并在全国推广。

1956 年,响应中华全国总工会告全国职工书的号召,盛利向全市车工提出开展“保证质量提高切削效率”的倡议。第一个以 550 米的切削速度创造了上海市最高切削记录,推动了全市社会主义劳动竞赛的开展。1953 年至 1956 年,他连续 4 年被评为上海市劳动模范,其中两年为全国五金工会劳模。1956 年,被评为全国先进工作者,出席全国群英会。期间,盛利参加第一机械工业部和中国第一机械工会组成的检查和推广先进经验工作队,到华东、华北等各兄弟厂传授“阶台式车刀”先进车削技术。

在新中国第一个“五年计划(1953 年至 1957 年)”中,盛利改进自动停刀架、铰刀架、偏心夹具等 40 多种工具及操作方法,只用 5 年时间完成 9 年的工作量,成为全国著名的高速金属切削能手。

1957 年,作为中国劳动人民代表团成员,盛利光荣地随同毛主席出访苏联,在莫斯科参加庆祝十月革命 40 周年活动,随后到波兰等东欧社会主义国家参观访问。

有关盛利的车工技术、在机床边的操作风采,著名上海工人作家胡万春在他撰写的《一个有韧劲的青年》中有着十分精彩的描述:

> 厂里出现了一件轰动全厂的事情——全国著名劳动模范、上海机床厂的“车刀大王”盛利到中华铁工厂来作高速切削表演。朱兆金(后来成长为刀具大王)听到消息,也赶来观看。十九岁的朱兆金,个子小,他使劲往里钻,好不容易才钻到人堆里面。他看见车床旁站着一个壮壮实实的老师傅,正在往车床上装刀具。接着

车头开动，只见一刀吃上去，“刹——”的一下，一根精光铮亮的轴就车好了。人群里迸发出一阵惊叹声。朱兆金心里充满了羡慕的感情。有人问盛利：“这把‘宝刀’是你自己搞出来的吗？”“有向别人学来的，也有自己改进的。”盛利谦虚地说，“不吸收别人先进经验，个人力量总是有限的。”朱兆金听在耳里，记在心里。他觉得自己和盛利比起来，为党为社会主义建设的贡献实在太小了。

1963 年，盛利担任工厂老工人技术传授队队长，组织全厂 80 多位老工人向青年工人传授先进技术和工人阶级的优良传统，先后帮助 200 多位青年提高了技术水平。针对技术质量和生产薄弱环节，实现技术革新项目 317 项，解决重大技术与质量关键问题 18 个。1964 年起，担任厂技术革新办公室副主任后，组织试制成功“硬质斜刃绞刀”“硬质合金浮动绞刀”“无刃绞刀”“斜刃丝锥”等精加工切削刀具。

1964 年至 1967 年，盛利担任上海机床厂老年工人技术传授队队长，到全国 10 多个省市巡回操作表演，赢得各地同行赞誉。1970 年代，盛利与诸金兴、林尚义等人合作，撰写出《不重磨刀具》一书。此书是他几十年车、钳工经验的结晶。1978 年，《不重磨刀具》由上海科学技术出版社出版发行。

1977 年，盛利当选中国共产党第十一届全国代表大会代表，1982 年因病逝世，年仅 61 岁。

盛利生前 8 次受到毛主席接见，7 次受到周总理接见，6 次评为上海市劳动模范，1 次评为全国劳动模范。许多中央领导同志观看过他的技术操作表演。曾任上海科技协会顾问、杨浦区科技协会副主任、杨浦区政协委员。

盛利，不愧为中国工人阶级的先进典型、能工巧匠的代表！

草于 1992 年 5 月，修改于 2019 年末

在柬维和使命录

所谓省会实际上是山区的一个偏僻村庄。
那条有着商店的黄土路一下雨便水流成河，
泥泞难行。大家戏称省会的商店是
“漂在水上的市场”。

一

没有隆重热烈的送行，只有依依惜别的深情。

1993 年初夏，浦东海滨高桥镇，一个静静的早晨，中国军人范宪章告别了美丽的妻子、可爱的女儿，踏上了出国维和的征途。

时光倒流。

1991 年 10 月，柬埔寨各方军事力量的代表，脱下迷彩服，坐到设在巴黎的谈判桌旁。在法国、印尼等国的斡旋下，各方代表终于拿起笔在巴黎停火和平协议上签了字。饱受了 20 余年战火之苦的柬埔寨人民看到了和平的曙光。

1992 年 3 月，根据柬埔寨的请求，联合国成立了驻柬临时权力机构。于是就有了中国军人赴柬维持和平的使命。

6 月 28 日，北京机场，载着 32 名中国军事观察员的马来亚航空公司 DC－10 客机呼啸着冲出跑道，向着遥远的南方热带雨林，向着从

1970年代起就以枪炮声闻名的那片土地飞去。

飞机在万米高空翱翔,望着舱外翻滚起舞的白云,年届不惑的范宪章思绪起伏,一如机窗外飘浮的白云。

1970年,江城武汉。16岁的范宪章参加了中国人民解放军,进入洛阳外国语学院专修英语。四载春秋寒暑,他以优异成绩毕业。旋即来到中国西部山地的一座封闭式军营,一待就是12年,直至移师上海浦东。背负青天,脸对黄土的环境,咀嚼小米,攀登山路的砥砺,铸造了范宪章藐视一切困难的意志。漫漫20余年的军旅生涯,范宪章具备了新时代职业军人的风范:思想明晰、敏锐,做事简捷、准确,走路脚下生风。

食宿马来西亚吉隆坡两夜,6月的最后一日,范宪章飞抵柬埔寨首府金边。

二

7月的金边,一切秩序正在恢复之中。

街道杂乱,最多的交通工具摩托车"达达达"乱窜,整个城市只有一处红绿灯。多年的战乱造成了柬埔寨仅800万人口,却拥有4万多断手缺腿的残疾人。漫步金边街区随处可见一支支光秃秃的乞讨手臂。

在金边作前期准备的一星期内,中国观察员听取情况介绍,进一步熟悉了柬埔寨的军政形势。通过英语、驾车技术的严格考试,8日,范宪章头戴贝雷帽,肩佩联合国圆形天蓝色徽章,登上直升机,向着柬埔寨北部山区飞去。

在柬维和部队的使命是履行联合国有关决议,监督停火,协调各方军事力量脱离接触;帮助举行大选,产生合法政府。为此,联合国驻柬临时权力机构把柬划分为11个战区。每一个战区驻一个步兵营。亚、欧、非、南美洲共有 11 个国家派遣了赴柬维和部队。印度尼西亚派出了 2 个营的维和部队。他们参加国际事务所表现的自己存在的强烈意识,可见一斑。

范宪章被分配在第三战区监督组。三战区位于柬埔寨最北部的泰、老边境,地属柏威夏省。翻开范宪章的日记:从直升飞机上俯视,该省一片郁郁葱葱,崎岖的小路宛如黄色的缎带在绿色中时隐时现地飘动,偶尔传来几串凌乱的枪声……

监督组有 6 名军官,组长(亦称司令官)为加纳国中校阿依克。作战官是孟加拉国 A 少校、美国 B 上尉和马来西亚 C 上尉。保加利亚 M 上尉司职行政人事官。范宪章出任后勤官,主要负责战区内除食品以外的各类后勤保障,包括装备的领取、管理与发放,车辆和直升飞机的运输协调,观察员往来的食宿安排、机场接送等,另外还得参加日常的值班与巡逻。

第三战区监督组驻扎在柏威夏省会特崩棉则。老范在给妻子的信中写道:所谓省会实际上是山区的一个偏僻村庄,上千号人,省会没有邮局、银行,没有电和自来水,没有任何娱乐场所,甚至没有半寸柏油马路。省会没有街道,没有真正意义上的商店。一条黄土路两旁,疏疏落落地支撑着几间只有屋顶的茅屋。屋内支起的木架上铺几块木板,商人盘坐在板上,为数不多的商品就陈列其周围。战争摧毁了当地的生产力,出售的商品大多从邻国运来。柬埔寨的雨季每天都是倾盆大雨,但也几乎能每天见到太阳(雨一停就出太阳)。一下雨,那条有着商店的黄土路便水流成河,泥泞难行。大家戏称省会的商店是"漂在水上的市场"。

监督组临时租用了当地一户农民的吊脚楼。楼房四壁通风,躺在床上能清晰地看见屋顶上的瓦片。楼前有一口池塘,流入的雨水是池塘的唯一水源,附近老百姓维持生活的用水取自池塘。池塘里有水牛纳凉,群鸭嬉水,水质之差由此可以想见。

在柬埔寨3个多月时间里，正逢雨季。墙上气温表的水银柱始终在摄氏40度上下浮动。范宪章身穿迷彩服，脚蹬高筒皮靴，衣服从早到晚湿漉漉，轻轻一拧，汗水就从指缝流出。每天用池水冲几次凉，几天后，老范开始感到刺痒难熬，用手一抓，立刻冒出一块块红红的疙瘩。同房东商量，范宪章借了两口水缸，放在屋檐下承接雨水，解决了洗漱、沐浴的用水难题。身上的奇痒总算慢慢有了转机。

监督组有一台柴油发电机，因为柴油要靠空运。所以只能限时发电。炎热难熬的中午，供两个小时电。晚上，再发一次电，至10时停止。电扇一旦停止运转，立刻大汗淋漓，难以入眠。好几次范宪章想从床上爬起来，去启动那台柴油发电机。

艰苦的生活，超出了原先的预料。在柬期间，范宪章吃得最多的是罐头、白菜、土豆、鸭蛋之类的食品。对外交通运输全靠空运，发电用的柴油也从空中运来，所以只能计划着使用。

三

柏威夏省森林资源丰富，又处三国交界，历来为兵家争夺之地。各个时期的占领者在这里埋下了数以万计的地雷。可以这么说，这里交通除道路泥泞不堪外，就是不知什么时候你踩上了地雷。

巴黎停火协议签订后，大规模的军事冲突基本结束。但是小范围的军事摩擦仍时有发生。由于长期的战乱，男人们大多不是成了这派的兵，就是那派的兵。大量武器散落民间，严重影响了地区的治安。邻里纠纷，兄弟龃龉常由唇枪舌剑开始，到真刀真枪的战斗告终。

一天傍晚，一阵清脆的枪声传来，范宪章迅速穿上防弹衣，戴上钢盔，和同伴循着枪声传来的方向去调查……来到一户农家，开门的是位皮肤黝黑的妇女。她平平常常地说，是她的男人喝醉了酒，举枪朝河里打鱼，满地的啤酒罐证实了她的话不假。开枪如放鞭炮。历经战火的柬埔寨人，无论是妇女，还是儿童都由当年的惊慌失措，到今天的习以为常，充耳不闻了。

触雷事件时常发生。9 月 7 日在吴哥窟附近，一辆联合国观察员的吉普车压上反坦克雷，“轰”的一声，汽车抛起四五米，然后砸落地面。车上喀麦隆军官的臀部被炸了 2 个大洞，鲜血汩汩地往外淌。在送往医院的飞机上，因失血过多牺牲了。而又谁能知道，明天这位喀麦隆军官要离任回国，为了世界和平事业，他在异国的丛林中献出了年轻的生命。

同车的美国人和柬埔寨人也都受了伤。唯独来自中国的海军少校安然无恙。触雷事件发生后，前去救援的观察员拍摄了抢救照片。范宪章保存了一套。回国后他在家中有时翻阅这些照片，禁不住还要说一句：“和平是多么珍贵！”

四

第三战区监督组实际是一个“国际小家庭”。成员来自亚、欧、非、美四大洲。六国军人在几十平方米的吊脚楼中和谐相处。不同的文化背景，不同的宗教、政治信仰没有妨碍人与人之间的沟通。

一天，范宪章戴着耳机收听广播。司令官阿克依中校笑盈盈地走过来：“范少校，你在收听哪家电台？”“中国，”范宪章回答。“可以让我听听吗？”中校友好地说：“你听不懂中文，我给你找一个用英语播音的北京电台吧。”找了半个小时，老范没有找到。在以后的几天里，他又连续找了几次，还是没有发现中国大陆英文台的频率。然而中校没有忘记收听中国广播的事，曾经几次问范宪章：“找到了吗？”太遗憾了，作为一个中国人，范宪章感到内疚：不是经常讲要让外国人了解中国吗？对此我们为他们了解中国提供了多少方便和可能。在金边，人们可以买到各种索尼收音机。包装盒内除了说明书外，附有世界著名电台的频率和时间表。有的甚至把频率做在磁卡上，换上磁卡，轻轻一触，声音便传入耳中。

轮到美国B上尉休假了，他欲去中国旅行。范宪章抓住这个机会，热情地替他选择出游路线，建议他到北京、西安揽胜。末了，当美国上尉询问到中国旅行要注意什么，老范打趣地告诫，“中国的姑娘可漂亮啦，但你是军事观察员，可要注意举止文明！”B上尉拍拍胸脯，“我是美国绅士”。后来B上尉去了中国，果真游览了北京、西安。一路拍摄了15卷照片和几盒录像带。返回驻地，他大有不虚此行之感。还不止一次赞叹：“中国姑娘确实漂亮。”

监督组里的老外都知道中国菜的名声，要范宪章烧中国菜给他们享享口福。平心而论，老范的烹饪技艺就是以家庭标准衡量的话也属一般。某个星期天，范宪章掌勺烹制了糖醋鱼、牛肉丸子（没有猪肉）、大蒜炒土豆、木耳炒蛋、醋溜白菜和西红柿汤，共五菜一汤。外国人把做中国菜当作艺术表演一般，范宪章一边忙乎，B上尉在一旁端着摄像机拍摄。中国饮食文化对外国人的魅力，着实使老范有点飘飘然。待到五菜一汤端上餐桌，即被一扫而光，连碗底的汤水也不剩。这一切使不易激动的范宪章，美美得意了好几天。

五

国外官是官，兵是兵，官大一级压死人的现实，给了范宪章极其深刻的印象。上尉服从少校，少校听命中校乃是天经地义的事。下级对上级的命令或吩咐，回答永远是Yes，sir（是，长官！）

一天中午，老范驾车从机场接司令官返回驻地。路遇一位澳大利亚女兵，背着大行囊，在烈日下一步一步走向营地。老范减速向路旁停靠，车还未停住，司令官挥挥手，连说“GO，GO，GO！”（开，开，开！）。一路上司令官这样解说，“任何时候，军官都不应给士兵停车，除非出于人道的原因。今天让他坐上你的车，明天你可能失去指挥他的一份威严，久而久之你的指挥就会失灵。”后来范宪章碰到那位女兵，提起这件事。女兵没有流露丝毫的怨恨，反而说，完全应该这样做。

1993 年 9 月 23 日，柬埔寨新政府成立，同日，联柬机构司令桑德森中将签署命令，宣布在柬进行的为期 18 个月的联合国历史上规模最大、情况最为复杂的维和行动正式结束。离开三战区前，战区首席观察员在联柬机构的鉴定报告中对范宪章作了如下评价：

在此鉴定期内，范宪章少校任后勤军官职务，整个表现被鉴定为“良好”；

范少校表现出具有独立的长时间工作的能力，一直能够保证各项后勤工作得到迅速全面的处理；

范少校是一名可靠、诚实、富有献身精神的军官，他显示出良好的幽默感；

另外，他无论何时都表现出非常高的责任感，主动性和良好的领导艺术。他对联柬机构在特崩棉则第三战区监督组的所有后勤资源的管理和控制是出色而值得称道的；

他与同事、各组长和他的上司战区首席观察员都能够进行良好的合作。

……

推荐其今后仍为联合国服务。

对于“良好”的鉴定，同战区的一位中国军人认为不公平，他对范宪章说，“评你优秀才对。”范宪章自然不会计较，他在考虑联合国的人事制度。为它服务 100 天，就给你写下人事鉴定书。他认为鉴定实事求是，没有套话虚话。这就是效率，抑或是一流管理。

留下热带丛林路上的脚印，留下对这片土地人民和平繁荣的深深祝愿。范宪章凯旋祖国。此刻，他想到了家中的妻儿。

1993 年 10 月 21 日，佩戴联合国勋章的范宪章回到浦东，叩响了家门。

1994 年 8 月

注：本文由作者采访范宪章后撰写。

站在水桥久怅望

历经寒冬的杨柳早早吐出嫩黄的新芽，微风似乎又吹来清清的麦香。透过故屋后水桥苍老的石阶、粼粼的水波，他看到了父母渴望着兄弟俩平安归来的不安与焦灼，想到了意气风发的少年同学。

早春时节，张闻天故居寂寥无声，静静地坐落在钦公塘脚下。当我裹着一股春寒料峭跨进接待室时，故居的三位管理人员还在午餐。他们对我的光临露出略显惊异的目光，其中的一位问道："是路过?"听说我是特地赶来时，竟用上了"伟大"的词语。

我的到来，使正在用餐的一位老同志中断了午饭引导我参观，弄得我歉意顿生，内心直说应该晚一点。张闻天故居我来过二次，有关他的生平，他在中国革命的紧要关头所作出的贡献并不陌生。这一次，我是怀着一个浦东人对另一个浦东人的敬仰，是怀着他在庐山会议后黯然回到故乡时驻足怅望的那座水桥而来。

张闻天故居是典型的一正两厢房式的江南民居，历经百年而整修如新，然而走进屋内仍然感觉低矮和昏暗。屋一间连着一间，每一间都陈列着一段段文字，一幅幅照片。偌大的故居空空荡荡只有我一个参观者。静得有点儿可怕。可以听到自己的呼吸，自己的脚步。一个人的参观，寥寥数人的故居，让你思绪放飞。一会儿在遵义，一会儿上庐山，一会儿又返回静静的张闻天居住过的小屋，定格于1962年回故乡的情景。

关于那次回故乡，《张闻天传》有所记述。5月30日，张闻天在上海约见了当时的川沙县副县长张震言。6月1日，在川沙县政府招待所会见了县、公社、大队、生产队四级干部后，《张闻天传》这样写道："到中午，张闻天说'吃饭我来'，请到会的乡亲们吃了一顿中饭。饭后，张闻天一行到三甲港外的白龙港看一下。张闻天家在那一带有几十亩荡田，儿时到这里祭过祖坟。回程驰向故乡张家宅。6月初正是小麦黄熟，开镰收割时节。一路南风吹拂。张闻天说：麦香的味道，几十年没有闻到了。回到家里坐定，继母烧了一锅刚摘的蚕豆，清香，沙甜，也是多年尝不到的新鲜。他又到西村头周家，去看儿时的伙伴周水桃，同他亲切交谈。从周家出来，到施湾镇上去看农具厂。张闻天称赞这个厂名副其实为农服务。张闻天这天回故乡，不仅了解了不少实际情况，而且还叙了乡情，在感情上得到了很大的满足。"（当代中国出版社《张闻天传》第707、708页）

张闻天的感情世界真的得到了满足吗？我问自己，问蓝天，问绿水。短短半天时间，去了三甲港、张家宅、施湾镇上的农具厂，他在老家待得了几时？家乡的麦香他还没有闻够，家乡的蚕豆还没有吃完，短短的停留能慰藉长长的近半个世纪的思乡之情？自从1925年张闻天加入中国共产党献身中国革命以后，这是第二次回到故乡。前一次是庐山会议前的1958年。漫漫三十三年，他没有少小离家老大还、儿童相见不相识的感慨？没有献身革命而忠孝难两全的内疚？1931年张闻天在上海，发现报纸上竟登载着父亲寻找他们兄弟[①]俩的启事，可是他不

① 弟弟张健尔随兄张闻天参加革命，1927年赴莫斯科中山大学学习，在苏联肃反运动中被杀害。

能通信，不能回家。由于经常受到当时政府的传讯和恐吓，1933 年母亲金甜花在过度惊恐中去世，父亲也在 1942 年离开人间。读一读沈润章的《家乡人民怀念你》，大概可以或多或少地回答张闻天深深的思乡深情，回答父母去世时没有侍奉在侧的内疚。“接着在 6 月 1 日，张闻天由炊事师傅黄关祥陪同回到老家探望，见了继母章锡林、弟媳乔秀南，生产队长周祥根。他看了少年读书时的养正小学堂，到周老伯家里坐了一会，在自家屋后的水桥头伫立怅望良久再回去，从此再也没有回家。”（《浦东新区英烈传》第 251 页）

通过窄窄的屋与屋之间的通道，故居屋后三十米处有一条东西向的小河，长约五十米，宽不过六七米。河已断流，一座石垒的水桥由河岸伸向水中。从小就听到母亲烦恼时说的一句老话：“近在灶沿边，远到水桥头。”张闻天走出了水桥头，走得很远很远。走到日本、美国；走到苏联（俄罗斯）、东欧；走过长征，走上了庐山；走进了北京，又走出了北京。四十五年中他确实走得太多太远，以致没有了回家的自由和时间。夫人刘英说，“闻天回上海，又不准。最终我们到了无锡。那已经是 1975 年的 8 月了。”

凝望张闻天老家屋后的水桥，我的眼前出现了一位沉静和气的老人。35 岁那年他在遵义会议上，作批判“左”倾军事路线的报告，支持以毛泽东为代表的正确路线，受会议委托起草会议决议。在他 59 岁的时候登上庐山，怀着“不要我讲，我愈要讲”的忠贞磊落、书生意气，在七月二十一日的华东组会议上，作了长达三个小时的发言。就是这番发言换来了彭德怀“反党集团”第二号人物的帽子。张闻天一生在两个重要的历史关头，讲了两次真话。在遵义他支持毛泽东，从此使中国革命走上了以毛泽东为领导核心的正确道路。在庐山他以唯物主义者无所畏惧的气概说出了逆耳忠言：“讲一下党内的民主作风问题。主席常说，要敢于提不同意见，要舍得一身剐，不怕杀头等等。这是对的。但是光要求不怕杀头还不行。人总怕杀头的，被国民党杀头不要紧，被共

张闻天故居

张闻天生平陈列馆

产党杀头还要遗臭万年。所以，问题的另一方面是要领导上造成一种空气、环境，使得下面敢于发表不同意见，形成生动活泼、能够自由交换意见的局面。”（当代中国出版社《张闻天传》第707、708页）从此，这位曾经在中国共产党历史上做出杰出贡献的浦东人离开了中国的政治舞台。

历经寒冬的杨柳早早地吐出了嫩黄的新芽，微风似乎又吹来清清的麦香。透过故屋后的水桥苍老的石阶、粼粼的水波，这位伟大的无产阶级革命家的眼中似乎看到了父母渴望着兄弟俩平安归来，想到了意气风发的少年同学时代。小学毕业离别时，他赠言同学顾燕荪：“男儿志在四方，真理第一，为祖国而奋斗，共勉勿忘。”张闻天的临别赠言自然没有“恰同学少年，风华正茂；书生意气，挥斥方遒。指点江山，激扬文字，粪土当年万户侯。曾记否到中流击水，浪遏飞舟？”的超然豪放，但是他用自己的一生乃至生命实现了真理第一的人生理想。

1962年6月1日的身后是冷清破败的老屋，场前屋后青草凄凄，多么荒落凄凉的故园。站在水桥头的张闻天怎能不思绪跌宕，沉思良久。张闻天没有在老家过夜就走了，从此再也没有回来。1976年7月1日，张闻天心脏病猝发逝世。此刻，他脚上穿的是家乡亲属做的布鞋。

风流总被雨打风吹去，苦难也总会有结束的一天。此前，庐山会议上另一位举足轻重的人物彭德怀已于1974年11月29日去世，生命的终点——北京301医院。张闻天逝世后两个月的九月九日，毛泽东在北京陨落。庐山会议上的三个主要当事人的恩恩怨怨，终于结束在多事的1976年的秋天，不免令我这个浦东人扼腕唏嘘。

1962年6月1日，张闻天来了又走了，没有温暖一下家乡的老屋，只留下那永恒的怅惘在我的心头。读小学时我就能背诵毛泽东的《七律·到韶山》，“别梦依稀咒逝川，故园三十二年前，红旗卷起农奴戟，黑手高悬霸主鞭。为有牺牲多壮志，敢教日月换新天，喜看稻菽千重浪，遍地英雄下夕烟。”张闻天没有像毛泽东那样挥写回故乡的诗篇雄文，尽管二十年代初，张闻天在上海、江浙地区已经是颇具文名的新文学家了；尽管在家乡读小学时，已经被同学们称作“小文学家”。

家乡同学顾燕荪在《忆少年同学张闻天》诗中写道：

自幼生于朱家门，曾经学问南沙城。钻研国学群英冠，品德高超理想纯。接爱家君勤教导，黉庠一片赞扬声。先贤久与同窗砚，感荷潜移默化深。平生依依赠语真，英姿勃勃赴前程。青春抱负凌云志，君读工程我学文。五四雷声惊宇宙，狂飙锐气震乾坤。宣传爱国苍生悟，白话维新倡导人。

此时无声胜有声，一切尽在怅望中，让我们走进痛苦无言的怅惘，看一看张闻天炽热的内心世界吧！

又一次将与张闻天故居挥别。翻开留言簿，升起的是一阵激动，信笔由缰写上：“学习张闻天，敢于说真话。”署名一个浦东人。毫无疑问，这就是张闻天留给浦东人最宝贵的精神财富，是张闻天的书生意气、人格魅力。

1999 年 3 月

遵义大写浦东人

> 唇枪舌剑的辩论和劣质烟燃出的烟雾弥漫于一室。
> 针锋相对，痛心疾首，中国革命最高
> 精英们的雄才大略、人格魅力在斗室中碰击
> 出一束束火花。

2005 年 9 月 25 日，一位从上海出发的浦东人进入遵义城，寻访另一位浦东人——伟大的无产阶级革命家张闻天的足迹。那日天空没有阳光，铅色的云层笼罩在头顶。

遵义会址已经修缮一新，连四周两层的民居也随之旧貌换新颜，太多地改变了原来的格局——底层开着一家家的商铺，吆喝着以吸引过往的游人。听讲解员介绍，去年为迎接遵义会议召开 70 周年，会址进行了大规模的维修和增加设施。在修葺后的崭新中，我努力寻找着历史的沧桑斑驳、风起云涌，追索着苍茫岁月的点滴痕迹。

知道遵义，知道中国革命的转折点，还是背着书包上小学堂的学童时。后来渐渐知道遵义会议上竟然有位浦东人，于是更增添了向往之心。四十多年后，当我站在遵义会议会址，感觉实现了一个多年的人生愿望。

走过周恩来卧室，走过李德、博古的房间，脚步停留在那间中国革命史上最著名的会议室前。1935 年的 1 月，中国共产党的命运、中国工农红军的命运，乃至一个个中国共产党人的命运在遵义面临着生死存

亡的威胁和抉择。前有阻击,后有追兵,中国革命之路险象环生!

是年1月15日至17日,中国共产党的一次政治局扩大会议在这里召开。命运前途、战略方向、指挥权力在小小的斗室里高度凝聚急剧交锋。唇枪舌剑的激辩,劣质烟燃出的烟雾弥漫于一室。1月初的遵义,天气阴冷阴冷。火盆里暗红的木炭,发出的光竟是那样微弱。慷慨陈词、针锋相对,痛心疾首,沉思沮丧,中国革命最高精英们的雄才大略、人格魅力在斗室中撞击出一束束耀眼的火花。在博古作总报告和周恩来作副报告之后,浦东人张闻天挺身而出作了反对中央领导单纯防御军事路线的报告。这个报告史称“反报告”。“反报告”为遵义会议彻底否定单纯的防御军事路线定下了基调。

无须再多说遵义会议在中国革命史上的作用,无须再多说张闻天的历史功绩,然而却不能不说张闻天后来在回忆遵义会议时对自己的评价:这个会议的功绩,当然属于毛泽东同志,我个人不过是一个配角而已。

第一个站出来批判李德、博古错误军事路线的人是配角?整个瞻仰会址的两个多小时中我不断地问自己。望着空空的十余把椅子和长方形会议桌,欲说还乱!唯有感叹:物是人非,伟人安在?

在遵义会议召开期间,毛泽东和张闻天、王稼祥三人住在离会址一公里外的一幢小楼内。其实早在长征一开始他们三人因为有病而在一起,这种特定环境,给三人提供了经常在一起交流时局的机会。话题自然地集中在不能打破敌人的第五次围剿的主要原因上面。在贵州黄平的一片茂密的橘林里,王问张,红军的最后目标,中央定在什么地方。张说没有一个确定目标。又说,这仗这样打看来不行,还是要毛泽东同志出来,毛泽东同志打仗有办法,比我们有办法。美国记者哈里森·索尔兹伯里曾将中央队“三人团”自长征出发后直到遵义会议取得的胜利,幽默地称之为“担架上的阴谋”。(哈里森·索尔兹伯里著《长征前所未闻的故事》)毛泽东如果在世他是否会同意美国人的“阴谋说”?

我想,他大概会说"我们搞的是阳谋"。

张闻天在回顾这一历史时说,长征出发后,"他(毛泽东)要我同他和王稼祥住在一起,这样就形成了以毛泽东同志为首的反对李德、博古领导的'中央队'三人团,给遵义会议的伟大胜利打下了基础"(当代中国出版社《张闻天传》,第 197、198 页)。

遵义是毛、张、王的舞台。遵义是中国革命的转折点,也是毛泽东个人政治生命登上高峰的开始。毛没有为井冈山、延安题词,独独为遵义书写了"遵义会议会址",可见遵义在毛心中的地位。

1945 年 10 月6 日,在延安召开的中共"七大"会议期间的一次关于选举问题的讲话中,毛泽东说:"遵义会议是一个关键,对中国革命的影响非常之大。但是大家要知道,如果没有洛甫、王稼祥两个同志从第三次'左倾'路线分化出来,就不可能开好遵义会议。同志们把好的账放在我的名下,但绝不能忘记他们两个人。"

毛泽东还记着张闻天的功劳,然而张闻天的政治地位却不如他的思想那样灿烂辉煌。在二十四年后的一次重要会议上,张闻天蒙难庐山,远离政治。1976 年 7 月 1 日,张闻天在无锡的一条小巷中去世,终年七十六岁。那年离遵义会议召开已有 41 年。张闻天去世的那日正巧是中国共产党诞生 55 周年的纪念日。是巧合,还是他生命的最后呼喊:对党忠心日月可鉴。

"我个人不过是一个配角而已。"离开遵义时,我还在为浦东先辈的这句话百感交集。

遵义、庐山,两个会议覆盖了张闻天的一生!

遵义,大写着张闻天的人格。

遵义,因为有了张闻天而更加意义深远而凝重!

2005 年 10 月初稿,2016 年 7 月修改

最后岁月在无锡

我是早就从事文学活动的，
但直到 1927 年秋才开始创作，而且是中篇，
但闻天同志则写长篇，并且比我
早了三年。我自叹不如。

——茅盾

当西伯利亚的寒流在 2018 年末第一次跃过长江浪尖南下之时，我从浦东出发，坐上由上海虹桥驶出的高速列车呼啸北上，前往无锡拜谒张闻天旧居。感谢现代交通的快捷，四十多分钟后，已经顺利抵达无锡火车站，紧接着换乘无锡地铁一号线，不到十分钟在三阳广场站下了车。

今冬第一场雪后的无锡，寒冷阴沉。天空飘着江南特有的冬雨。撑着雨伞，沿着中山路向南，踏上学前街，抬头远望，红灰色的“顾毓琇故居”“钱钟书故居”“薛福成故居”的指示牌悬置在前方。“怎么没有张闻天旧居的指示牌?”心中冒出嘀咕。问讯路口交通管理员，回答：没有听说过张闻天旧居。又前进一段，遇上两位城管小叔，问之亦不知所踪。作为家乡人，不免些许失落，一如心头飘起阴冷的雨丝。

雨下个不停，湿了鞋子湿了裤脚。多亏出发时上网查过，大致能判断出位于汤巷 45 号张闻天旧居的方位，不过还是很难找。来来往往寻觅了几回，终于走上通往 45 号的小巷里。跨过脚下一潭又一潭积水，

那幢从有关阅读中想象出轮廓的二层小楼真实地出现在居民区里。

走进旧居围墙大门，楼前安放着张闻天半身汉白玉塑像。站立塑像前，久久地静默、深深地鞠躬，聊表一位普通人对家乡人杰的无限敬仰。

进入小楼，踏上木质楼梯，脚下发出咚咚声响。旧居楼上一间是管理办公室，另外一间是保持原貌的张闻天生前的卧室兼书房，其除两间辟为生平事迹展览室。

张闻天的人生浓缩在这两间小小的展室中。从文学青年到无产阶级革命家，张闻天的一生跌宕起伏。民主革命年代，远赴苏联莫斯科，南下革命根据地瑞金；跋涉万里长征，出席遵义会议，到达陕北住进延安窑洞，北上东北牡丹江畔。新中国成立后，出使苏联，蒙难庐山。1969 年奉令迁出北京，幽居岭南肇庆。1975 年 8 月 25 日，几经周折告别广东，携夫人刘英前往无锡。

在离粤赴锡的列车上，张闻天的心情既复杂又兴奋，毕竟是多么熟悉的江南，毕竟是距离家乡咫尺的无锡。当列车驶入杭嘉湖地区，张闻天几番起身远眺车外。人在旅途，又怎能不想起 1924 年他创作的那部长篇小说《旅途》。《旅途》中对于无锡这座中国著名的民族工业城市的风物人情，有着这样的描绘：

> “他们（主人翁王钧凯和蕴青等五人）到了无锡，就在公园里玩了半天。那时的天气异常暖和。柔和的风如醇酒一般醉着游客。桃花的红色辉映在绿叶间，木香花的香气布满于大气。”“他们在池塘的四周慢慢走着。蕴青有时要哼一支歌，云青有时要拾起地上的落花玩。钧凯只对他们望着发出微笑。他们相互间的话很少。这不是因为没有话讲，实在因为天上飞翔的白云，林间颤抖着的树叶与红晕着面颊的蔷薇花花瓣，已经完全替代他们把心中的情绪申诉出来了。隔日他们又玩了梅园和惠山。”

1924年的张闻天，在上海、江浙地区已经是颇具文名的新文学家了。中国著名作家茅盾在1980年《旅途》再版的序言中写道："我是早就从事文学活动的，但直到1927年秋才开始创作，而且是中篇，但闻天同志则写长篇，并且比我早了三年。我自叹不如。"他还曾经评价说："假如闻天同志不是因为后来走上职业革命家的道路，全身心投入了革命斗争的烈火，他很可能在中国新文学运动的历史上占有一席之地，充分发挥出他在文学上的才华。"读着茅盾的评价，在不缺革命家的中国，你是否为中国现代文学园地少了一位伟大的文学家而感慨。

1975年9月1日，张闻天夫妇住进了汤巷小区45号。汤巷的日子相比在肇庆平静而温馨了许多。女儿维英、引娣来了，侄儿昌麟、外甥马文奇也从上海赶来探望。马文奇还带来了为张闻天誊写好的《论我国无产阶级专政下有关阶级和阶级斗争的一些问题》一文。此时维英已逾五十，她向父亲诉说生活的艰难：为了维持生计，隐瞒年龄在上海羽绒厂做临时工。张闻天听后说，"革命者的后代应该像人民一样地生活。"

革命生涯的艰苦，政治斗争的漩涡，使张闻天的健康每况愈下。1975年11月初，张闻天病倒了。医生诊断患冠状动脉粥样硬化心脏病，引发心绞痛，生命垂危。经过20多天抢救，算是转危为安。翌年四月初，张闻天在医务人员陪伴下游览了太湖。站在长春桥头，面对湖光山色，他深情地说，"世界上都知道有个日内瓦，无锡的自然条件不比日内瓦差啊！"

然而在1976年的4月，美丽平和的太湖已经盛不下中国政治的惊涛。天安门广场悼念周总理的活动，压在张闻天心头，病情也似早春的气候起伏不定，危情常出。一天，他对刘英说："我不行了，别的倒没有什么，只是这十几年没能为党工作，深感遗憾。我死后替我把补发给我的工资和解冻的存款全部交给党，作为我的最后一次党费。"他还要求刘英写下来念给他听："二人生前商定，二人的存款，死后交给党，作为二人最后所交党费。张、刘，1976年4月。"张闻天听后，满意地点头微笑。

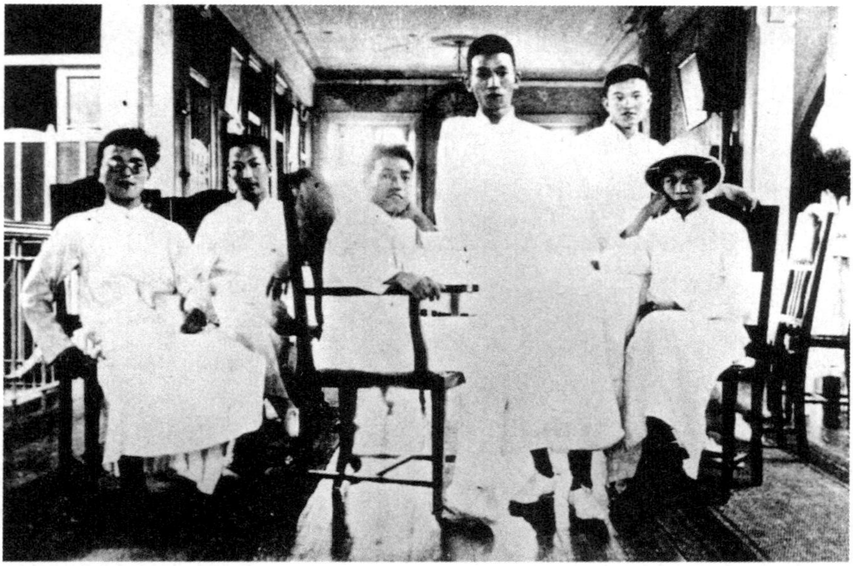

1920 年 5 月，张闻天等送宗白华赴德国留学合影。右起宗白华、张闻天、郁达夫、沈泽民、江馥泉、张健尔。

无锡张闻天旧居

1976年7月1日下午7时30分,张闻天的人生旅途在无锡止步。他在此只生活了311天。两天后,有关方面决定:不开追悼会,骨灰存放无锡。刘英在献给张闻天的花圈上,也只能写上:“献给老张同志。”7月13日,南京《新华日报》第三版右下角刊出:“中国社会科学院哲学社会科学部经济研究所特约研究员张闻天同志,因长期患心脏病,医治无效,于一九七六年七月一日在江苏无锡病故。张闻天同志一九二五年加入中国共产党。终年七十六岁。”

流连旧居狭小的展室,再次默念42年前《新华日报》的消息,窗外依然是无锡的绵绵烟雨。

走出旧居,经过小巷出口,不经意间在小巷转角处发现一方不起眼的绿色指示牌钉在墙上,上面有着“张闻天旧居”几个字,字下方是一个白色的指示箭头。小小的指示牌还被一根竖着的管道遮挡着。

出了汤巷小区,走在无锡的风雨中。当我又从那些高悬的红灰色指示牌下走过时,想到了1977年5月3日,距离张闻天平反昭雪还有2年零3个月。此日,中共中央办公厅特别会计室开具的那张特别的收据上面写着:“刘英同志交来张闻天同志的特别党费。存款两存单,其中0346452存单贰万元,0423288号存单贰万元,共计肆万元正,经汪东兴同志批示交中办特(别)会(计)室。”再次想到女儿维英对父亲诉说的艰辛,想到“委屈与不公”“操守与品格”,以及“真正的无产阶级革命家”,别有一番滋味在心头。

时间不早了,我要乘车返回,回到我的家,回到张闻天的故乡。再见无锡!我会再来,希望那是一个阳光灿烂,春暖花开的日子!

伟大的无产阶级革命家张闻天逝世于1976年7月1日——中国共产党成立55周年纪念日,地点无锡。

2018年12月19日

主要参考资料:

程中原著《张闻天传》,当代中国出版社,1993 年。

上海市川沙县县志编修委员会编《川沙县志》,上海人民出版社,1990 年。

是非功罪张阿六

爆炸日寇大场机场、浦江油船；
当过川沙县长，救过美军飞行员；
与新四军合作，也杀过新四军。

张阿六，大名张惠芳，1905 年出生在川沙顾路乡一个贫苦农民家中。幼年父母早亡。6 岁时，过继给舅父龚金荣。龚金荣好吃懒做，嗜赌成性，把家产输得精光。舅父龚金荣死后，张阿六生活失去依靠，一度以讨饭、偷窃为生。14 岁那年，随叔父去上海一家营造厂学做泥水匠。满师后依靠泥水匠手艺养家糊口。后与人合伙贩卖私盐。不料没干多久，被抓入狱。一年多后出狱，张重操旧业，并且与一帮海匪勾结，在五好沟开设盐务公司，大量贩运私盐。

1937 年，中日淞沪战役后，国民党军队撤离浦东。一时间浦东川沙地区兵荒马乱，盗贼四起。张阿六见有机可乘，打起抗日旗号，纠集五六十人组织起别动队，自任大队长。1938 年 5 月，日军入侵川沙，几支别动队顿时溃败。张阿六抓住机会，收编其残部，扩充了自己的实力，自封为“奉南川三县总司令”。同年，张阿六拜青帮“通”字辈头目黄兆信、蒋福田为老头子，并由蒋福田举荐，与国民党第三战区司令顾祝同接上关系。顾祝同就此收编张阿六所部，给予武器弹药扩充实力，并且改编为“江浙边区民众自卫队”，后改称“江苏省海上游击队”，委任张为司令。1939 年秋，国民党军统组织将张阿六所部改编为“忠义救国军独立第一支队”，不久改称“忠义救国军海上游击支队”，任命张为司令。从此，张所部成为国民党军统外围抗日武装组织。

自从张阿六部队为国民党收编，并进行改造后，战斗力有所增强，发动了对日军的多次袭击。

抗日战争期间，日军在上海大场修建了军用机场。每天从这里起飞的日军飞机给中国军民造成无数的死难。如果在日军的后方偷袭大场机场，必将大灭日本侵略者威风，长中国军民志气。张阿六与手下商量后，作出了偷袭爆破大场机场的决定。1943 年春末，张阿六与爆破组组长葛绍基制订了偷袭大场机场的行动计划，并且电告重庆军统局局长戴笠，要求提供高性能炸药。戴笠接电后当即派出爆破专家，克服重重困难来到上海。张阿六吩咐葛绍基组成爆破行动队，由重庆专家任教官，对爆破行动队进行了为期 3 个月的爆破专业训练。其间，葛绍基装扮成打杂的民工混入大场机场，侦察机场内部地形、设施及岗哨活动等情况。11 月 2 日深夜，葛绍基率领由 14 人组成的爆破队，携带炸药悄无声息地潜入大场机场。一入机场，爆破队员快速接近停机坪，把炸药固定在飞机的要害部位后立即撤离。只听见身后接连几声巨响，大场机场火光冲天。事后得知，张部此次行动一举炸毁日机 4 架。

1944 年 8 月 27 日深夜，张阿六又指示葛绍基率领一支 12 人的爆破队，潜入丁家桥（今月浦）王浜机场实施爆破，炸毁飞机 1 架、汽车 4 辆。除了偷袭机场爆破飞机外，张阿六部队还对日军的战略物资实施破坏。最为壮烈的行动要数在黄浦江上爆炸日军装载油料的运输船，成为当时上海滩争相传说的一大新闻。

那天夜里，张阿六所部爆破手刚要攀登上敌人油船，不料就被警觉的日军哨兵发现。眼看日军哨兵冲杀过来，爆破手毫不犹豫地拉出随身炸药包的导火索，奋不顾身跳上汽油船，与油船同归于尽。一时间，黄浦江上火光满天，江水映红，爆声起伏。

1945 年美军派出空军援助中国抗日战争。每当美机遭到日军炮击时，张阿六就会下令手下全力以赴，营救机毁后跳伞的美军飞行员。4月2日，美军飞虎队飞行员斯诺克姆奉命轰炸日军上海江湾机场。轰炸中，斯诺克姆的飞机不幸被日军炮火击中。斯诺克姆驾驶着受伤的飞机飞越黄浦江，最后坠落在浦东高桥南部地区。张阿六所部凌关根和黄明初发现美机失事，急忙赶赴现场，找到了跳伞受伤的斯诺克姆。当时斯诺克姆驾驶的飞机坠毁时，将一间民房撞毁，一名老妇被烧得面目全非。起初，日军以为美军飞行员已被烧死。后来发现死者不是美国飞行员，于是展开大搜捕，追查美军飞行员下落。张阿六所部凌关根等人保护着美军飞行员与日军周旋。为了躲避敌人的搜查，一天内常常要转移好几次。有许多次几乎陷入无处可躲的险境。经过40多天的周折，张阿六所部终于安全地将美军飞行员送至目的地舟山，由美军派飞机接走。仅1945年春夏，张阿六所部就先后营救了多名美军飞行员。为此，他受到美军嘉奖，美国政府还授予其将级勋章。1981年，被救的飞行员斯诺克姆在报上发表文章，回忆在中国被救之事。张阿六见文后，与斯诺克姆见了面。后来美国退伍军人组织颁发给张阿六一枚纪念章，表彰他给予美军的帮助，并且获得允许在美国居住的绿卡。

抗日战争八年中，张阿六与新四军部队既有合作又有摩擦。当苏北新四军派人到上海采购军用物资时，多次得到他的帮助，使运往苏北的货物能顺利出海，安全运抵苏北根据地。但是他也曾经杀害过新四军的物资采购人员。从1937年10月至1945年8月，张阿六担任民国政府川沙县地下县长达近8年。1945年9月，张又任抗战胜利后第一任川沙县县长，并将办事机构从顾路迁至川沙，接收了日伪川沙县政府机构。1945年11月，国民党江苏省政府公布县政府组织法，实施县政府改组。年底，张卸任川沙县县长之职。

1946年，张阿六所部改编为交警十八纵队，张任纵队少将副队长，活动于沪宁线上，与共产党为敌。1950年逃亡台湾。在台湾，张阿六曾经担任国民党澎湖舰队中将司令，后移居美国。1989年回乡探亲，表示愿为两岸统一做一些力所能及工作。1990 年,张阿六病逝于美国,享年 85 岁。

对于张阿六,在川沙民间有着许多的传说,这似乎也不奇怪,完全符合他的多样人生——当过土匪、县长、国民党军队中将,是抗日勇士、是孝子,也和共产党新四军合作过,但是也杀害过新四军、共产党。

一次在偷袭顾路镇日军据点的战斗中,有几个部下牺牲了。此后,张阿六每次路过这几个部下的坟地时,不管多忙,都要停下来三鞠躬,以示哀悼和抗击日寇的决心。1953 年,张阿六只身一人搭乘渔船,从海边进入川沙顾路地区,上岸后化装成收破烂的小贩,在光天化日之下将自己的母亲接到台湾。

1989 年,回乡探亲时,张阿六来到顾路中学(原名惠民中学,由张阿六初创)校长室。校长为他泡了一杯茶,他却说喜欢喝白开水。当他接过校长手中的白开水喝了一口后说:“甜,甜,甜!这是家乡水,喝在嘴里是甜的。”他把杯子递给与他同来的儿子,让他也喝一口。此时此刻,张阿六十分感慨地说:“但愿两岸尽快统一起来,到那时就能经常喝到家乡水啦。”

2017 年 6 月

杜家祠堂落成典礼

八十八年过去，世事沧桑，
时代变迁，然而1931年6月，
上海滩杜祠典礼之盛况，可谓
前无古人，后无来者。

1930年春，上海滩三大亨之一杜月笙在家乡（今高东镇陈家墩）破土动工兴建杜家祠堂。第二年5月落成。祠堂占地50亩，整个建筑为五开间三进，第三进为正厅，第二进为供奉杜氏列祖列宗牌位之所。大门两旁雄踞一对高1.7米的石狮子。坊间流传，为了彰显家世显赫，杜月笙特聘国学大师章太炎为其撰写碑文。章太炎尽管满腹经纶，融会古今，但是翻遍杜氏家谱，也只能在他祖辈中找到一位穷秀才，地位实在太低。章大师只能杜撰了一份家世，将杜月笙说成是西晋将领杜预的后代交了差，同时题书匾额"武库世家"挂于祠堂正中。

1931年6月初，杜祠落成典礼举行，一时惊动朝野，成为上海滩最大新闻，大小报纸连篇累牍争相报道。政界要人、社会名流和租界内外国官商，纷纷前往祝贺。蒋介石除以总司令名义，除送杜氏"孝思不匮"匾额外，还以"主席"的名义赠一幅祝词，并派杨虎为代表，到场宣读。国民党元老于右任亲书"源远流长"匾额相赠。张学良与吴佩孚则分别向杜氏送上"见义勇为""武威世承"匾额，段祺瑞和当时的十三世班禅等也不甘落后，向杜月笙赠送了祝贺匾额。就连远在边陲的新疆主席金树仁也赶来参加，可想而知，参加杜家祠堂祝贺者所涉及的面有多广，影响有多远。在外国人中，有法租界总领事、领事，法巡捕房总巡，以及日本总领事、驻沪日军司令官等。

筹备和主持杜祠落成典礼的有总务主任虞洽卿、黄金荣，剧务主任张啸林，卫生主任王晓籁、王培元、庞京周，文书主任杨哲子、汤斐予，筵席主任俞叶封，招待主任袁履登，会计主任杨渔生，朱步青，庶务主任张延龄、沈荣生，陈设主任金廷荪，警卫主任王彬彦、江倬云，共计各主任手下办事人员就有数百人。

1931 年 6 月 10 日上海报载：9 日上午 7 时起，法租界嵩山路、华格臬路一带，到处是各种前往高桥杜家祠堂出席典礼的仪仗队。队伍中旗帜飘扬，各类招牌林立。9 时，6 支仪仗队从杜公馆出发，向南后经李梅路转至恺自迩路（今金陵中路）东行，至公馆马路（今金陵东路）转南行至老西门，再经小东门走上金利源码头，然后乘上早早预备的十几艘汽轮直驶高桥。仪仗队伍长达数里，其中有法租界巡捕房人员，公共租界英籍马队巡捕，法租界的法捕、华捕、越捕及工部局军乐队。上海警

杜家祠堂

杜家祠堂落成典礼上搭建的彩牌楼

备司令部乐队、上海公安局乐队,各慈善团体和驻沪海军乐队也参与其中。前往高桥杜家的仪仗队伍,在上海滩足足行走了三个多小时,所经路段,交通阻断。汽车首尾相连,爆竹声震耳欲聋。沿途两旁观看热闹者胜不胜数。以往中国武装部队、军警人员是不允许通过租界的,那天却能整队全副武装、鱼贯而过,实为破例,足见杜月笙在上海滩的势力和面子。这等规模,这等闹猛,为上海开埠百年来,连见多识广的上海人都没看见过。

轮船在高桥天灯口码头靠岸后,前去杜祠的客人由汽车和人力车相接。杜月笙准备了 15 辆轿车和 150 辆人力车接客,然而还是车少人多,场面一时混乱,有人被汽车撞上,送进了医院。有报载:"车辆不敷分配,致使很多宾客徒步来往于杜祠与高桥间,贵宾眷属,亦多尝此况味。"这令杜月笙头痛不已,不由自叹:"我见过很多大场面,从来没有碰见过这样难摆平的事体。"确实杜月笙为这次典礼已经提前做足了准备。从高桥大同路通往杜祠原是曲曲折折的乡间小道,杜月笙为了这次典礼,修筑了从大同路到杜祠、长约 2 500 米的弹石路。后来这条道路命名为杜高路，也算是杜氏顺便做了一件造福乡梓的好事。

典礼举行期间，杜祠门前耸立五层楼高彩色牌楼。祠堂四周，搭盖起 100 多间棚舍，里面可以设宴 200 余席。因为来宾超过一万人，宴席分成数次开席。用于应酬的上乘烟膏达八千两。据说，3 天之中共耗费银两 60 万。

杜家祠堂入祠典礼持续三天。三天中，在杜祠日夜开演 6 台堂会戏，节目全部为京剧。1930 年代，正是京剧黄金时代。"四大名旦"以及老生各个流派的创始人和代表人如马连良、谭富英、言菊朋等都被邀请前来助兴，加上上海的名演员和名票友，3 天 6 台戏，几乎全是"人间难得几回闻，好戏尽在杜家祠"。

世上很少有十全十美之事。遗憾的是这次杜祠堂会京剧老生的代表人物余叔岩没有来。别人不到犹可，此人万不可缺。据传，杜曾一再派人前往恳请，向余叔岩晓以利害，出以重金。但余叔岩有他的特别脾气，他说过不来就无论如何也不肯来了。权势和财富并不能吓倒或打动他，他甚至表示这次得罪了杜月笙，以后不到上海这个码头来演出罢了。于是杜月笙虽然非常恼火，却也无可奈何。余叔岩也真如其言，直至 1943 年病逝于北平，12 年间足迹从未跨出平津两地，也没有南下上海之行。后来听人说，余这次不应杜氏之邀，主要是嗓子失声而未能成行。

有关这三天的堂会戏，当时上海《申报》曾发表 9 日堂会戏目如下：天蟾全班合演《天官赐福》，徐碧云、言菊明《金榜乐》，荀慧生、马富禄、金仲仁《鸿鸾禧》，雪艳琴《百花亭》，张藻辰、尚小云《汾河湾》，华慧麟、萧长华、马富禄《打花鼓》，李吉瑞《落马湖》，程砚秋、王少楼《芦花河》，梅兰芳、杨小楼、马连良、高庆奎、谭小培、谭富英、龚云甫、金少山、萧长华、姜妙香、曹毛包《龙凤呈祥》；6 月 10 日堂会戏目大致如下：全班合演《富贵长春》，袁履登、王得天《八百八年》，孙化成《群臣宴》，王庾生、小杨月楼《庆顶珠》，刘宗杨《安天会》，张藻辰、金仲仁《状元谱》，郑永泉《智取北湖州》，芝瑛夫人、高庆奎、张春彦、姜妙香《玉堂春》，李万春、蓝月春《两将军》，程砚秋、贯大元《烛影记》，李吉瑞、小桂元、苗胜春《独木关》，杨小楼、雪艳琴、高庆奎、雪艳舫、刘奎官、刘砚亭、蒋宝印《长坂坡》，梅兰芳、程砚秋、荀慧生、尚小云、马连良、雪艳琴、龚云甫、徐碧云、芙蓉草、王芸芳、谭小培、谭富英、言菊朋、麒麟童、贯大元《红鬃烈马》，等等；6月11日堂会戏目如下：杨鼐侬、金碧玉、彭春珊《满堂全红》，小杨月楼、小奎官《岳家庄》，言菊朋《琼林宴》，荀慧生、麒麟童、刘奎官、曹毛包《战宛城》，马连良、金少山《战荥阳》，高庆奎《取帅印》，徐碧云《花木兰》，尚小云、龚云甫、贯大元《马蹄金》，刘宗杨《挑滑车》，梅兰芳、谭小培、金少山《二进宫》，李万春、蓝月春《夜奔》，雪艳琴、姜妙香、雪艳舫《弓砚缘》，李吉瑞《卧虎沟》，程砚秋、谭富英、王少楼《忠义节》，杨小楼，马连良、刘砚亭《八大锤》，梅兰芳、程砚秋、荀慧生、尚小云、高庆奎、金少山《五花洞》，麟麟童、王英武、赵如泉、刘汉臣、金素琴、刘奎官《庆贺黄马褂》。总之三天的堂会戏近乎使整个中国京剧界名家汇聚一堂、各种流派唱腔纷呈，达到了“前无古人，后无来者”的程度。

在堂会戏的演出场中，还发生了上海三大亨之一张啸林白吃耳光的插曲。每次演出，前排座位中总是保留着部分贵宾席，以供来宾中的少数军政要人、豪绅巨贾、社会名流、外国领事、洋行大班等中外头面人物就座。不料有一个身穿国民党军装、卖相并不神气活现的来宾，大模大样地坐在贵宾席上。恰巧被张啸林看到。张认为一个普通官兵哪配占此佳座，便走过去叫他滚开。此时张啸林态度蛮横，开口伤人，让对方不能容忍，顿时火冒三丈，抬起手来给张啸林就是一记响亮耳光。在上海滩，平时谁也不敢碰的“张老板”，如今竟然在大庭广众之下如此吃亏威风扫地，岂肯善罢甘休。正等他指挥手下大打出手之时，杜月笙闻讯赶来。一看之后，顿觉大事不好，赶忙向面红耳赤、怒气冲天的张啸林打招呼，连连劝阻让他走开，然后又向对方赔礼道歉，请他就座看戏。一场风波，总算就此平息。原来这位貌不惊人的来宾，是张学良派来的代表。想当年，张学良的权势可仅次于蒋介石。张学良的代表自然有资格坐贵宾席看戏，所以张啸林这记耳光是完全白吃了。之后为了照顾张啸林的面子，杜月笙再三告知知情者此事不许张扬出去，但是因为来宾众多，不免人多嘴杂，结果很快在上海滩传得沸沸扬扬、添油加醋、绘声绘色。平民百姓听了好像有人代他们出了口气似的，还暗暗称快。

盛筵总会结束，然而一个毋庸置疑的事实是通过这次杜家祠落成典礼，杜月笙的名声，权势已经远远超越上海滩走向全国，成为中国正统当权者以外最具权势，最有魔力的人物之一。

2010 年 3 月

主要参考资料：

上海市川沙县县志编修委员会编《川沙县志》，上海人民出版社，1990 年。

《川沙县文化志》修编组、王乐德主编《川沙县文化志》，上海人民出版社，1989 年。

1931 年《申报》等。

壮士断腕局改企

岁月如梭，一晃27年过去。今日走
在川沙镇的大街小巷，如果你还想
寻觅八家公司踪迹，给你的除了惋惜，
便是壮士断腕一去不返的悲壮。

1992年的川沙县面临着撤县建立浦东新区的严峻局面。

在中共川沙县委、县政府组织领导下，在县工业局、物资局、乡镇工业局、交通运输局、畜牧水产局、房管局、粮食局和农业局相继实施由行政性体制改为实体经营性公司的改革，从而客观上为撤县建区、行政机关干部分流做出了贡献。

一

八个企业主管局体制转换，围绕“撤局建公司，干部实行聘任制，两级法人一头包，人员分流两不变”的基本思路进行。在撤局建公司刚开始时，考虑到当时正处于体制过渡阶段，企业主管局仍承担着不同程度的行政管理职能，因此暂时保留原企业主管局牌子和印章，实行对外两块牌子（局与公司并存），对内一套班子（公司领导班子和局领导班子合而为一）。1993年初，浦东新区管理委员会成立后，八个企业局彻底转为独立的经营性实体公司。

在人员安排上。采取“老人老办法、新人新办法”，即原机关人员在转为企业公司实体后，仍保持机关工作人员待遇，退休仍按机关待遇处理，新进人员则按企业待遇，以稳定机关人员人心，减少改革阻力。

在经营项目范围上。各企业主管局建立实体性公司后，突破原有行业和区域界限，实行全方位经营发展。例如农业局不仅搞农业服务，还向工业、商业服务业发展；物资局向房产业、拍卖业及燃料油贸易、外贸等方面发展；粮食局除坚持粮油贸易购销外，还向商业服务业、工业方面转化。

在机构设置及人员配备上。撤局建公司后，各公司不再强求上下对口，而是以提高经济效益为中心，以搞好服务为目的，从实际需要出发，设立机构，配置人员。粮食局、物资局内部机构设置只设五六个部门，机关人员也大幅度精简。粮食局原有机关人员 80 多人，转公司后只有 30 人左右。农业局控制在 25 人左右。房管局原有的房产经营公司合并为实体公司，将 200 人（局机关与原房产经营公司人员合计）精简到 40 人左右。畜牧局则减少管理层次，从原来的局—公司—分公司—站四级管理，改为公司—分公司—站三级管理。

二

上海川沙工业总公司

1992 年 5 月 8 日，上海市川沙县工业局实行转换体制，在川沙镇新川路 293 号（川沙县工业局办公地址）成立上海川沙工业总公司。公司董事长杨树功，副董事长张文龙、吴庭元、孙德福、曹关祥。公司注册资本 1.5 亿元，下有企业 49 户和 1 所技工学校，分布于洋泾、塘桥、杨思、高桥、高行、北蔡、张江等地，职工 1.08 万人，固定资产原值 1.31 亿元，

川沙工贸总公司成立

自有流动资金 5 301 万元。1992 年工业总产值 48 785.2 万元，销售产值 46 207.5 万元，实现利润 1 939 万元。

上海川沙工贸总公司

1992 年 6 月 18 日，上海市川沙县乡镇工业局实行转换体制，在新川路 492 号（原川沙县乡镇工业局办公地址）成立上海川沙工贸总公司。公司注册资本 2 000 万元，实行董事会领导下的总经理负责制。公司董事长兼总经理顾廷平，副董事长兼副总经理蔡鸣岐、马汉鸿、倪丹石。内部机构按照精简、高效原则，由原来 12 个科室精简为 4 部 1 室，即乡镇工业管理部、经营贸易开发部、人事组织部、财务管理部和办公室。

上海金厦房地产实业总公司

1992 年 6 月 25 日，上海市川沙县房产管理局经川府（92）124 号文批准转换体制，在川沙镇益民路20号（川沙县房产管理局办公地址）成立上海金厦房地产实业总公司，注册资本2 000万元。公司总经理曹桂根，副总经理翟关鑫、富炎昌、叶玉山、高幸奇、黄晋德、王林福，内设总会计师室、办公室、招投标办公室、事务部、人事部、经济发展部、计划部、工程技术部、经营部、财务部、乡镇开发部、建材部、行政管理部。公司下有7个子公司和57个分公司。公司主营房地产、基地开发、建筑构配件生产、动拆迁有偿服务、房产物业管理、灭蚊绿化。至年末，公司征地133公顷，在高桥、张桥、金桥等地投资建设商品房。

川沙农工商总公司

1992年7月8日，上海市川沙县农业局实行转换体制，在新川路280号（川沙县农业局办公地址）成立上海川沙农工商总公司。公司注册资本2 000万元，董事长卫友根、总经理孙童，内设开发经营部、综合管理部、人事劳资部、生产信息部、财务部和办公室，管理人员由44人精简为33人。所属基层事业单位分别成立“浦新工贸”“浦新石油化工”“三友”“方圆”4个实业公司和1家石油化工总厂。1992年，总公司实现工商服务经营收入8 229.72万元，其中工业产值5 310万元，商业服务收入2 919.72万元。

上海川沙物资总公司

1992年7月16日，上海市川沙县物资局实行转换体制，在川沙路与南桥路口（川沙县物资局办公地址）成立上海川沙物资总公司。公司注册资本2 170万元，董事长顾锡余，副董事长兼总经理马俊，副总经理张大志、杜火泉、李国弟。总公司下属有金属、木材、机电、化轻、建材、生产资料、物资贸易中心7个分公司和62个经营网点。公司职工801人，固定资产1 624.53万元。总公司成立后，除经营生产资料外，还经营房地产、汽车维修、拍卖、租赁、包装装潢、农副产品等第三产业。

上海浦东粮油总公司

1992年7月18日，上海市川沙县粮食局转换体制，在川沙镇石皮路20号(川沙县粮食局办公地址)成立上海浦东粮油总公司。公司注册资本3 422万元,董事长戴兴龙,副董事长杨林兴,总经理韩光复,副总经理徐新培、曾荣喜、顾伟民。公司内设办公室、党委办公室、行政科、企管科、财务科、开发基建科和群团管理科,另有1所职工学校和1个粮油中心化验室;下设10个具有独立法人资格的分公司,分别为上海浦新粮油实业公司、上海振川饲料公司、上海浦东粮油物资仓储公司、上海华良经营公司、上海外高桥粮油贸易公司、上海金桥粮油贸易公司、上海南浦粮油贸易公司、上海申浦粮油贸易公司、上海东浦粮油贸易公司、上海江浦粮油贸易公司。公司除主营粮油及制品、饲料、副食品、其他食品(含烟酒)外,还兼营百货、五金交电、建筑五金、装潢材料、生产资料、仓储冷藏、宾馆等业务。

上海浦东牧工商总公司

1992年8月8日,上海市川沙县畜牧水产局转换体制,在川沙镇川黄路175号(川沙县畜牧水产局办公地址)成立上海浦东牧工商总公司。公司注册资本2 000万元,董事长龚宝龙,副任董事长兼总经理唐林祥,副总经理杨文奎、杨明兴、黄建中、张岳琪。公司经营范围商业贸易、物资供销、养殖种植、仓储、租赁、科技咨询。总公司所属企业有食品公司、水产公司、畜禽公司、上海新联羽绒制品厂、上海益友食品厂、上海大东食品厂、上海川林钢结构制造厂、上海川林有色金属铸造厂、南浦食品分公司、高桥食品分公司等20多家,以及川沙县林场、洋泾苗圃、种畜场、畜牧兽医站、林业站、渔政站等9个事业单位,干部职工3 000多人。1992年,总公司经营总收入3.1亿元,利税2 084万元。

上海川沙交通运输总公司

1992年8月28日,上海市川沙县交通运输局转换体制,在川沙镇石皮路(川沙县交通运输局办公地址)成立上海川沙交通运输总公司。公司注册资本4 000万元,总经理凌永泉,副总经理孙海根、徐页明、冯永高。公司内设总经理办公室、党委办公室、业务经营部、劳动安全科、财务科、总务科、三产办公室。公司职工 40 人，主要经营交通运输、装卸、堆场仓储、船舶修造、金属制品、塑料制品、轻工产品、汽车修理、汽车配件；兼营货运配载、商业饮食、宾馆旅游、房产经营、建材、建筑装潢、五金交电、机电设备等。

三

岁月如梭，一晃 27 年过去。今日走在川沙镇的大街小巷，如果你还想寻觅 8 家公司踪迹，给你的除了惋惜，便是壮士断腕的悲壮。

当年那家最先改企的上海川沙工业总公司的大门口已经挂着上海浦工投资管理有限公司和达尔进修学院的牌子。往事不堪回首！最辉煌时的 1985 年，川沙工业总公司（时为川沙县工业局）利润 2 674 万元。下属企业申川铝型材装潢总厂年利润 710 万元，而该厂职工只有 567 人。试想当时川沙镇上一套 50 多平方米的商品房才不到 2 万元。

走过新川路，经过川黄路，再上川沙路，开张时的鲜花早已凋零，震天的炮竹、迎风的彩旗似乎还在记忆里恍惚。

2019 年 10 月末的一天，临近傍晚，在新川路，巧遇原川沙县工业局的老同事。不免聊起往事，自然说到退休工资。他说现在的退休工资与公务员比差了许多。他还说如果县工业局一直是行政机关，那退休工资比起现在最起码要高许多。话语中透着无奈。

与老同事分手，在新川路 492 号稍作停留。那块川沙工贸总公司的铭牌不见踪迹，唯有其子公司“上海川沙外贸实业有限公司”和“上海东信进出口贸易有限公司”的牌子还钉在 492 号的上方。探问大门口旁上了年纪的门卫，回答“两家公司也早已关门大吉”。

岁月已入深秋，晚风裹着凉意，卷起梧桐树的落叶。新川路上的夕阳已被路边建筑的阴影覆盖。此时此刻，笔者犹如听到了时代的涛声。

27 年前,代表川沙县改革开放的 8 艘航船,起锚行政机关的港湾,驶向经济的大海。遗憾的是或沉没于惊涛骇浪,或冲上沙滩,名存实亡,没有一艘到达胜利的彼岸!

改革需要代价,改革不免牺牲。昔日 8 家公司壮士断腕,由行政转为企业,自绝后路的改革该有何等胆魄和勇气?

一将成名万骨枯。一个伟大公司诞生的背后,一定会有多少默默无闻、或大或小的公司成为伟大的奠基石!

历史注定为胜利者所写,然而作为一名文史工作者,我谨以此文向战败的英雄致以深深的敬意!

2019 年 10 月

主要参考资料:

上海市川沙县县志编修委员会编《川沙县志》,上海人民出版社,1990 年。

上海市川沙县地方志编纂委员会编《川沙年鉴》。

一九九六那一年

牺牲与奉献早已深深扎根在这块滨海的土地上。在滨海四村十队首批村民动迁后的第五天，由江镇卫东村台胞叶进财父子出资 1.3 亿元建造的进才中学在陆家嘴地区竣工开学。

走过滨江大道，走进陆家嘴中心绿地，环视周遭高楼，那个激情燃烧的年代似乎就在昨天。23 年前的 1996 年，往事清晰，依然可追。

1996 年，浦东开发开放进入第六个年头。国内生产总值由 1990 年的 60.24 亿元增加至 1995 年的 414.65 亿元，五年中增长了 5.88 倍。以南浦大桥、杨浦大桥、杨高路、内环线为主的浦东第一轮十大基础设施建设基本完成，城市化形象开始显现，第二轮基础设施建设启动，功能开发提到浦东开发管理者的议事日程上。

上海贝尔独领风骚　八佰伴开业索尼落户

新年伊始。

1 月 4 日，中共中央政治局常委、全国人民代表大会常务委员会委员长乔石视察了位于金桥出口加工区的中国通信设备龙头企业——中外合资上海贝尔电话设备制造有限公司。当听到该公司年产 440 万线，产量占全国 25%，年销售额 5 亿美元，人均销售额达到 35 万美元时，乔石委员长鼓励公司员工再接再厉，并欣然题词："民族工业的骄傲，通信产业的脊梁。"1996 年，上海贝尔实现产值 82.77 亿元，销售 45.75 亿元，占整个金桥出口加工区年产值 154.48 亿元的 53.58%，占浦东新区工业总产值 1 130.42 亿元的 7.32%。此年的上海贝尔独领风骚，足可傲视群雄，而日后成为中国乃至世界最著名通信设备制造企业的华为技术有限公司还在任正非的带领下卧薪尝胆，默默无闻于南国深圳。

1 月 31 日，日本国首相桥本龙太郎向浦东发来贺电，祝贺中日合资的上海第一八佰伴有限公司投资建设的亚洲最大的新世纪商厦今日正式开业（1995 年 12 月 20 日开始试营业）。上海第一八佰伴有限公司是国务院批准设立的第一家中外合资零售企业，正如桥本龙太郎在贺电中称赞：新世纪商厦的开业具有历史意义，起到了联系中日经济的桥梁作用。上海市市长徐匡迪在会见日本八佰伴公司成员时，希望新世纪商厦成为模范店。

4 月 25 日，由日本索尼公司和上海广电股份有限公司、上海真空电子股份有限公司联合投资 4.1 亿美元，位于王桥工业区的上海索广映像有限公司一期工程（彩显、彩管和彩电）3 条生产线动工建设。那年的 4.1 亿美元是浦东开发开放以来最大的中外合资项目，颇具轰动和振奋浦东开发者人心的效应。记得在笔者上下班的通勤车上，同车人还多次谈论起索广项目。

"四个一工程"实施　浦东机场居民动迁

1996 年的五一劳动节值得一书，以徐匡迪为组长的浦东开发开放领导小组召开了小组成立后的第二次会议。会上，中共上海市委、上海市政府决定：浦东开发要出形象、出功能，要求位于浦西的要素市场于1998年底前全部迁入浦东。

闻风而动，雷厉风行，是浦东开发初期的做事风格。5月7日，五一长假第一天，浦东新区党工委、管委会召开城市建设和环境保护工作会议。会上宣布，近两年要着力搞好陆家嘴地区“四个一”工程，迎接要素市场东迁，以达到上海市委、市政府“浦东开发明年看陆家嘴”的要求。

何谓“四个一”工程？即滨江大道“一道”：在一期已经建成的250米样板段基础上，建成1 500米滨江大道；陆家嘴中心区“一区”：主要建设占地10万平方米的陆家嘴中心绿地及滨江大道周边30万平方米区域绿化景观；文明景观路线“一线”：以杨高路、东方路、张杨路、浦东南路、陆家嘴路等为重点，建设改造沿线绿化、广告、灯饰景观；菊园旧区改造“一块”：指动迁改造新上海商业城西侧的菊园老小区，建设现代新居住区。“四个一”工程由上海市市长徐匡迪挂帅，任领导小组组长。

为了“四个一工程”，数千户居民、众多企事业单位迁出陆家嘴。仅陆家嘴中心绿地建设就动迁居民3 500户、拆除各类建筑面积20多万平方米。众多企事业单位也为此做出巨大贡献。8月7日，有着70多年历史、2 000多名职工的上海立新船厂，为了滨江大道建设，按时完成了占地6万平方米厂区的全部搬迁任务，告别陆家嘴前往浦东东北部江心沙路25号另起炉灶生产经营。今日如果你有机会揽胜陆家嘴滨江大道，希望你在南段稍作停留，那里竖立着一尊铁锚，那是立新船厂的厂区、立新留下的纪念，更是浦东开发之路上千千万万个足迹中的一个印记。

20天后的27日，在距离立新船厂东南约31公里——杰出的无产阶级革命家、理论家、中国共产党的重要领导人之一张闻天的故乡，施湾镇滨四村十队的67户村民为了浦东机场建设搬离世代生息繁衍的家园，成为浦东机场工程的首批动迁户。浦东国际机场一期工程征地

铁锚是立新船厂留下的印记

搬迁至江心沙路 25 号的立新船厂（2014 年 4 月）

动拆迁范围涉及施湾镇、江镇和南汇县的祝桥乡，共计征地 1 466.67 公顷，拆除房屋和各类建设设施 60 余万平方米，动迁居（村）民 4 800 多户，动迁人口 1.55 万余人。动迁工作从 1996 年 8 月 27 日开始，至 1997 年 1 月全面完成。施湾镇在浦东国际机场动迁中征用土地面积 828.13 公顷，占总量的 56.46%；动迁居（村）民户 3 000 多户，企业事业单位 74 家，涉及征地生产队 125 个，劳动力 1.10 万人。江镇动迁生产队 60 多个、居民 1 200 多户，征用土地面积 336.91 公顷。施湾、江镇动迁居民大多分别安置于建造在施镇西南的思凡居住区和江镇的晨阳（卫东）居住区内，并于 1997 年末至 1998 年内先后入住。另有部分居民迁至川沙镇居住。南汇祝桥乡在浦东国际机场动迁中涉及亭东、马路、军民、潘泓 4 个村（4 村经动迁后，合并成立机场村），动迁村民 955 户、2 658 人，征用土地 301.63 公顷。

牺牲与奉献早已深深扎根在这块滨海的土地上。在滨海四村十队首批村民动迁后的第五天，由江镇卫东村台胞叶进财父子出资 1.3 亿元建造的进才中学在陆家嘴地区竣工开学。新建的进才中学成为当时上海地区现代教育设施最好的学校。

首届上海国际旅游节举办　外资银行要素市场东迁

1996 年 9 月 21 日是个特别的日子，96 首届上海旅游节开幕式在陆家嘴竹园商贸区 96 广场举行。本届上海旅游节由原上海黄浦旅游节升级更名而来。此前大概出于迎接上海首届旅游节在浦东举办，遂将竹园商贸区商务楼间的广场命名为 96 广场。当晚开幕式上，黄菊、徐匡迪、陈至立、叶公琦、赵启正等上海市领导与 5 000 多名中外宾客欢聚一堂，观看科克伦空中走钢丝、火箭飞人和彩车巡游等节目。同日，中国人民邮政首次以浦东命名的邮票发行。浦东邮票共 6 枚和 1 枚小型张，邮票画面综合反映了四大国家开发区的建设成就和浦东的独特风采。

1996年即将过去之际，12月12日，经国务院批准同意中国人民银行在年末出台支持浦东开发开放的重磅政策措施——《上海浦东外资金融机构经营人民币业务试点暂行管理办法》。办法允许外资银行在浦东率先试点经营人民币业务，由此从政策上加快了外资银行在浦东聚集的步伐。此项政策落实速度之快，令人惊叹。18天后的30日，经中国人民银行批准，国际银行业巨头美国花旗银行、英国汇丰银行、日本东京三菱银行和日本兴业银行在上海浦西的分行成为首批获准迁址浦东试点经营人民币业务的外资银行。翌年2月17日，花旗银行上海分行一马当先迁入陆家嘴中国船舶大厦，成为央行允许外资银行在浦东经营人民币业务试点政策颁布后入迁浦东的第一家外资银行。三、四月间，首批获准在浦东试点经营人民币业务的4家外资银行先后在陆家嘴开业，对外经营人民币业务。

眼看着1996年只剩最后两天，然而浦东开发的脚步依旧迅猛。30日，上海期货交易所前身之一——上海粮油商品交易所从南苏州路1455号迁入新上海商业城内的良友大厦后举行开业典礼。下午2时40分，上海市市长徐匡迪在粮交所东迁仪式上，挥槌击锣，敲响浦东期货市场第一声！

房产推出蓝户新政　五常委密集莅临浦东

1996年发生的事情，随着时间的推移我们可以忘记许多许多，但是有些事情已经在岁月的年轮上划出了深深的印记——

4月5日，东方路与张杨路交汇处（时称轨道交通2号线东方路站，日后成为轨道交通4线交汇的世纪大道站）响起“嘭、嘭”的打桩声，上海轨道交通 2 号线世纪大道站开工建设。浦东公共交通迈入地铁新时代。

7 月 2 日，浦东招商中心在杨高中路 300 号运行，并推出旨在简化注册手续、缩短注册周期的招商引资“一门式”服务，将一般项目审批从 60 个工作日缩短至 10 个工作日，从而成为浦东行政审批改革领域的先声。

7 月 31 日，浦东新区召开搞活房地产市场介绍会，宣布浦东商品房向全国开放，凡购房达到一定面积或金额者可以申请蓝印户口。蓝印户口对浦东的房地产市场产生巨大影响。从此，浦东房价开始慢慢企稳，走出低谷，直至后来某些楼盘的价格达到一平方米 10 万元，甚至 20 余万元，是 1996 年蓝印户口出台时，万万没想到的。

10 月 1 日，经外贸部批准，外国企业从本日起可与中国企业在浦东设立专门从事进出口贸易的中外合资贸易公司，此举加快了浦东成为国际贸易基地的步伐。

1996 年，是党和国家领导人高度关注浦东开发、频繁视察浦东之年。除年初全国人大常务委员会委员长乔石视察浦东之后，3 月 30 日，中共中央政治局常委、全国政协主席李瑞环莅临浦东视察。

4 月 27 日，中共中央总书记、国家主席、中央军委主席江泽民又一次莅临浦东，视察新世纪商厦、访问居民小区。

6 月 7 日至 11 日，中共中央政治局常委、国务院副总理朱镕基在考察浦东时，对浦东新区从基础开发为主转入基础开发与功能开发并举的新阶段表示欣慰。同时强调，上海要按照邓小平同志的指示精神，思想要更解放一些，开发开放的步伐更大一些，进一步完善招商引资政策，大力吸引外商、外资特别是外国大公司、大企业、大财团进入浦东。

11 月 27 日，中共中央政治局常委、国务院总理李鹏出席在金桥出口加工区举行的上海华虹微电子有限公司集成电路芯片生产线奠基仪式。此项工程是继金山石化、宝山钢铁之后，在上海建设的第三个重大项目，总投资 12 亿美元。

1996 年，浦东新区国内生产总值 496.47 亿元，比 1990 年增长 7.24 倍。

1996 年，浦东朝气蓬勃，一路高歌猛进！

2019 年 7 月 22 日

主要参考资料：

中共上海市浦东新区工作委员会编《上海改革开放二十年·浦东卷》，上海远东出版社，1998 年。

中共上海市浦东新区委员会宣传部编《浦东新区周报》。

《浦东年鉴》编辑部编《浦东年鉴》。

《文汇报》《新民晚报》。

人间四月听乡音

无论是在初冬温暖的阳光下，还是在四月的春雨中，内史第给予您的总是一份真情、一帘乡愁。

江南四月的雨总是那么多情，滴滴答答，连绵不断。当我沿着川沙镇南市街湿漉漉的石板路跨入内史第时，雨又紧随而至。不一会儿，内史第天井（庭院）挂起四方的雨帘，在屋檐下的青砖地上激起一串串亮亮的水花。

站在屋檐下，雨中的一地青砖、一屋黛瓦，会让 20 世纪五六十年代出生的浦东人勾起早年浦东民居的旧影俗事。

四角天空下那常年湿润的天井里，一旦主人稍稍疏于清理，自然界的小生命就会恣意生长。最为常见的便是车前草、蒲公英、马兰头，还有一些叫不上名字的什草。偶尔会有艳红的、青色的螃蜞光临天井悠闲横行。可惜，今日内史第狭窄的弄堂内、四方的天井中似乎因为少了几株嫩黄柔弱的小草，几丛匍匐蔓延的苔藓而令我生出一丝丝遗憾。童年时代的我喜欢依门而坐。听屋檐上跌落的雨声，看癞蛤蟆在雨中欢快地跳跃。最不能释怀的是水滴石穿的见证——阶沿石上那一个个由雨水滴出的拇指般的小水坑。

去年初冬时节曾经拜访过内史第。这是一个晴朗的下午，西下的太阳已经在天井里退缩着离去，黄炎培的塑像在暖暖的夕阳里披上柔软的光芒。离闭门只剩半个多小时,整座院落静寂无声,只有脚下木楼梯发出的"吱嘎吱嘎"显得踏实而温暖。如果说夕阳下的内史第是一幅迷人的印象画,那么今日雨中的她则是一首婉约的乡愁诗。

走过黄炎培生平陈列室,驻足"宋氏家族在川沙"展室,视屏滚动播放着宋庆龄参加国务活动的画面。此刻,宋氏的一口浦东乡音,在1952年召开的世界和平大会上传播:

"这次会议是一格(个)威(伟)大的,具有举世意尼(义)的事情,它给予吾(我)们一格(个)机会,使吾(我)们能够在历史的紧要关头,完成一格(个)极(绝)端(对)重要的任务。我们在这里叙(聚)集一堂,再一次充分地证明,成(人)类是一定能创造和平的……。"

许多次听过宋庆龄的讲话录音,然而在内史第,在江南四月的春雨中,听着国母乡音,别样感动在心头。

乡音是出生地给人打上的不可磨灭的烙印,乡音是游子对于家乡永恒而温馨的记忆。此时,我一个土生土长浦东人,沉浸在一位伟大女性的乡音里,努力追寻着一个多世纪前既熟悉又陌生的生活,希冀在内史第深处,在川沙镇街口、弄堂,找到那份悠远的乡情,那一串孩提时代游戏的笑声,乃至一行沾满泥土芬芳伸向远方的脚印。

"阿呀,宋庆龄刚(讲)格(个)闲话那能忒伲一样咯!"一位刚进门的中年女性打破静寂,无不惊讶地脱口而出。我微笑着询问,她爽朗地回答,"吾伲是浦东人,屋里厢住啦曹路镇。"在惊讶女性的背后,是否蕴含着一种认同、一种联系?是否在她心目中已经认知"宋庆龄忒伲一样讲浦东闲话,是伲格同乡人"。

窗外,雨还在飘飘洒洒,新川路上梧桐树叶在春风里婆娑。屋内,我的心情如雨如风,在老街的小巷里纷飞。我想,类似这位女性的惊讶，在内史第里大概每天都会发生吧。

哦，人间四月天，内史第里听乡音，忘记的是时空，记住的是乡情。

20 世纪 80 年代，我的朋友张君居住北京，任某报编辑。在 1985 年的春天里，他走进位于北京西城区后海北沿 46 号的宋庆龄故居。一进大门口，就听到宋氏的录音讲话。“当时我真的很吃惊很激动，你想想，在他乡，在首都北京听到浦东人口音，而且是家喻户晓的国母讲着一口浦东闲话。”“从那一刻起，我才知道宋庆龄出生在浦东，我伲是同乡人。”今天回忆起那段往事，张君还是掩饰不住当年的激动。他说，没过几天，我还带了几位在京的老乡去了故居。他们和我一样，连连说宋庆龄讲浦东闲话，是伲浦东人！

“少小离家老大回，乡音未改鬓毛衰。”宋庆龄在浦东川沙内史第生活了 10 年。在以后的岁月里，她留学美国，接受西方教育；与孙中山结为夫妻，为中国革命和新中国建设奋斗不息。一生历经多少世事坎坷，风云变幻，然而不变的是浦东乡音！

当你在内史第听着宋庆龄的浦东闲话，当你在展室墙上阅读到黄炎培日记，那么你对于内史第，对于宋庆龄的出生地会有更多的思考和独立的见解。

1955 年 2 月 14 日，黄炎培在日记里写道：“夜，中苏订约五周年，苏联大使召开庆祝大会。主宾席我乡浦东人有三：张闻天、宋庆龄(和)我。”

雨终于停了，一缕阳光透过木格窗洒落在地板上，特别地鲜亮。

“这次会议是一格(个)威(伟)大的，具有举世意尼(义)的事情，它给予吾(我)们一格(个)机会……”

宋庆龄的浦东闲话再一次在内史第响起，熟悉而又亲切。

2017 年 5 月

早春二月师生情

当我走在川沙镇中市街古老
凹凸的石街上时，一腔思绪的
碎片在暖暖的阳光里飞扬跳跃。

1988年的春末夏初，在40多张天真烂漫的笑脸，凝聚在一张六寸的相片上后，我们分别了，分别在那间度过了六年岁月的静静教室，那座小小的校园里。

28年后，在早春二月的一个下午，当我走在川沙镇中市街古老凹凸的石街上时，一腔思绪的碎片在暖暖的阳光里、在新芽绽露的柳条间飞扬跳跃。

28年，走过少年、跨越青年，你们已经步入中年的门槛。28年的漫长，一万二百多个日日夜夜，积累起丰富的人生阅历：求知深造，奋斗事业；为人夫，为人妻，为人父，为人母；有成功，有失败，有黯然，有辉煌，自然也伴随无奈的泪水和痛苦的挣扎。

你们没有忘记那位严厉的老师，你们各自思念着同桌六年的你我。难忘那打架时鲁莽的一记拳头，难忘那兴奋瞬间的一个拥抱！

28年前，41个青涩少年从校园出发，走上41条形态各异的人生道路。亲爱的学生，请告诉我：哪条路上你沐浴过风霜雨雪，哪条路上你簇拥百花争艳，哪条路上你踏平了坑坑洼洼，哪条路上你一马平川、壮志万丈？

迎着风雨，迎着阳光，迎着萌芽柳枝，2016 年 2 月 27 日，41 条人生道路在中市街四十八号“诺塔吉亚”汇聚交集。我为你们鼓掌，为你们骄傲！

走进四十八号，学生们围住我问个不停：“老师还认识我吗？”“老师我是谁？”你是奚晓颖，你是王晓红、你是周妍箐，你是陆怡清，你是陈江，你是张伟，你是……？抱歉啊！二十八年，一段并不短暂的光阴，让我不能准确地叫出你们的名字，甚至认错了人，但是我分明看到了一张张面庞上依然的单纯和美丽的笑容。

生活的磨炼让你们成熟，你们长大了！谈笑中，有位学生却对老师说，“十九岁的女儿对我说，‘阿妈，你什么时候能长大点！’”多么诗意而令人妒忌的生活——一位永远长不大的女学生，不，一位女神！

聚会在《感恩的心》的旋律中升华。“……感恩的心，感谢有你，伴我一生，让我有勇气做我自己！”台上，姚露易同学虔诚的手语示范；台下，全体同学伸展双手跟着表演。此情此景，犹如置身神圣的教堂，吟唱上帝的诗篇；犹如还在明亮的教室，诵读朱自清怀念父辈的《背影》。“感恩的心，感谢命运，花开花落，我一样会珍惜！”学生感谢老师，老师难道不感谢学生吗？因为有了你们，老师的人生才会如此幸福而富有意义！

回家路上，夜色温柔，明月如舟，坐在陆妍箐的车里想得很多很远。想到了没有出席今天聚会的几位学生。他们怎么没来，他们生活工作得如何？“你们好吗？”我在心底发问。

走进家门，还是不能释怀。再一次向远方问候：“你们好吗？”

2016 年 3 月 1 日

我与年鉴二十年

> 今年我还会为《上海年鉴》撰稿，但我总会离开。如果是那样，我还会“远远地眺望，深情地关注，我爱你们！”

时间过得真快，时间都去哪儿啦？在不知不觉中我与《上海年鉴》这部文献性、连续性的鸿篇巨制整整走过了20年。

上月25日下午，当我在办公室接到《上海年鉴》编辑部王继杰处长的电话，要我在《上海年鉴2017》编纂工作会议上发言时，心中不免生出许多的感慨与感动，一段又一段平凡而又温馨的回忆从心底涌出。

从1996年创刊开始，到今天为止，《上海年鉴》已经连续编纂出版了21卷。上海21年是一段不算太短的岁月，在上海年鉴中得以浓缩、上海21年的发展前行的步履在上海年鉴中得以记录，自然而然我本人也与上海年鉴有了千丝万缕的联系和往来。

从第一卷《上海年鉴》开始，我就十分荣幸地成为它的作者，21年中从未间断。现在回想起来，事实上与《上海年鉴》相识结缘，其实还早于为它撰稿。《上海年鉴》创刊之初，市地方志办公室领导与专业编辑人员就开展了多次调研活动，就首部《上海年鉴》的纲目草案，听取各方面意见。1995年上半年，当时的市方志办负责人高可主任与姚金祥、田骅等老师来到浦东新区地方志办公室不耻下问，听取意见与建议。那一次调研会的地点在浦东大道141号。141号是当年上海市人民政府浦东开发办公室和浦东新区管理委员的办公地。我也参加了那次调研会。在会上我对《上海年鉴》中有关浦东开发开放纲目设置中的层次结构问题提出了一些自己的看法与建议,供市方志办领导参考。十分感谢,后来市志办采纳了我的意见。

记得那时市地方志办还假座在延安中路839号的新民晚报大楼内办公。我还在那里参加过一次《上海年鉴》的研讨会。有关研讨会的情况市地方志办还专门发了简讯。那时条件相对比较艰苦,开研讨会不发研讨劳务费,也没有安排午餐,与会人员每人发了二十元午餐费。等到《上海年鉴》正式创刊发行之时,《上海年鉴》编辑部已经移师小木桥路456号。

首部《上海年鉴》,浦东作为一个新建的新区、作为实施浦东开发开放国家战略的区域,在第一卷《上海年鉴》中就得到了较好地反映和记载。与其他区县不同,除了浦东新区概况外,还设置了"浦东开发开放"总目,总目下分设了陆家嘴金融贸易区、外高桥保税区、金桥出口加工区、张江高科园区,以及王桥、华夏、星火、六里、孙桥等分目。因此浦东的组稿和撰稿任务相对其他区县就多了一些。两大栏目合计,在第一卷《上海年鉴》中,浦东登载字数超过3万字。

有了一个良好的起步,从此我就成为《上海年鉴》在浦东的组稿者和撰稿人,尽管在以后的日子里,《上海年鉴》编辑部地址几度变更,2000年后迁至西康路1367号,没过几年又一次迁到今天的斜土路2567号,然而为《上海年鉴》组稿和撰稿的初心未变。

1998年1月底,我因患胆道结石病,住进医院手术治疗一个多月,然而我还是坚持完成了当年《上海年鉴》的组稿和撰稿任务。非常清楚,那年四月我的身体还没有完全康复,就将写好的稿件送到小木桥路的年鉴编辑部。事后与我有直接联系的编辑部戴玉仙老师在我面前还提起过此事。她说:"小潘,那次看看侬人(宁)蛮吃力的,身体都站不直,脸色难看来!"其实当时,我的感觉倒没有特别的不好。

我们这一代人是读着毛主席的书长大的，从小学开始就会背诵许多毛泽东语录。毛主席在80年前的延安论述自由主义的10种表现时，批评某些人“大事做不来，小事又不做”。此刻我想编纂《上海年鉴》是件大事。为了做好这件大事，个人每年踏踏实实为《上海年鉴》做好组稿、撰稿这件小事，从而成就编好《上海年鉴》这件大事，可以算是一件十分有意义的事情。

在《上海年鉴》组稿、撰稿的过程，也是我个人学习和提高的过程。从中学到了《上海年鉴》编辑扎实的业务能力、渊博的学术素养，从而也提高了自己文字能力与编辑水平。我根据《上海年鉴》编纂的特点，特别是卷首彩页在选材和编排上的独具匠心，2002年，我撰写了《试析上海年鉴卷首彩的个性特色》，发表在当年《中国地方志》第三期上。当时《中国地方志》是季刊，一年只出四期，所以一个陌生的作者能够第一次为它投稿，就顺利录用，与上海年鉴的显明特点与特色有着很大的关系。今天，我还是十分感谢上海年鉴给我撰写论文提供了丰富与高质量的素材，也提高了我在编辑《浦东年鉴》上的专业水平。从2003年起，我担任了《浦东年鉴》副主编，2007年又担任了执行主编，并且通过全国考试，评上了出版专业的副编审职称。

除了为《上海年鉴》撰稿、为《上海年鉴》撰写论文，现在想起来，在当时特定情况下，还每年为《上海年鉴》的出版发行尽过绵薄之力。发行数量最多的2011年，在我们浦东范围内，我帮助推销了400多册。

编年鉴是为了存史，更是为了供人利用、参考。2013年，我退休后，单位继续聘用我。不过我的工作重点由年鉴转至编写方志，具体负责上海市市志《浦东开发开放分志》的工作，担任《浦东开发开放分志》执行主编，同时还附带着《上海年鉴》的组稿和撰稿任务。在编写《浦东开发开放分志》的这几年中，在收集浦东开发开放史料过程中，除了《浦东年鉴》，《上海年鉴》成为我案头的第二参考书籍，它给了我许多帮助，查到了许多有价值的资料，为编好《浦东开发开放分志》创造了条件。所以说,我又从上海年鉴的撰稿者,转变为上海年鉴的得益者和利用者。可能我是一个使用上海年鉴次数最多、采用资料最多的修志工作者之一。在我的书房里摆放着 1996 年至 2010 年的上海年鉴,里面插满了书签,以便随时查阅。

尊敬的各位领导、各位《上海年鉴》的撰稿人和朋友,回顾 20 余年为上海年鉴的组稿与撰稿过程,虽然有所付出,但我觉得得到的更多。《上海年鉴》充实和丰富了我人生的厚度与广度。在撰写浦东开发开放年鉴稿件的过程中,加深了对浦东、对开发开放浦东国家战略的认识理解,其间有所感悟、有所心得。因此工作之余,以此为主线,写下一篇篇以浦东为题材的随笔。日积月累后,从中选出 80 多篇汇编成《遥望钟楼》,于 2016 年 8 月由上海远东出版社出版发行。《遥望钟楼》的出版,与为《上海年鉴》撰稿的经历有着密切的联系。《遥望钟楼》中的许多素材来自年鉴组稿、撰稿中的发现与积累!

今年我还会为《上海年鉴》撰稿,但由于年龄和工作安排的关系总会离开。但是正如我在我的微信的个性签名中所写的那样:“远远地眺望,深情地关注,我爱你们!”

2017 年 1 月

我心仍有一丰碑

阅读了多本有关浦东的著述，
我再次走进陆家嘴。

六月，江南的梅雨连绵不断，欲止又起，在陆家嘴高楼与高楼之间弥漫飘洒。

当我撑着雨伞行走在陆家嘴街区，试图追寻一百年前的浦江风云，一百年前那一段又一段惊心往事，一个又一个坚定前行的足印时，头顶的雨云又盖住了乍现的阳光。

一百年后的今天，我们听多了在浦东开发前“陆家嘴的那个烂泥渡”“宁要浦西一张床，不要浦东一间房”的话语，因此还有多少人能知晓百年前的陆家嘴已经是上海产业工人最集中的区域之一，更是上海工人运动不可分割的组成部分。早在1921年前，在这块黄浦江东岸的土地上，工人运动如火如荼，已经举行过数次有一定规模的自发罢工。

“十月革命一声炮响，给中国送来了马克思列宁主义。”1921年的7月23日，13个先进的中国人汇集在上海志望路的石库门内，召开中国共产党第一次全国代表大会。而就在此时，位于浦东陆家嘴的英美烟厂工人已于三天前开始了罢工斗争。石库门内的与会者一经获悉此事，立即委派李启汉同志前往浦东组织领导罢工斗争。那日，李启汉从黄浦江西岸码头乘上渡轮，在浦东上岸后，向着西北方向的吴家厅匆匆赶去。

找到吴家厅,踏进刘公庙(刘公庙,是浦东罢工工人经常聚集的场所)。李启汉在了解工人罢工要求、罢工期间生活状况以及工人代表等情况后,鼓动大家说:“你们日夜辛劳还吃不饱肚子,就是因为那些不劳而获的资本家剥削了你们的血汗,欠了你们无数的债。”“最彻底的办法,就是像俄国工人那样起来革命,没收地主、资本家财产!”“要不分帮派,不分地区,不分男女,不分车间,大家团结起来,叫英美烟厂资本家给我们增加工资,不许再欺侮我们。”接着,李启汉连夜帮助工人组织罢工领导机构,推选出热心为大家办事的刘凤臣、刘荣才等10多名代表,并帮助起草罢工宣言、书写罢工传单,拟订出与厂方交涉的“普遍增加工资、撤换虐待工人的监工、罢工期内工资要照发、以后不准虐待工人、星期六半天及星期日工钱要照发、凡年节假也要照平日一样发工钱、不准开除工人代表”等8项谈判条件。嗣后,又在刘公庙召开两厂(英美烟厂分为一厂、二厂,职工8 000多人)全体工人大会。会上,通过了罢工宣言和8项谈判条件。大家一致决议:不达目的决不上工。

百年苍茫,烟雨朦胧。

吴家厅、刘公庙在哪里?今天,踏遍陆家嘴的每一寸土地,再也找不到一丝痕迹,它们已经沉睡在历史的典籍中。《浦东新区地名志》记载:“始建于1874年,庙神刘公,名承忠,元朝人,官拜指挥使,善驱蝗,元亡投河自尽,故又称刘孟将庙。刘公庙占地667平方米,建筑面积300平方米,正殿供刘公像,偏殿左供关公,右供观音,东厢供天妃娘娘。1964年停止宗教活动,庙区改建成居民住宅,现已拆除。”翻阅《黄浦区志》又知:“吴家厅属片区名,大致范围为现在的浦东大道以北,浦东南路以东,即墨路以西,刘公庙位于吴家厅41号。”

雨还是下个不停。站在浦东大道与浦东南路交汇地(曾经的吴家厅),抬头举目,中国船舶大楼和世纪金融大厦在烟雨中高高耸立,一百年前,罢工工人的呐喊似乎还在梅雨里、大楼间回响。

1921年8月5日黎明,黄浦江还未完全醒来。英美烟厂的3 000余名工人从四面八方汇聚到刘公庙集合，经整队后立即出发。游行队伍高举“英美烟厂全体工人示威运动”大旗，绵延三四里，浩浩荡荡，气势如虹。每人还手执三角小旗，上书“争还工人人格”“还我血汗”“增加工资”等字样。游行队伍经过英美烟厂（位于今上海国际会议中心处）大门口后，一路向南，然后乘轮船渡过黄浦江，在董家渡登岸后，向着位于大东门的淞沪警察厅进发。警厅见到大队人马到来，急忙派出武装警察阻拦。

工人代表刘凤臣呈上请愿书，要求警厅维持公理，释放被拘捕的工人。而警厅不但不允，反将刘凤臣扣留。面对蛮横行径，工人群情激昂，团团围住警厅。无奈之下警方被迫释放刘凤臣，并答应将拘留工人的关押期减去一日。在警方让步后，游行队伍返回吴家厅刘公庙开会，最后议定：“等被拘工人释放后，才与资方谈判。”还议定在罢工期内，生活上有困难的工人，互相帮助救济，一定要坚持到底。

面对工人的顽强斗争，厂方无计可施，再拖下去损失会更加惨重。英美烟草公司总大班毛利斯只能亲自出马，邀请工人代表到自己家中谈判。工人代表征求李启汉意见，李说：“当然去，洋大班种种诡计都失败了。我们这次罢工快要胜利了。不过，毛利斯很狡猾，大家要提高警惕。”刘凤臣、刘荣才等4名代表来到毛利斯家。毛大献殷勤：“诸位生活上有什么困难，尽管讲好了，我一定会帮忙。”代表们严词回答：“我们是代表两厂8 000多工人来谈判的，不是来谈个人生活问题的！”在谈判桌上，双方展开了针锋相对的斗争。

在中国共产党的领导下，经过坚忍不拔的斗争，历时三星期的罢工终于取得了胜利。8月10日下午，在庆祝的爆竹声中，英美烟厂全体工人兴高采烈地进厂复工。

徘徊在“船舶”与“世纪”的高楼下，我的思绪一如雨丝纷飞：由中国共产党领导的第一次工人罢工胜利了，从此陆家嘴地区工人在党的领导下争取自身权益的斗争从未停止。

位于浦东大道与浦东南路东北处的刘公庙（今已毁）

1922 年 11 月 1 日，日华纱厂 3 800 多名工人举行罢工，第二天英美烟厂工人积极响应，与“日华”工人举行联合罢工，历时 27 天。

1927 年 9 月 30 日，英美烟厂工人要求增加工资和减少工时举行罢工。此次罢工延续 110 天，成为上海工运史上历时最长的罢工。

陆家嘴，一方红色的土地。

站立雨中，站立在曾经的吴家厅、刘公庙处，我，一个土生土长的浦东人，哪能忘记另一个浦东人。

1990 年 6 月 30 日，在距离吴家厅北约 500 米处的黄浦江畔，上海船厂举行杨培生烈士塑像（今塑像已随上海船厂迁至崇明）落成典礼。杨培生，浦东川沙小营房人，祥生船厂（上海船厂前身之一）工人、上海第三次工人武装起义浦东地区的领导者之一、出席在武汉召开的党的第五次代表大会，任上海总工会代理委员长，1927 年 7 月 1 日，被反动派杀害于上海龙华。他生前曾言：“我看党为平民谋事就好，即使砍我脑袋，我也要参加共产党。”

“一个人能为天下劳苦工人的解放多做些事，打倒了反动派，大家安居乐业,不就是顶好的事吗?”赤子初心,多么朴实而美好!

离开时,雨停了,身后华灯开启,感慨颇多:昔时英雄地,百年风云已无痕,而我心中仍有一丰碑;沧桑巨变金融城,一切都是新兴繁华的模样。

啊,陆家嘴!

2021 年 6 月

主要参考资料:

《浦东新区地名志》《黄浦区志》《上海烟草志》《上海工运志》《中国工运英烈传 · 李启汉》《浦东县志》。

在外滩建筑背后

——一群走出田野的浦东工匠

硝皮弄已经消失，
外滩建筑必将永恒。

当您游览苏州园林，惊叹于园中亭台楼阁、飞檐画栋之时，您是否会想到能工巧匠，乃至中国传统建筑业的鼻祖鲁班吗？

在游览苏州园林之后，如果您又南下百公里外的上海，在外滩面对20世纪二三十年代形成的万国建筑群时，你又会作何感想？是否会碰撞出中国传统建筑与西方近现代建筑之美的火花，抑或是两者融合的升华？

一

我是浦东人，更是一个浦东木匠的后代。小时候我的第一个玩具就是父亲做的那只精致的小木刨。之后无数次路过外滩，在万国建筑群下或步履匆匆，或止步仰望。年少时聆听海关悠远的钟声，惊讶耸立的巍峨，伸手抚摸过汇丰大楼前的那对铜狮。年长后，背对它远望黄浦江东岸，远望那片生我养我的土地。

浦东开发开放后，陆家嘴的高楼虽然阻挡远望江东的视线，却赋予我更旷远的探求。有时会想起一个人，起想 1864 年的一个清晨，星星还在夜空闪烁，有一个 13 岁的男孩，身背简单的行囊出了家门，向着黄浦江走去，从此他踏上了学做泥瓦匠之路。这个男孩就是日后闻名上海滩的杨斯盛——胡适曾撰文称之“中国第一伟人”。杨斯盛出生在浦东川沙蔡路，自幼父母早亡，从小由婶娘拉扯长大，周围的人都叫他杨阿毛。传说就是这年，杨斯盛变卖了婶娘给的一只老母鸡作盘缠，才来到上海滩建筑工地学艺的。

生活的苦难磨炼出他顽强的意志，吃苦耐劳、勤奋好学改变了他的命运。杨斯盛学建筑手艺，同时还学“外国闲话”。同行中每每议论起他，说得最多的不外乎：“迪个‘后生家’将来肯定有出息。”经过 16 年奋斗，1880 年，29 岁的杨斯盛创办起上海第一家现代意义上的建筑企业——杨瑞泰营造厂，成为中国建筑业由传统走向现代的标志。

1891 年，英租界当局采用招标形式，筹建江海关新大楼。此时，处于中国传统砖木建筑的同行，对设计结构复杂，采用钢筋水泥等新颖材料的海关大楼，顾虑重重而望之却步。杨斯盛却认为这正是显示中国建筑业实力的大好时机，毅然签约承包。施工中杨身临现场，对每块砖敲打听音，凡是次品坚决弃之。对已经砌成的扶梯空心墙头，他认为不牢固，必须推倒重建。三年后，一座外观现代、内部设施与装饰均为当时上海之最的海关新大楼巍巍然挺立于黄浦江畔。竣工之时，同行齐声称赞，洋人为之折服，前来观摩者络绎不绝。

杨斯盛承建江海关大楼，闯出了一条中国传统建筑艺术与西方现代建筑技术巧妙结合、优势互补的道路，在上海滩树起了“浦东建筑”的一面旗帜，使处于西方现代建筑冲击之下，还在痛苦彷徨的本土建筑工匠看到了希望。此时正值上海现代城市建设方兴未艾之际，在杨斯盛的扶持带动下，浦东人抓住历史机遇，在 19 世纪末 20 世纪初的上海相继建创办了大大小小的十数家营造厂，著名的有周瑞记、顾兰记、久记、陶桂记、江裕记、姚新记、裕昌泰、创新记、公记等，承建了一大批代表上海这个新兴城市的现代建筑。仅在 1989 年公布的第一批 59 处上海市优秀历史建筑中，就有 17 处为浦东人所承建。

1996 年 11 月，有着“万国建筑博览会”之誉的上海外滩建筑群被列入全国重点文物保护单位。外滩建筑群是上海城市的标志，从延安东路口的中山东一路 1 号至 33 号（外白渡桥）有 23 幢建筑（按门牌号本应 33 幢，不过由于外滩的某些建筑经多次拆建后，有 10 个门牌号或兼并或消失了），加之外白渡桥北堍的百乐门大厦和俄罗斯领事馆，整个外滩建筑群共计 25 幢建筑物。

二

外滩建筑群承载着上海自 1843 年开埠以来的进程，浓缩了代表百年中国政治、经济、文化的变迁，是中国历史文化和美学价值最高的近现代建筑群体。

如果你愿意沿着外滩的中山东一路 1 号由南向北前行，历史会真实地告诉你，在外滩建筑群会背后不乏浦东建筑工匠聪明才智的光辉和殚精竭虑的身影。

位于中山东一路 1 号的亚细亚大楼，被誉为外滩建筑群 1 号楼，由浦东人谢秉衡、张裕田创办的裕昌泰营造厂（以下所列大楼的营造厂都为浦东人创办，故略“浦东人”）承建，1916 年竣工，高 7 层，新古典主义风格，今为久事国际艺术中心、全国重点文物保护单位。

位于中山东一路 4 号的有利大楼亦由裕昌泰营造厂承建，1918 年竣工，高 6 层，是上海最早的钢框架结构建筑之一，呈现折中主义风格，列入第一批上海市优秀历史建筑。

位于中山东一路 6 号的中国通商银行大楼（今名元芳大楼），由陶桂松创办的陶桂记营造厂承建,1897 年竣工,高 4 层,呈现哥特式风格,是外滩最早建成的建筑之一,列入第一批上海市优秀历史建筑。

中山东一路 13 号是上海海关大楼。历史上,在此曾三次建造海关大楼。第二次由杨瑞泰营造厂承建,为教堂形式建筑。后因海关业务增长,1925 年拆除后由康金宝创办的新金记营造厂再建,1927 年竣工,属新古典派三十年代希腊式风格,为 1920 年代外滩最高建筑。海关大楼的最大特点是哥特式的高耸尖顶和大钟,今为全国重点文物保护单位。

外滩建筑群(2014 年 5 月)

中山东一路 14 号,原址为江裕生创办的江裕记营造厂承建的德华银行,后改建为交通银行大楼,属现代主义风格,今为上海市总工会办公大楼。

位于中山东一路 17 号的字林大楼(今名友邦大厦,曾名桂林大楼、字宇大楼),由周瑞庭创办的周瑞记营造厂承建,1924 年竣工,高 8 层,新古典主义风格。旧上海著名新闻机构——《字林西报》馆曾设于此楼。

位于南京东路口、中山东一路19号的汇中大楼（今和平饭店南楼），由王松云创办的王发记营造厂承建，1908年竣工，砖木结构，高6层，属新文艺复兴样式。在建造时，发生地基倾斜，在前辈杨斯盛帮助下得以顺利解决。

中山东一路23号是中国银行大楼。此处原址是德国总会，由顾兰洲创办的顾兰记营造厂承建，被拆除后建造中国银行大楼，1937年竣工。此楼是外滩建筑群中一座十分重要的建筑，由中国建筑师陆谦受设计，陶桂记营造厂承建，是外滩建筑群中唯一一座由中国人设计并建造的具有中国传统建筑特色与西方建筑风格相结合的高层建筑。大楼高76米，地下2层，地上15层，是当时上海的摩天大楼之一，今为全国重点文物保护单位、上海市优秀历史建筑。

位于中山东一路26号的扬子保险公司大楼，由周瑞记营造厂承建，1920年竣工，高7层，属新古典主义风格，今为农业银行外滩支行、全国重点文物保护单位、上海市优秀历史建筑。

位于中山东一路27号的怡和大楼，由裕昌泰营造厂承建，1922年竣工，高7层，为文艺复兴时期风格建筑、全国重点文物保护单位、上海市优秀历史建筑。

中山东一路33号（外滩源）的英国领事馆官邸2号楼，由顾兰记营造厂承建，竣工于1884年，2层砖木结构，是外滩现存的最早的建筑之一，仅次于竣工于1872年的33号1号楼，属维多利亚时期罗马建筑风格，为第一批上海市优秀历史建筑。

位于外白渡桥北堍黄浦路20号的俄罗斯领事馆，由周瑞记营造厂承建，1916年竣工。整体建筑融合了巴洛克式和德国复兴时期的元素与风格。此馆凭借其独特的外形和内在的豪华装饰成为当时众多外国驻沪领事馆中的经典建筑，今为上海市优秀历史建筑。

三

在冬日的暖阳里，凭栏外白渡桥东望，江水如昨，而人事已非。一百多年前，世代耕作的农夫跨上田埂，手持斧头、泥刀，越过黄浦江，用汗水与智慧营造起上海城市发展建设的丰碑，谱写了浦东"度(大)佬官"自强不息与时俱进的诗史。在25幢外滩建筑中就有12幢为浦东人所承建。在搜集查阅上海城市发展的历史资料后，你会发现浦东人的成就不仅止步于此。在19世纪末、20世纪上半叶，浦东建筑工匠在南京路、延安路、北京路、江西路、福州路、九江路、四川路、复兴路等，承建了先施公司大楼(上海时装商店)、永安公司新楼(七重天宾馆)、大陆商场(东海大楼)、金门饭店、迦陵大楼、工部局大楼、法国总会、仁济医院、东方饭店、美琪大戏院、大上海电影院、克莱门公寓、礼查饭店、衡山饭店等大量商住楼宇，以及杨树浦自来水厂、杨树浦煤气厂、杨树浦发电厂、龙华飞机场、上海特别市政府大楼、中央造币厂、怡和啤酒厂等。今天这些建筑均被列入上海市优秀建筑之列。

走在中山东一路，敬仰先人之心油然而生。时间回溯到1947年12月21日，在距离中山东一路1号亚细亚大楼西南600多米处——豫园东侧皮硝弄的鲁班殿内，沪上建筑界群英毕至，举行隆重的先贤入祠大典。近代上海建筑界4位卓有成就的先驱者牌位，被恭恭敬敬地请入大殿，与祖师爷鲁班共享香火。4人分别是浦东川沙人杨斯盛、顾兰洲，周浦人张效良、江裕生，从中可见浦东人在上海建筑业的实力与地位。

20世纪二三十年代浦东有1.7万余名建筑工人，大多就业上海。除农业生产外，建筑业是浦东人从业人数最多的行业。1940年代有千余名建筑施工技术人员前往新加坡、菲律宾、印度尼西亚、美国及中国港澳等地区开拓建筑新业。1950年代，1万余名川沙建筑工人奔赴全国各地参加 156 项重点工程建设，长春第一汽车制造厂、株洲车辆厂、鞍山钢铁厂、洛阳东方红拖拉机厂等闻名中国的大工程，都烙下了浦东川沙人勤劳智慧的印记。1958 年，首都建设人民大会堂、钓鱼台国宾馆、北京火车站、革命历史博物馆等十大建筑。上海又有一批能工巧匠应召入京，其中浦东川沙人又占了大部分。《川沙县志》记载："1958 年抽调技术工人 60 余名，参加建造人民大会堂等首都十大工程。"

74 年后的 2021 年 12 月 21 日，我从浦东出发前往硝皮弄。令人遗憾的是我来晚了，眼前的硝皮弄已经列入改造征收范围，每个出入口都被封住并贴上封条。几经询问近旁居民，得知鲁班殿也早已在 1960 年代初拆除。

那日，离开即将消失的硝皮弄，我又走向外滩。

一路走去，一路思索。

如果说外滩建筑是上海现代城市建设的缩影或代表，那么在它的背后，何尝不是浦东人走出田野，越过黄浦江奋斗的缩影、创造辉煌的纪录。

硝皮弄已经消失，外滩建筑必将永恒。

2021 年 12 月

秋色如春红黄蓝

搁笔之日，金风送爽，红黄蓝绿。
2019 年之冬天姗姗未来，不禁
发问：冬天还会来吗？

编辑撰写《浦东开发开放录》敲击键盘的响声，终于停止在 2019 年的 11 月 15 日。

面对案头百万字手稿，回顾历时数载，东奔西走，上下收集求证，屏幕前伏案码字的日日夜夜，自然感慨颇多。

开发开放浦东是中国 20 世纪末实施的一项举世瞩目的国家战略。经过近 30 年开发建设，浦东已经成为中国改革开放取得辉煌成就的缩影和标志。

围绕浦东开发，长期以来新闻报道、影视传媒、论述专著等媒介，从各个重点或侧面为实施这项伟大的国家战略鼓劲造势，颂扬传播。

浦东新区地方志办公室作为收集整理研究浦东历史文化的专门机构，理应责无旁贷地担负起记录保存浦东开发开放进程的责任。因此，我们策划编写《浦东开发开放录》，试图冷静地站在客观事实的高度，以浦东开发开放为主线，以重大事件（事物）为聚焦点，以宏观叙事与具体细节相结合的手法，全面真实地记述浦东开发开放所发生的沧桑巨变。

《浦东开发开放录》在结构上，设置篇、章、节、目，以节、目为主要载体，记叙上追根溯源，详略相间，注重事物发展过程的重要节点和内在联系。行文力求平实准确，不雕琢、不夸大、不缩小。为了形象地展示浦东开发的往事原貌，专设“特载专文补遗篇”，收录的《浦东 1990 年》《百年见证江心沙》《黄浦江东岸码头变迁》等再现了浦东开发第一年、浦东地理环境特征、第一个外资企业成立、浦江码头今昔等重大事件和场景，从而使本书内容更加丰富饱满，藉以资政，足以存史。

历史需要沉淀，只有经过岁月的流水才会冲刷出事物的本质精髓。浦东开发虽然将至 30 年，但是我们还是选取了经过沉淀的 1990 年至 2010 年为本书的记录时限段，只是在“浦东开发轨迹篇”中，将记录年限延长至 2013 年；在“国家开发园区篇”内，增加了中国（上海）自由贸易试验区。

细节决定成败，重大的历史事件往往由具体的细节所构成。本书最大特点：于宏观记叙中，展现事物具体而关键的节点，追寻事物的本来面貌、来龙去脉。有意识地收录了浦东开发初期“十大基础设施工程”建设后续情况、“小陆家嘴”开发前现状、金桥出口加工区首期开发地块自然村庄分布、浦东国际机场动迁全过程，以及开发园区历史地图等。

在《浦东开发开放录》付梓之际，特别感谢为本书的编辑提供各类资料的浦东新区各部委办局等单位及其一切帮助过我们的朋友，有了你们的热情相助，才使本书得以在今日顺利完成编辑。

由于编者水平能力的局限，收集资料的困难，书中一定会有错误和缺陷，希冀广大读者批评指正，谅解包涵。

搁笔之日，站在办公室走廊窗口眺望，金风送爽，满眼红黄蓝绿。2019 年的冬天姗姗未来，不禁发问，冬天还会来吗？

浦东，秋色如春，生机勃勃。

2019 年 11 月 15 日，于迎春路 520 号